Ich bin dann mal pleite

D1929227

12,90 €

Marcel Feige und Britta Stobbe

Ich bin dann mal pleite

Neues aus der Gesellschaftsmitte

Schwarzkopf & Schwarzkopf

Inhalt

Neues aus der Gesellschaftsmitte

Einführung

Deutschland im Sommer 2007 – die Konjunktur zieht an. Unter 4 Millionen Arbeitslose, meldet die Agentur für Arbeit in Nürnberg. »Der Rückgang der Arbeitslosigkeit in den letzten zwei Jahren ist sensationell«, jubelt der Chefvolkswirt von Allianz und Dresdner Bank, Michael Heise. »Wenn die Politik nicht vom Reformkurs abweicht und die Lohnerhöhungen moderat bleiben, kann die Arbeitslosenzahl spätestens 2009 unter die Drei-Millionen-Marke sinken.«

Der Präsident des Deutschen Instituts für Wirtschaftsforschung, Klaus Zimmermann, führt die positive Entwicklung auf die lange umstrittenen Hartz-Reformen der früheren rot-grünen Bundesregierung zurück: »Es gibt erste Hinweise, dass die Hartz-Reformen tatsächlich wirken und die Beschäftigungsschwelle sinkt.«

Doch die frohe Nachricht, die die Schlagzeilen in der ersten Jahreshälfte 2007 bestimmt, wird von den Bürgern nicht nur mit Erleichterung aufgenommen. Ihre Unsicherheit bleibt trotz des von Politik und Wirtschaft beschworenen Aufschwungs bestehen und wird ein Thema in den Medien.

»Die Angst der Mittelschicht«. Mit diesen Worten erstellte »Die Zeit« im Februar 2007 das Psychogramm für einen Großteil der Gesellschaft. »Der Spiegel« diagnostizierte zur gleichen Zeit für weite Teile der Mittelschicht »Resignation und Rückzug« und die »FAZ« vermeldete: »Die Mitte Deutschlands fühlt sich vom Abstieg bedroht.«

»Im Licht der Fakten entpuppt sich der Niedergang der Mittelschicht als reine Mär«, schreibt wiederum das »Handelsblatt« und weist nach, dass die Gefahr abzurutschen zumindest für die Mittelschichten nicht größer sei als noch in den neunziger Jahren. Doch auch die Wirtschaftszeitung gibt zu, dass mit der Einführung der Hartz-IV-Gesetze der Abstieg beschleunigt und damit die Abgrenzung zur Unterschicht aufgehoben wurde und dass das Outsourcing auch von qualifizierter Arbeit zu niedrigeren Löhnen und zur symbolischen Abwertung derselben führte.

Armut in Deutschland betrifft nicht mehr nur Minderheiten und Benachteiligte. Die Mittelschicht bundesrepublikanischer Prägung befindet sich in der Auflösung, denn ihre Insignien – Bildung und Ausbildung – schützen nicht mehr vor dem Absturz. Schon längst findet nicht mehr jeder Gutausgebildete eine Arbeit. Einstige Leistungsträger der Gesellschaft, ehedem Steuer- und Beitragszahler in versicherungspflichtigen Vollbeschäftigungsverhältnissen, gleiten nach unten ab. Die eingangs erwähnte »moderate Lohnpolitik« der letzten Jahre führte dazu, dass manch einer trotz einer regulären Arbeitsstelle am Existenzminimum lebt.

Große Konzernumgestaltungen, die zulasten der Mitarbeiter gehen, stehen im Fokus der Öffentlichkeit. Die Prinzipien der globalisierten Industrien, »Gewinnmaximierung« und »Kostenreduzierung«, werden von Teilen der Gesellschaft als Bedrohung aufgefasst.

Maßnahmen wie die der Telekom, 50.000 Beschäftigte in Service-Einheiten zu versetzen, in denen sie länger arbeiten müssen und gleichzeitig weniger verdienen, schüren die Ängste der Bevölkerung.

Auch die Auseinandersetzung um die gescheiterte Übernahme der Mobiltelefonsparte von Siemens durch BenQ und der Kampf der Mitarbeiter um die Erhaltung des Betriebs wurden von einer sensibilisierten Öffentlichkeit aufmerksam verfolgt. Die ehemaligen Siemens-Mitarbeiter in Kamp-Lintfort fühlten sich durch die Ankündigung einer möglichen Verlagerung des Standortes ins Ausland erpresst. Sie verzichteten auf 30 Prozent ihres Gehaltes, auf Weihnachts- und Urlaubsgeld, nahmen eine 40-Stunden-Woche ohne Lohnausgleich in

Kauf, in der Hoffnung, dadurch ihren Standort zu sichern. Die Gerüchte, es habe sich bei der Pleite um ein abgekartetes Spiel gehandelt, und der Umstand, dass sich die Siemens-Manager Abfindungen in Millionenhöhe auszahlten, steigerten das Misstrauen der Bevölkerung. 1.900 Mitarbeiter wurden arbeitslos, darunter Alleinstehende, junge Familien, Ehepaare, die gerade ein Haus, ein Auto gekauft oder einen Kredit aufgenommen hatten.

Das Buch »Ich bin dann mal pleite« gibt Menschen eine Stimme, die sich plötzlich am Rande der Gesellschaft wiederfanden, und zeigt, wie sie und ihre Familien mit dieser Situation umgehen. Die Erwerbsbiographien stehen unkommentiert für sich selbst. Verschiedene Versuche, sie in Gruppen einzuteilen, sie zu kategorisieren, mussten scheitern, weil jedes Schicksal einzigartig ist und bei einer forcierten Unterteilung das Besondere jedes einzelnen Lebenswegs unweigerlich verloren gegangen wäre.

Gleichzeitig gehen die Berichte in ihrer Gesamtheit über das Singuläre hinaus. So unverbunden die Geschichten nebeneinander stehen, legen sie in ihren Gemeinsamkeiten doch bestimmte Mechanismen des Arbeitsmarktes offen.

So unterscheiden sich die Erwerbsbiographien ganz offensichtlich im Osten und Westen des Landes: Für viele Bürger der ehemaligen DDR beginnt der Weg in die Arbeitslosigkeit bereits kurz nach der Wende mit der Abwicklung der staatseigenen Betriebe. In den neunziger Jahren werden viele durch Umschulungen und ABM-Maßnahmen, die jedoch keine Perspektive bieten, finanziell aufgefangen. Erst mit dem Wegfall dieser subventionierten Jobs und im Zuge der Arbeitsmarktreform erfolgt für die meisten der Absturz.

Da in der DDR Frauen selbstverständlich in die Arbeitswelt integriert waren und Kinder keinen Hinderungsgrund für eine Berufstätigkeit darstellten, fällt es vielen Frauen schwer, sich mit der Rolle der Hausfrau abzufinden: »[Ich vermisste] meine Kollegen genauso wie meine Arbeit. Und das eigene Geld, das ich mit der Arbeit verdiente«, sagt die Agraringenieurin Regina, die seit der Wende arbeitslos ist.

Arbeitslosigkeit wird im Gebiet der alten Bundesrepublik eher als eine Folge der Globalisierung und der Auslagerung von Arbeit wahrgenommen und die diffuse Angst davor nimmt in einem schleichenden Prozess, der erst in den letzten Jahren die Mentalität der Mitte bestimmt, zu. So ging es für viele Gutausgebildete in Westdeutschland erst einmal aufwärts, wie für Kai, der als Leitender Redakteur eine Jugendzeitschrift führte. Mit Einbruch des Neuen Marktes sank die Aktie des Konzerns und das Magazin wurde eingestellt.

Arbeitsverhältnisse werden unsicherer: So arbeitete der Grafikdesigner Gustav jahrelang erfolgreich für eine Werbeagentur – als Freelancer. Als er arbeitslos wurde, realisierte er, dass er als »Selbstständiger« keine Ansprüche auf Arbeitslosengeld hatte. Die Stelle des jungen Fleischers Matthias wurde in eine Zeitarbeitsstelle umgewandelt – er sollte in Zukunft für ein Gehalt arbeiten, das seinen Ansprüchen auf Arbeitslosengeld entsprach.

Für Selbstständige gestaltet es sich zunehmend schwierig, mit den Konzernen mitzuhalten, die mit niedrigen Preisen den Markt beherrschen. Das gilt für Harald, der ein Modehaus führte, für den Buchhändler Herbert oder den Autohändler Werner, der sagt: »Wir konnten als mittelständischer Familienbetrieb nicht gegen den Riesen agieren.«

Ehemalige Selbstständige stürzen in der Regel am tiefsten, da sie keine Ansprüche auf Arbeitslosengeld haben und die private Vorsorge bei einer Insolvenz meist aufgebraucht ist.

Auf dem Dorf wird Arbeitslosigkeit als etwas Fremdes betrachtet, als etwas, »das irgendwo weit weg passierte« (Peer, 22). Ist man einmal davon betroffen, ist es oft noch schwieriger als in der Stadt, neue Arbeit zu finden, denn das Angebot ist begrenzt und man muss große Entfernungen und schlechte Verkehrsanbindungen in Kauf nehmen.

Das Arbeitsamt erweist sich in Ost und West, Stadt und Land gleichermaßen unfähig, Arbeit zu vermitteln und beschränkt sich darauf, Arbeitslosigkeit zu verwalten.

Doch auch die privaten Lebensbereiche sind von der Arbeitslosigkeit betroffen. Die Geschichten erzählen davon, wie schwer es ist, unter den Bedingungen von Hartz IV eine Familie zu ernähren, eine Beziehung aufrechtzuerhalten oder auch nur die Achtung vor sich selbst zu bewahren und den Mut nicht zu verlieren.

Am bestürzendsten ist jedoch die Erkenntnis, dass ein Arbeitsloser über 45 kaum mehr Chancen hat, eine neue, adäquate Beschäftigung zu finden. (Dass es auch anders geht, zeigt die Geschichte von Harald, der mit 49 Jahren von sich sagt: »Ich bin zurück am Markt.«) Der Umstand, dass Erfahrung nicht geschätzt wird, ist in einer Gesellschaft, in der es in sehr naher Zukunft sehr viel mehr ältere Menschen geben wird, bedenklich.

Wir bedanken uns bei den Menschen, die den Mut hatten, uns ohne Scham aus ihrem Leben zu erzählen und ohne die dieses Buch nie entstanden wäre. Wir wünschen ihnen alles Gute und überlassen ihnen hiermit das Wort: Es sind ihre Geschichten.

Berlin, im Sommer 2007

Marcel Feige und Britta Stobbe

Man muss halt nur was machen, und wenn es jenseits der Legalität ist …

Andreas, 30, Maschinenführer bei Siemens-BenQ
Er lebt in Duisburg, ist verheiratet und hat zwei Kinder.

Kamp-Lintfort, ein Dienstag Ende Oktober. Ein kalter Wind treibt treibt seit Stunden dichte, graue Wolken am Himmel voran. Sie drücken auf die Stimmung der Menschen, die sich auf dem Parkplatz vor den quaderförmigen Firmengebäuden versammelt haben. Als gegen Mittag Regen einsetzt, flüchten die Leute in die drei kleinen Zelte. Die sogenannten »Soli-Zelte«. Das steht für Solidarität. Die Menschen klammern sich an ihren heißen Kaffee, als könnte er die Kälte vertreiben, die inzwischen herrscht. In Wahrheit ist das Gebräu, das ein heimischer Catering-Service gratis anliefern lässt, das Einzige, woran sie sich im Augenblick halten können. Der Rest sind nur leere Versprechungen.

Ich fing im September 1999 bei Siemens als Maschinenführer an. Vorher habe ich »seriös« gearbeitet. Ich machte eine Handwerksausbildung, fuhr ein Jahr lang Lkw, absolvierte anschließend meinen Zivildienst. Danach landete ich bei Siemens. Der Job war super. Das Unternehmen war auf dem Markt sehr gut vertreten. Wir hatten technisch optimale Geräte. Damals, als ich hier anfing, dachte ich mir: Das ist ein Job für die Zukunft. Ich brachte gut Geld nach Hause, selbst die Fahrt von Duisburg zur Arbeit nach Kamp-Lintfort, täglich 30 Kilometer, lohnte sich.

Bis 2002. Da drohte man uns, nach Ungarn abzuwandern. Aber das konnten wir verhindern, indem wir auf 30 Prozent Lohn, außerdem auf das Weihnachts- und das Urlaubsgeld verzichteten. Die Firma blieb in Kamp-Lintfort. Genauso wie die Sorge um unsere Arbeitsplätze erhalten blieb.

Damals unterhielt ich mich mit einer Kollegin, die seit 42 Jahren bei Siemens arbeitete. Sie ging erstaunlich locker mit der Unruhe um, die unter den Mitarbeitern herrschte. Sie meinte: »Schließung ist eigentlich seit 1972 jedes Jahr ein Thema bei Siemens.«

Warum? Weiß nicht, dafür habe ich mich – offen gestanden – gar nicht mehr interessiert. Für mich war die Angelegenheit erledigt, als ich hörte, Siemens wolle an die Börse gehen. Irgendwie war mir von da an klar, dass das Werk, am allerwenigsten die Arbeitsplätze in Kamp-Lintfort keine große Zukunft mehr hatten. Eine Firma an der Börse ist nun mal eher den Aktionären als den Mitarbeitern verpflichtet. Als Konzernchef muss man deshalb auch zusehen, dass man billig produziert.

Als 2005 die Nachricht durchdrang, die Konzernspitze würde einen neuen Investor suchen, dachte ich die ersten paar Wochen: Die Probleme sind abgewendet, endlich können wir wieder in Ruhe arbeiten, ohne uns ständig Sorgen machen zu müssen. Ich bin seit 2000 verheiratet. Mein erster Sohn wurde 2003 geboren. Meine Frau und ich, wir wünschen uns schon eine … gewisse … Sicherheit. Im Januar 2006 wurde sie zum zweiten Mal schwanger.

Vor zwei Monaten hatte ich ein Jobangebot in Niedersachen, in einem Dorf kurz vor Hannover, in Rehren. Ich hatte bereits das Vorstellungsgespräch hinter mir, meine Frau und ich hatten eine Wohnung besichtigt. Aber dann haben wir gedacht: Eine junge Familie mit zwei Kindern, mitten in der Einöde, das wollen wir nicht. Also sagte ich die Stelle ab. Wir blieben in Duisburg. Und ich bei Siemens-BenQ. Denn die Probleme waren ja abgewendet, endlich konnten wir wieder in Ruhe arbeiten, ohne uns Sorgen machen zu müssen …

Nicht einmal zwei Monate später wurden wir zur Betriebsversammlung gerufen. Da gab es eine Video-Konferenz mit München, von wo uns BenQ-Chef Joos auf Englisch mitteilte: »Leute, ihr habt gut gearbeitet, ihr habt schön verzichtet, aber trotzdem seid ihr ab sofort draußen. Und zwar alle 1.900 Mann!« Das hat er natürlich ein bisschen freundlicher umschrieben. Aber letztlich war es das, worum es ging.

Meine Frau war am Boden, als ich ihr sagte: »Die machen BenQ dicht.« Doch versuchte sie, sich die Wut nicht anmerken zu lassen. Sie ist eine gute Schauspielerin. Aber ich weiß, sie regt sich immer noch sehr darüber auf. Das verstehe ich. Wir tragen die Verantwortung nicht nur für uns, auch für unsere Kinder. Es geht um die Sicherheit unserer kleinen Familie. Und wir haben dem Job in Niedersachsen eine Absage erteilt.

Was soll ich sagen? Dumm gelaufen!

Natürlich ist das übel, dass man uns verscherbelt, das Werk schließt, die Mitarbeiter auf die Straße setzt, sich zur gleichen Zeit aber 30 Prozent mehr Gehalt genehmigt. Aber was soll ich mich aufregen? So was erleben wir in Deutschland doch schon seit Jahren. So ist das nun mal. Das ist die Elite. Die selbst ernannte Elite. Sollen sie mal machen. Wenn sie den Hals nicht voll kriegen. Ich denke mir: Irgendwann stehen auch die vor ihrem Richter!

Hier und heute wird sich nichts an unserem System ändern. Da können die Politiker mir viel erzählen. Wenn Rüttgers hier auftaucht und die ganze Angelegenheit eine »riesige Sauerei« nennt ... ja was denn? Am Ende sind es doch unsere Politiker, die den Konzernen diese Sauereien ermöglichen. Insofern kann man einem Kleinfeld ja fast gar nicht sauer sein, wenn er die Möglichkeiten nutzt, die der Staat ihm bietet. Da fühle ich mich eher von den Politikern verarscht.

Deshalb glaube ich auch keinem Schwarz-Gelb mehr, keinem Rot-Grün und auch keinem Schwarz-Rot. Das sind nicht meine Parteien, die da an der Macht sind. Ich habe mit diesem System abgeschlossen. Ich glaube auch nicht, dass es noch lange hält. Kapitalismus liegt in den letzten Zügen. Ich glaube nicht, dass er sich noch einmal neu erfindet. Für mich ist das Thema Kapitalismus beendet. Kein Geld mehr, kein Kapitalismus.

Das macht es natürlich schwer, meinem Kind ein Demokratieverständnis beizubringen. Ich hoffe, meine Söhne haben später einen

Politiklehrer, der das besser drauf hat als ich. Ich kann das nicht. Tut mir leid. Wenn das Demokratie ist ... die ist nicht schützenswert. Auf keinen Fall!

Die Lokalzeitung hat eine Aktion ins Leben gerufen. »Wir helfen«. Ich und meine Frau sind die »Vorzeigefamilie«: Jung, schwanger, arbeitslos. Das drückt auf die Tränendrüse. Ich bekam von dem Redakteur eine Telefonnummer, dort sollte ich anrufen, weil man eine Arbeit für mich hätte. Aber diese Arbeit hat mir nicht gefallen. Ich hätte als Versicherungsangestellter arbeiten sollen. Aber ich kann nicht lügen. Ich bin doch kein Politiker.

Gestern kriegte ich den nächsten Anruf, irgendein Typ, der auf Versicherung machte. Er bestellte mich zu einem Hotel in Breitscheid, irgendwo bei Leverkusen. Hallo? Soll ich erst mal ein Selbstfindungsseminar machen? Chaka, du schaffst es! Nein, lass mal gut sein. So was brauch ich alles nicht.

Ich bin 30 Jahre alt, ich bin mir sicher, ich finde wieder eine neue Arbeit, früher oder später. Ganz sicher nicht mehr in der Gehaltsklasse wie bei Siemens, und auch nicht hier in NRW. Hier kriegt man kaum noch Arbeit. Ich komme aus Duisburg, da ist die Lage noch beschissener. Ich bin gerne Duisburger. Aber dann müssen wir wohl doch wegziehen.

Meine Frau und ich, wir haben zum Glück kein Haus oder eine Eigentumswohnung. Da bin auch ich ein bisschen Kapitalist: In so ein kaputtes System würde ich nicht investieren. Ich würde mich hier nie irgendwo festlegen. Wir sind auf dem besten Wege zu einem System, in dem man der Arbeit hinterherfahren muss. Was bringt mir dann ein Eigentum?

Man braucht sich nur die Leute anschauen, die Kollegen bei Siemens. Da gibt es verdammt viele, die Eigentum haben. Einige müssen das jetzt verkaufen, weil sie die Kredite nicht mehr tilgen können. Es gibt die ersten Investorenanfragen. Einige Kollegen hatten auf dem Parkplatz vor unserem Soli-Zelt schon Zettel an den Scheibenwischern ihrer Autos: Bin interessiert an Ihrer Immobilie! Das ist das Allerletzte.

Natürlich müssen auch meine Frau und ich unser Geld jetzt erst einmal beisammenhalten. Jeden Euro drehen wir zwei Mal um. Das macht unseren Alltag nicht einfacher. Trotzdem möchten wir schon bald noch ein oder zwei weitere Kinder. Das ist unser Traum: eine Familie mit drei oder vier Kindern. Das war schon immer mein Traum.

Klar, mit vier oder fünf Kindern gilt man ja in unserer Gesellschaft schon fast als asozial. Aber das ist mir egal, was die Leute denken. Und mir ist auch egal, ob ich einen Job finde oder nicht. Und erst recht, was der Staat dazu sagt: Gibt es mehr Arbeitslosengeld? Oder in Zukunft vielleicht noch weniger? Davon mache ich meine Familie nicht abhängig. Auf keinen Fall lasse ich den Staat in meine Familie reinreden.

Soll der Staat mal seinen Scheiß machen. Ich mache meinen. Ich zumindest bin der festen Überzeugung: An Geld kommt man immer, oder nicht? Damit hatte ich noch nie Probleme. Man muss halt nur was machen, und wenn es jenseits der Legalität ist. Das ist jetzt natürlich – mit Frau und Kindern – ein ganz anderes Thema. Da trage ich eine Verantwortung. Aber ansonsten hätte ich kein Problem damit. Nicht wirklich.

Das Gespräch fand im Oktober 2006 statt.

Siemens war für mich unglaublich. Ich war so stolz.

Monika, 57, Monteurin bei Siemens-BenQ
Sie lebt in Kamp-Lintfort und ist verheiratet.

Seit 16 Jahren arbeitete ich bei Siemens in der Handyproduktion. Dort habe ich fast alles gemacht. Die letzten zweieinhalb Jahre war ich im Musterbau in der Montage. Dort bauten wir die von unseren Ingenieuren neu entwickelten Handys auf.

Seit zweieinhalb Jahren arbeitete ich mit Ergänzungstarifvertrag, denn bereits 2004 wollte Siemens die Firma nach Ungarn verlegen. Die Mitarbeiter wurden unter Druck gesetzt, nach dem Motto: Wenn nicht billiger produziert wird, hauen wir ab.

Mein Mann und mein Sohn wurden zu diesem Zeitpunkt arbeitslos, und so hatte ich keine Wahl, als auf 30 Prozent meines Lohnes zu verzichten, um meinen Arbeitsplatz zu retten. Auch meinen Kollegen ging es nicht anders. Alleinstehende, junge Familien, Ehepaare, die gerade ein Haus, ein Auto oder einen Kredit aufgenommen hatten, alle verzichteten. Kein Weihnachtsgeld, kein Urlaubsgeld und die 40-Stunden-Woche ohne Lohnausgleich verbunden mit der Hoffnung, unseren Standort Kamp-Lintfort zu erhalten.

Viele Kollegen traf es hart: 30 Prozent weniger Lohn tun weh, aber besser als ohne Arbeitsplatz zu sein. Der Arbeitsmarkt im Ruhrgebiet bietet sehr wenig Alternativen.

Meine Familie traf es nicht ganz so hart. Mein Mann hatte mit viel Glück wieder Arbeit gefunden, und das mit 54 Jahren. Da braucht man sich nichts vormachen, das ist sehr, sehr schwierig. Aber so konnten wir die 30 Prozent etwas auffangen.

Diese 30 Prozent hat sich der Siemens-Vorstand jetzt als Gehaltserhöhung gegeben ... wenn es nicht so traurig wäre, wäre es zum Lachen. Es ist einfach unverschämt. Gibt es noch eine Steigerung von Arroganz?

Die haben da oben jeden Bezug zur Arbeitnehmerschaft, zu den »kleinen Leuten« verloren. Was geht in den Köpfen solcher Leute wie Kleinfeld, Ackermann und Esser vor, wenn sie meinen, ihnen würden Millionen Euro zustehen?

Und die Arbeiter – zum Beispiel meine Kollegin, die 40 Jahre für Siemens gearbeitet hat – stehen jetzt auf der Straße. Mit nichts. 40 Jahre gearbeitet und sie muss gehen, ohne etwas in den Händen zu halten. Da frage ich mich ... also ... nein ... da fällt mir nichts mehr zu ein.

Ja, ja, ich weiß. Sie haben jetzt aus »Solidarität« mit den Kollegen auf die 30 Prozent Erhöhung ihres Managergehalts verzichtet. Aber für mich ist das Zynismus ohne Ende, als ob sie in uns tatsächlich ihre Kollegen sehen.

Denn erst vor einem Jahr, also 2005, verscherbelte Siemens uns an BenQ und legte noch 340 Millionen drauf als Geschenk, damit uns BenQ überhaupt nimmt. Was für ein eigenwilliger Vorgang: Man will etwas verkaufen und legt noch tolle Geschenke dazu. Wurden wir verraten und verkauft? Nach nur einem Jahr BenQ der Schock.

Es war am 28. September 2006, so gegen 12.30 Uhr. Der Pressesprecher von BenQ verschickte eine E-Mail an alle Abteilungen mit dem Inhalt, dass BenQ Insolvenz angemeldet hat. Diese Hiobsbotschaft wurde sofort ausgedruckt und unter den Kollegen verteilt. Das war ein Schock ohne Ende, damit hatte keiner gerechnet. Überall standen die Kollegen zusammen und diskutierten sich die Köpfe heiß, ohne zu wissen, was jetzt werden soll. Hundert wirre Gedanken schossen uns durch den Kopf. Verzweiflung und Panik. Eigentlich sollte der Verkauf an BenQ unsere Arbeitsplätze hier retten.

Aber die Angst vor dem Aus hatte ich das ganze letzte Jahr. Immer hieß es: »Es kommen Aufträge.« Wenn sie dann kamen, wurden sie oft an Taiwan gegeben, davon hatten wir nicht viel. Jeder machte sich Gedanken, ob das gut geht. Doch so viele Gedanken ich mir auch machte, irgendwie gab ich die Hoffnung nie auf, habe nie den Glauben verloren, trotz allem.

Ich weiß, das klingt seltsam, aber ... ich meine ... Herrgott, was war ich vor Jahren stolz, damals 1990, als ich für Siemens arbeiten konnte. Wir zogen von Leipzig an den Niederrhein. Zu DDR-Zeiten habe ich in Leipzig 25 Jahre als Näherin gearbeitet, aber nach der Wende hatte ich keine Arbeit mehr. Und da wir in Ostdeutschland keine Zukunft sahen, sind wir umgezogen, das war nicht einfach für uns.

Als ich von der Stelle bei Siemens hörte, habe ich mich sofort beworben und bekam Arbeit. Ich dachte: »Oh Gott, das schaffe ich nie.« Aber man kann alles lernen und ich machte meine Arbeit gut und habe mein Geld verdient.

Überall gingen in den letzten Jahren Firmen pleite, wurden Menschen entlassen, bei uns im Ruhrgebiet sowieso. Ich war immer stolz darauf, bei Siemens zu arbeiten, das klingt vielleicht doof, aber es war so.

Wenn ich das heute jungen Leuten erzähle, können sie das nicht verstehen. Sie wollen gar nicht mehr für Siemens arbeiten. Ich kann es auch verstehen, denn in den letzten Jahren hat Siemens seinen Mitarbeitern den Stolz Stück für Stück gebrochen. Jetzt stehen 1.500 Mitarbeiter auf der Straße. 1.100 sind schon raus, brauchen nicht mehr kommen, es gibt nichts zu tun für sie. Ich gehöre dazu.

500 Mitarbeiter bauen noch eingelagerte Handys um, räumen auf und wickeln Restarbeit ab. Wenn kein Investor gefunden wird, war's das. Es ist nicht zu fassen!

Und was soll ich machen?

Ich muss jetzt rüber zum Gebäude der Telekom. Dort befindet sich die Transfergesellschaft, die im nächsten Jahr versuchen soll, die Mitarbeiter von Siemens wieder in Arbeit zu bringen. Die Finanzierung dieser Gesellschaft ist zur Zeit noch nicht abgesichert. Dort melde ich mich zum Profiling. Dabei will ich gar nicht mehr arbeiten.

Ich habe mit der Siemens AG 2004 einen Altersteilzeitvertrag abgeschlossen. Ich habe zweieinhalb Jahre in Vollzeit auf die Hälfte meines Lohnes verzichtet, um das Geld für die Ruhephase meiner Altersteilzeit anzusparen. Jetzt bin ich mir nicht einmal sicher, ob ich das Geld bekomme, denn man teilte uns mit, dass dieses Geld nicht mehr vorhanden ist.

Ja, hallo, wo sind wir denn? Das ist doch kriminell, ohne Ende. Ich weiß nicht mehr, was ich denken soll. Da ist der Staat dringend in der Pflicht, denn *ihn hat man auch betrogen.*

Am 31. Januar 2007 hätte ich meinen letzten Arbeitstag gehabt. Es fehlen nur noch drei Monate, November, Dezember und Januar. Und ich weiß immer noch nicht, was auf mich zukommt. Diese Ungewissheit ist schwer zu ertragen.

Von unseren Politikern fühlen wir uns auch alleine gelassen. Kurz nach der Insolvenzeröffnung war Herr Rüttgers hier in Kamp-Lintfort und hat die Machenschaften von Siemens und BenQ verurteilt, um ein paar Tage später in einer Fernsehsendung zu sagen, dass Siemens seine Pflicht mit dem Solidaritätsbeitrag getan hat. Was soll ich davon halten? Auch von Arbeitsminister Laumann kam noch keine Unterstützung. Der Einzige, der sich kümmert, ist unser Bürgermeister, Dr. Landscheid. Alle Achtung, wie er sich einsetzt, um Arbeitsplätze zu retten. Sollte kein Investor gefunden werden, gehen 1.600 Arbeitsplätze verloren, das wäre auch für Kamp-Lintfort eine Katastrophe.

Viele Kollegen hoffen auf Umschulung in der Transfergesellschaft, aber alle wissen, dass schwierige Zeiten auf uns zukommen.

Ich hoffe, dass die Siemens AG ihre Vertragspflichten mit mir einhält und ich nach 42 Jahren in den Vorruhestand gehen kann. Ich hoffe immer noch ... Doch: Soll das die Zukunft sein? Transfergesellschaft? Arbeitsamt? Hartz IV? Hartz IV ist für mich bezahlte Armut. Ich bin froh, dass mein Mann Arbeit hat, sonst würde es schlecht aussehen.

Das Gespräch fand im Oktober 2006 statt.

Wenn jetzt also der ganze Westen kommt, dann hilft der uns.

Regina, 58, Agraringenieurin
Sie lebt in der Nähe von Halle und ist die Ehefrau von Erich.

Als junge Frau machte ich mein Abitur, studierte Tierproduktion in Leipzig. Nach erfolgtem Abschluss stand ich vor der Wahl: Ich konnte an der Uni bleiben, zur LPG, zum volkseigenen Gut oder zu einem Forschungsinstitut gehen. Ich entschied mich für die Heimat-LPG und begann dort als Agraringenieurin. Mit 22 Jahren war ich in der Schafproduktion leitend verantwortlich für 22 Angestellte und 4.500 Schafe. Ich bekam, bezahlt nach Arbeitseinheiten, 500 DDR-Mark Gehalt, später erhöht auf 700 Mark. Das war nicht zu viel, aber auch nicht zu wenig. Am Ende eines Jahres erhielt ich eine Jahresendprämie, so was wie das heutige dreizehnte Monatsgehalt.

Weil ja in der DDR alles knapp war, durfte man als LPG-Angestellte darüber hinaus Naturalien kostenlos in Anspruch nehmen, zum Beispiel Futter für Schweine, Hühner und anderen Tiere, die man sich hielt. Wer das Futter nicht wollte, weil er sich keine Tiere hielt, konnte sich die Naturalien in Geld auszahlen lassen, was sozusagen eine zusätzliche Prämie bedeutete. Also ging es mir und meinem Freund, den ich bald darauf heiratete, nicht schlecht.

Nach zwei Babyjahren, in denen ich meine beiden Töchter zur Welt brachte, wechselte ich in die Materialbuchhaltung bei der sogenannten ökonomischen Gruppe.

Damals war meine Arbeit ein zukunftssicherer Beruf. Ich hatte nicht umsonst die Landwirtschaft gewählt. Die Landwirtschaft war durchaus kein attraktiver Beruf, das war sie noch nie, zu keiner Zeit ... Nicht umsonst lag das Durchschnittsalter der Beschäftigten in der LPG bei über 40 Jahren. Insofern waren sie dankbar über jeden jungen Menschen, der hinzukam. Und für mich war es ein schönes Gefühl, gebraucht, erwartet, überschwänglich empfangen zu werden. Man wählte mich sogar gleich zu Beginn in den LPG-Vorstand.

Heute vermisse ich dieses Gefühl, gebraucht zu werden. Heute bin ich arbeitslos.

Damals wusste ich nicht, was das bedeutet – arbeitslos. Denn damals, in der DDR, hing in jeder Fabrik, an jedem Geschäft, ein Zettel: Wir suchen ... Schlosser/Elektriker/Sachbearbeiter. Überall wurden Arbeitskräfte gesucht, weil die DDR anders als der Westen nicht automatisiert und technisiert war. Überall standen die alten Betriebe, von denen manche noch aus der Zeit vor dem Krieg stammten. Sie waren in Stand gesetzt worden, daneben hatte man neue Fabriken gebaut. Aber egal wo, es wurde jede Hand gebraucht. Und in der Landwirtschaft besonders.

1990, nach der Wende, erschien ein Mann aus dem Musterländle, der daheim ein Unternehmen für Erdbeeranbau betrieb und kundtat, er setze sein Obst in ganz Deutschland ab. Dieser Mann erfuhr von seinen Verwandten, die er in Halle hatte, dass wir bei der LPG ebenfalls einen großen Obstbetrieb hatten und die Region Halle mit Äpfel, Birnen und Erdbeeren belieferten. Er kam zu uns rausgefahren und wollte uns das Know-how bringen ... Ich lernte ihn persönlich kennen, er sagte mir wortwörtlich: »Ich bringe Ihnen das Know-how für Erdbeerproduktion.«

Unsere Leute bei der LPG waren verwirrt ... oder soll ich sagen ... ich weiß nicht ... na ja, jedenfalls kam er des Weges und unsere Leute, die von nichts eine Ahnung hatten, und schon lange nicht darüber, wie sie ihr Obst in ganz Deutschland vertreiben konnten, sagten: »Wieso wollen Sie uns das Know-how bringen? Nehmen Sie doch den ganzen Betrieb!«

Was er dann auch machte. Er nahm den Betrieb näher in Augenschein. Dabei stellte er fest: 40 Mitarbeiter in der Leitung und Verwaltung seien 30 zu viel. 30 Leute würden in der Bundesrepublik durch einen Computer ersetzt. Er trug seine Argumente so überzeugend vor, dass ich sie glaubte. *Alles überflüssig. Was für ein Wasserkopf in der DDR! Wenn es der Mann aus dem Westen so sagt* ... Man entließ sogar 38 Mitarbeiter aus der Leitungs- und Verwaltungsebene. Ich gehörte mit dazu. Die Kollegen, die übrig blieben, meinten zu mir: »Mach dir nichts draus, du gehst heute, wir gehen morgen.«

Tatsächlich schrumpfte die Belegschaft innerhalb weniger Monate von 400 Angestellte auf 30.

Ich machte mir nichts draus. Denn es gab drei, vier Familien bei uns im Dorf, die West-Verwandte hatten. Diese kamen zu Besuch. Sie fuhren mit tollen Autos vor. Sie machten die Kofferräume auf, holten Tüten hervor, Plaste-Tüten, die wir überhaupt nicht kannten. Sie brachten Möbel mit, Badevorleger, ich weiß nicht, was alles noch. Sie versorgten ihre Angehörigen mit Artikeln aus dem Westen ... wunderschön, wunderbar.

Ich dachte mir: *Wenn jetzt also der ganze Westen kommt, dann hilft der uns. Und wenn wir wirklich marode sind, dann helfen sie uns zu modernisieren.* Hatten die Politiker nicht versprochen, jetzt werde alles besser? Also würde ich auch bald wieder Arbeit finden. Das dachte ich mir.

Doch modernisiert wurde nichts. Stattdessen machte ein Betrieb nach dem anderen zu. Die Angestellten landeten auf der Straße. Neue Betriebe gab es nicht. Allenfalls neue Supermärkte. In unserem Nachbarort mit nur 4.000 Einwohnern eröffneten innerhalb eines Monats gleich drei neue Supermärkte: Ein Penny-, ein Edeka- und ein Kondi-Markt. Sogar ich dummes Ei spazierte mit meinem Mann, meinen Kindern, meinen Eltern durch die Supermärkte, den riesigen Einkaufswagen vor uns herschiebend, aus den Lautsprechern feine Musik rieselnd. Wir staunten über die vielen tollen Produkte in den tollen Verpackungen und natürlich kauften wir sie. Die DDR-Produkte ließen wir links liegen. Keine Frage, wir wollten den West-Kram kosten.

Erst viel später begriff ich, was wir – nicht nur meine Familie, wir alle im Osten – damit angerichtet hatten. Aber da war es schon zu spät. Denn noch mehr Ost-Betriebe hatten schließen müssen, noch mehr Menschen waren arbeitslos geworden, weil keiner mehr die eigenen Produkte gekauft hatte. Wenn ich also heute etwas verfluche, dann nicht die Politiker, die uns den Aufschwung versprachen ... Ich verfluche uns selbst, dass wir das bisschen, was gut war, nicht geschätzt haben.

So kam es, dass manche meiner Kollegen über 100 Bewerbungen wegschickten, manche sogar bis zu 200 – und eine Absage nach der anderen erhielten. Die älteren Kollegen wurden nach der Wende gleich in den Vorruhestand geschickt, mit 55 Jahren.

Mich bestellte man regelmäßig zum Arbeitsamt. Dort stand ich zitternd und bebend vor den Beamten. Ich glaube, ein Mörder hätte nicht mehr Angst und Respekt vor seinem Scharfrichter als ich vor diesen Beamten ... Und so erging es nicht nur mir, so erging es allen, die zum Arbeitsamt mussten. *Wir gehen auf ein Arbeitsamt!* Diese Situation war neu für uns. Wir kannten so was nicht. Wir mussten Schlange stehen. Und die da drinnen auf den Zimmern hatten Gewalt über unser weiteres Arbeitsschicksal.

Eines Tages saß ich vor einer Beamtin, die gut und gerne ein paar Jahre älter war als ich. Sie sagte zu mir, und das war wirklich ein Schock: »Also, das mit der Agraringenieurin, das wird nichts mehr, Sie sind zu alt, Sie finden nichts.«

Die ersten Wochen danach redete ich mir ein, ich hätte den falschen Beruf gewählt. Ja, so musste es sein: Wie hatte ich nur Agraringenieurin werden können?

Bald darauf dachte ich, dass das doch wohl nicht der Grund sein konnte, warum ich arbeitslos bin. Und es auch bleiben würde, wenn ich den Worten der Beamtin Glauben schenkte. Denn es gab ja noch eine Menge mehr Arbeitslose, und nicht alle waren Agraringenieure. Das Problem war ein anderes: Es gab einfach keine Arbeit für uns alle.

Mit diesem Wissen ging es mir nicht gut. Ich war verzweifelt. Am Boden zerstört. Ich gebe zu, ich dachte sogar dran, mich umzubringen. Ja, daran dachte ich.

Mein Mann – er hatte gerade in seiner LPG die Kündigung erhalten, aber glücklicherweise eine neue Arbeit als Außendienstler für Maschinenbau gefunden – beruhigte mich. Er schlug vor: »Dann bleibst du halt zu Hause und führst unseren Haushalt. Ich verdiene das Geld.«

Aber das war für mich irgendwie auch nur eine Wessi-Manier. Mein Bild vom Westen war so: Die Männer ging arbeiten, die Frauen blieben als Hausfrauen daheim, sorgten sich um den Haushalt. War das so schlimm? Nein, das war ganz bestimmt keine Schande. Sagte ich mir selbst. Also blieb ich auch zu Hause. Ich bewarb mich nicht mehr. Ich kümmerte mich um keine Arbeit. Ich machte nichts anderes als den Haushalt. Wenn man den ganzen Tag dafür Zeit hat, ist das nicht sehr stressig.

Arbeit in der DDR war auch kein Stress. Jeder machte seine Arbeit, aber nicht mit der Angst im Nacken, Angst davor, dass er schon nächste Woche seinen Job verlieren konnte.

Wir Kollegen begrüßten uns morgens, sicherlich nicht am Fließband, aber in der ökonomischen Gruppe im Büro. Die erste Frage lautete stets: »Was gibt's Neues?«

Dann hat jeder erst einmal kurz erzählt, was gestern Abend in der Familie los war. Man kam sich vor wie unter Verwandten. Es hat jeder über den anderen Bescheid gewusst. Wenn einer der Kollegen plötzlich traurig war, dann wusste man: Sein Kind ist krank. Seine Oma ist gestorben. Oder was anderes.

Außerdem hat jeder dem anderen geholfen. Wenn ich während der Arbeit mal was verzapfte und ein Kollege das mitbekam, dann sprang er mir bei, wies mich auf meinen Fehler hin, half mir ihn auszubügeln. Es war nicht nötig, mich gleich zu mobben. Eben weil jeder Arbeiter gebraucht wurde. Deshalb fanden sich alle Mitarbeiter stets zusammen, zu Kollektiven, zu Freizeitgruppen …

Außerdem hatte man was zu erzählen, wenn man abends von der Arbeit kam. Doch wen interessierte es, wenn ich berichtete: »Ich habe heute die Fenster geputzt!«

Überhaupt: Ich kann mir nicht vorstellen, dass ein Mann, der zu Hause eine perfekte Hausfrau hat, die sich sicherlich für ihn pflegt, sehr gut ausschaut, dass er diese Frau gleichsetzt mit seiner Kollegin auf der Arbeit. Das war schon immer mein Bedenken bei den West-Frauen. Ich weiß, dass man sich zu Hause beschäftigen kann, durchaus auch in Vereinen engagieren. Aber ich kann mir nicht denken, dass ein Mann, der seine Kolleginnen sieht, wie sie die Karriereleiter erklimmen, diese Kolleginnen gleichsetzt mit seiner putzenden Hausfrau, geschminkt und lackiert dastehend ... Das denke ich noch heute: Als Frau muss man wer sein.

Deshalb vermisste ich meine Kollegen genauso wie meine Arbeit. Und das eigene Geld, das ich mit der Arbeit verdiente. Das war der springende Punkt, der Grund, warum ich trotz der Entscheidung meines Mannes verzweifelt blieb: Man steht vor den Kindern und vor dem Mann ganz anders da, wenn man eigenes Geld verdient. Es war für mich unvorstellbar, kein eigenes Geld zu verdienen. Ich fand es wirklich schlimm, wenn ich fragen musste: Kannst du mir mal Geld geben ... für ein Paar Schuhe ... oder was anderes ... Das war das Schlimmste.

Wie sich diese Empfindungen auf mich auswirkten, zeigte sich 1991. Wir bekamen unseren ersten Computer. Schon 1989 brachte mein Mann einige Einzelteile nach Hause, verschwand außerdem mit einem Kassettenrekorder sowie einem kleinen japanischen Schwarzweiß-Fernseher, den er glücklicherweise in einer Tombola gewonnen hatte, in den Keller. Hier schraubte und lötete er. Ich musste Buchstaben aus der Zeitung ausschneiden und auf kleine Tasten kleben. Nach Monaten präsentierte er uns einen Computer. Er funktionierte und entfachte unsere Begeisterung für PCs.

Als unsere Tochter 1991 die Jugendweihe hatte, kaufte sie sich von dem Geld, das sie von den Verwandten und Bekannten geschenkt bekam, einen richtigen Computer. Mein Mann und die Kinder waren hellauf begeistert, saßen jeden Tag an dem PC. Ich dagegen dachte nur die ganze Zeit daran, was der Computer gekostet hatte. *So viel Geld!* Und das bei unseren Verhältnissen. Fortan traute ich mich nicht, das Gerät zu berühren. Ich wischte nicht einmal Staub.

Meine Kinder beknieten mich: »Versuch's doch mal, das ist eine bessere Schreibmaschine.«

Ich ging nicht an den Computer.

1992 hatte ich die Nase voll von meiner Situation. Ich drängte beim Arbeitsamt auf Arbeit, egal was, egal wo ... und bekam eine zweijährige Weiterbildung zur Betriebswirtin. Klopfenden Herzens ging ich hin. Es war das Beste, was mir passieren konnte. Denn die Maßnahme riss mich aus meinem Kummer. Plötzlich war ich nicht mehr alleine arbeitslos, sondern wir waren 23 Arbeitslose. Der Älteste war 57, die Jüngsten waren drei Absolventinnen der Universität, 26 Jahre alt, alleinerziehend mit Kind. Des Weiteren gab es zwei promovierte Herren, einen Mathematiker, einen Physiker.

Fast alle Lehrer kamen aus Westdeutschland. Einer der Leiter dieser Weiterbildungseinrichtung kam allerdings – die Welt ist klein – aus meinem Heimatdorf. Er wusste um die Arbeitsmarktsituation im Osten und er schlug uns vor: »Im Anschluss an die Weiterbildung könnt ihr ein Vierteljahr Englischunterricht dran hängen. Dann bekommt ihr wieder Geld und habt ein bisschen Zeit gewonnen.«

Darum ging es. Zeit gewinnen. Zeit gewinnen. 1994 war ich schließlich Betriebswirtin mit tollem Diplom, konnte noch dazu ein bisschen Englisch. Ich bewarb mich und bekam Absagen: Mir fehlte die Berufserfahrung.

Stattdessen schickte man mich in ein Vermessungsbüro, wo ich für ein Vierteljahr ein Praktikum absolvierte. Kaum dass dieses endete, erhielt ich eine ABM-Stelle beim Heimatbund, also im Naturschutz. Dort musste ich Schilf mähen, Akazien aus den Saale-Hängen raussägen, wegschleppen und schreddern. Eine ungewohnte Aufgabe, aber es war eine schöne Arbeit unter Kollegen, einem Doktor der Biologie, einem Diplom-Biologen und einem Diplom-Chemiker.

Es gab Freunde, die mich fragten: »Kommst du dir nicht verarscht vor? Du macht zwei Jahre lang Weiterbildung zur Betriebswirtin und musst jetzt Sträucher schreddern?«

Ja, sie hatten recht. Aber ich entgegnete: »Es ist eine ABM-Stelle. Und was bedeutet ABM? Arbeitsbeschaffungsmaßnahme.«

Ganz ehrlich: Jeder, der damals, Mitte der 90er, eine ABM-Stelle bekam, hatte die Hoffnung, dass er sich durch »gute Führung« hervortat und eine Arbeit bekam. Egal welcher Beruf. Hauptsache überhaupt Arbeit. Und gute Bezahlung.

Deshalb strengte ich mich an, ganz automatisch, weil ich ständig dachte: *Wenn ich gut bin, nehmen die mich.*

Tatsächlich muss ich wohl gut gewesen sein. Denn sie schickten mich für ein Vierteljahr nach Hause, um mich im Anschluss als neue »Arbeitslose« für ein weiteres Jahr auf die ABM-Stelle zu setzen. Ich traute meinen Ohr nicht, als ich erfuhr, dass es sogar die Möglichkeit gab, im Rahmen der ABM für weitere drei Jahre dort arbeiten zu können – danach hätte man mich einstellen *müssen*. Ich habe mir diese drei Jahre so sehnlichst gewünscht. Heute weiß ich, wie naiv ich war.

Natürlich beherrschte man sich beim Heimatbund, mir diese drei Jahre zu geben. Denn sie wären blöd gewesen, wenn sie mich eingestellt hätten, anstatt die neuen ABM-Kräfte zu beschäftigen, neue ABM-Kräfte, die sich wieder so anstrengten – und die das Arbeitsamt bezahlte. Und das Arbeitsamt, das darf man dabei auch nicht vergessen, war ebenfalls froh, hatte es doch wieder ein paar Arbeitslose beschäftigt und aus der Statistik raus.

Ja, man hat uns schon ziemlich verarscht.

Ich begann mich wieder zu bewerben. Vergebens. Obwohl es Betriebe gab, die neu eröffneten. Die sahen auch ganz toll aus. Aber dort arbeiteten in Folge der Technisierung und Automatisierung keine 10.000 Mitarbeiter, sondern nur 20. Deshalb freute ich mich auch gar nicht, wenn ein neues Unternehmen entstand. Wenn ein neuer Betrieb kam, war klar, er würde nicht einmal 100 Kräfte aufnehmen.

Ich setzte mich hin und telefonierte alle Betriebe in meiner Umgebung ab, nicht nur Unternehmen, auch öffentliche Einrichtungen, zum Beispiel Wasserwirtschaft, Abwasser, Klärbetriebe und weiß der Teufel, was es alles gibt. Überall fragte ich: »Brauchen Sie jemanden?«

»Um Himmels willen!«, war die Antwort.

Meine Telefonaktion, direkt und Papier sparend, führte zu nichts. Also ging ich zum Arbeitsamt. Ebenso ergebnislos. Sie verlangten lediglich, dass ich regelmäßig mein Bewerbungsbemühungen unter Beweis stellte, fein ordentlich abgeheftet.

Bis ich eines Tages auf dem Computermonitor eines Sachbearbeiters eine Excel-Tabelle sah. Unbedarft wie ich war sagte ich: »Oh, Sie können aber schöne Tabellen machen.«

Er guckte mich an: »Möchten Sie das auch können?«

»Ja«, erwiderte ich.

Und schwupps saß ich in der nächsten Weiterbildung. Diesmal waren die Lehrer nicht mehr aus dem Westen, jetzt kamen sie aus dem Osten. Eine der Lehrerinnen kannte ich persönlich. Sie gestand mir, es hätte über 150 Bewerber auf ihre Stelle gegeben, und sie hätte sie alle ausgestochen.

Nun gut, tröstete ich mich, es gibt doch nichts Besseres, als in einer Weiterbildung zu sitzen, diese bezahlt und dabei acht Stunden am Tag von sehr klugen Menschen etwas erzählt zu bekommen.

Hoffnung auf einen Job durch die Weiterbildung machte ich mir nicht mehr, erst recht nicht, als einer der Lehrer einen Schüler mit den Worten begrüßte: »Ach Sie, Sie sind doch schon das zweite Mal hier. Also lassen wir es ruhig angehen, Arbeit finden Sie sowieso nicht. Es ist ja keine da.«

Fürs Erste fühlte ich mich wohl. Ich war unter Menschen, unter meines Gleichen. Das reichte. Anschließend bewarb ich mich, überall, wo es nur ging, im Baumarkt, bei Edeka, in einer Putzfirma, ich weiß nicht, wo überall.

Ich bewarb mich auch als Callcenter-Agent. Als ich bei den Einstellungstests saß, erzählte der Prüfer, dass man mit dem Job im Zwei-Schichten-System 1.200 Mark verdienen würde. Verwöhnt durch das Geld meiner Weiterbildungen und ABM-Stellen fragte ich: »Brutto oder netto?«

Diese Frage wurde noch freundlich beantwortet. Weil ich während der AB-Maßnahme beim Heimatbund sogar einmal Weihnachtsgeld erhalten hatte, wagte ich kurz darauf die Frage: »Gibt es Weihnachts- und Urlaubsgeld?«

Der Prüfer erwiderte: »Also, liebe Frau, kommen Sie jetzt mal bitte in mein Büro.«

Ich folgte ihm trottelnd in sein Büro, wo er sich mir gegenüber setzte, mich ansah und meinte: »Ich will Ihnen mal was sagen: Wir passen nicht zusammen.«

Den Job bekam ich also auch nicht. Stattdessen teilte man mir eine weitere ABM-Stelle zu, als Anleiterin für Gärtnerhelfer in einer Einrichtung für lernbehinderte Jugendliche. Das eine Jahr war vorüber, der Chef zufrieden. Er sagte: »Ich will mal sehen, was ich für Sie tun kann.«

Also bekam ich ein zweites Jahr. Das wurde nicht einmal beendet. Kurz vor Weihnachten fuhren vier Limousinen vor, fast wie in einem Mafiafilm. Drinnen saßen Mitarbeiter vom Arbeitsamt. Sie prüften unsere Klassenbücher, in denen ich treu und brav meine Aufgaben und die der Kollegen notiert hatte, und stellten dabei fest: Die Gärtnerhelfer hatten – wie übrigens auch die Schlosser, Maurer und Maler – gelegentlich im Gebäude geputzt und den Hof gereinigt. Folglich waren sie alle zweckentfremdet eingesetzt worden. Ein verhängnisvolles Vergehen, so dass alle, 14 Tage vor Weihnachten, entlassen wurden …

Seitdem bin ich zu Hause. Manchmal bemühe ich mich, Arbeit zu finden. Aber auch nur noch bei den Stellen, bei denen ich den Eindruck habe, dass es Sinn machen würde. Dann mache ich mir Hoffnung. Aber es kommen am Ende sowieso nur Absagen.

Nein, eigentlich habe ich die Hoffnung aufgegeben. All die Jahre war es eh nur ein Gewurschtel. Das mir nur einen einzigen Vorteil brachte: Während jeder Weiterbildung und ABM-Maßnahme hatte ich Anspruch auf neues Geld. Wäre das alles nicht gewesen, wäre ich längst Sozialhilfeempfängerin gewesen. Doch so blieb all die Jahre stets mein Anspruch auf Arbeitslosengeld erhalten.

Aber damit ist es jetzt vorbei. Mein Mann ist seit Ende 2005 ebenfalls arbeitslos. Er bekommt, gemessen an seinem letzten Verdienst, 837 Euro Arbeitslosengeld. Das ist so was wie ein Spitzensatz. Mehr als uns beiden als Ehepartner im Rahmen von Hartz IV zusteht. Deshalb bekomme ich im Augenblick gar nichts.

Die 837 Euro für uns beiden reichen gerade mal von Monat zu Monat. Kommt eine Rechnung der Autowerkstatt hinzu, letzten Monat waren es 700 Euro für die Reparatur, dann wissen wir nicht, wie wir diese Rechnung begleichen sollen. Rücklagen können wir uns nicht schaffen, nicht, wenn man, wie mein Mann, raucht und jeden Abend auch sein Bierchen trinken möchte. Und nicht die Möglichkeit hat, anderweitig noch an Geld zu kommen. Zum Beispiel, indem man was verkauft. Was sollen wir denn verkaufen? Unsere Möbel? Unseren Hausstand?

Immerhin, zum Glück, bezahlen wir keine Miete. Wir leben im Haus meiner Eltern. Allerdings ärgere ich mich ein bisschen, dass wir, als wir arbeitslos wurden, auf dem Amt angegeben haben, dass wir mietfrei bei meinen Eltern wohnen. Deshalb bekommen wir vom Amt keine Mietbeihilfe. Dabei haben wir sehr wohl monatliche Kosten fürs Haus. Steuern, Wasser, Öl und Versicherungen belaufen sich auf etwa 360 Euro. Die Hälfte tragen meine Eltern, die anderen 180 Euro tragen mein Mann und ich. Also bleibt uns von den 837 Euro noch weniger … Und wenn mal was am Haus zu reparieren ist, muss es zusätzlich finanziert werden.

Ich darf gar nicht daran denken, was erst wird, wenn mein Mann kein Arbeitslosengeld I mehr bekommt, sondern II. Also Hartz IV. Laut Arbeitsamt stehen uns dann nur noch 345 Euro Regelsatz zu – pro Person.

345 Euro!

Ich frage mich: Wer hat denn das errechnet? Ich meine, klar, ich kann mir das vorstellen, was sie erreichen wollen. Sie wollen uns Arbeitslose noch mal hochscheuchen, damit wir arbeiten gehen. Das ist sicherlich gut gemeint. Aber sie denken einfach nicht daran, dass keine Arbeit vorhanden ist. Keine Arbeit. Einfach nichts.

Als wären meine Arbeit und Erfahrung nichts mehr wert.

Erich, 56, Elektromonteur
Er lebt in der Nähe von Halle und ist der Ehemann von Regina.

In der DDR absolvierte ich eine Ausbildung zum Elektromonteur. Die Arbeit machte mir Spaß. Ich war schon immer ein Tüftler, der aus Transistoren ein eigenes Radio bastelte, und als die ersten Kleincomputer aufkamen, auch diese selbst zusammenlötete und in Basic programmierte. Und ohne die Elektrizität geht heute ja sowieso nichts mehr, weshalb es ein grundsolider Beruf war, der ein regelmäßiges, zukunftssicheres Gehalt versprach.

In den Jahren, in denen ich in einem landwirtschaftlichen Betrieb arbeitete, hatte ich viele Aufgabenbereiche, wie Neuinstallation und Instandhaltung elektrischer Anlagen. So war ich ebenfalls verantwortlich für die Wartung der gesamten Technik in einem Obstkühllager mit 2.400 Tonnen Lagerkapazität, um nur einiges zu erwähnen. Hier betreute ich eine Wärmepumpenanlage als Vorzeigeobjekt, welches verschiedenen Kunden des In- und Ausland vorgestellt wurde.

Als die Wende kam, erhielt ich die Chance, in meinem Betrieb als Mitarbeiter in der Lohnbuchhaltung mit einem PC-Lohnbuchhaltungsprogramm zu arbeiten und die gesamten Löhne der 200 Kollegen abzurechnen. So wurde ich hier das erste Mal konfrontiert mit Arbeitslosigkeit und dem Arbeitsamt. Vielen Kollegen wurde Kurzarbeitergeld gezahlt, und zu meinen Aufgaben gehörte es, das Kurzarbeitergeld für die Kollegen beim Arbeitsamt zu beantragen. So kam es, dass dieser Betrieb geschlossen wurde, und ich die Kündigungen der Kollegen, auch meiner Frau sowie meine eigene Kündigung persönlich mit ausstellte. Wenn ich mich jetzt daran erinnere wird es mir noch immer übel. Somit war ich das erste Mal arbeitslos.

Daran hatte ich zuvor nie einen Gedanken verschwendet, da ich annahm, eine Chance zu bekommen, in meinem Betrieb weiterzuarbeiten. Zum ersten Mal auf dem Arbeitsamt als Arbeitsloser. Ich kam mir ziemlich verloren vor. Was hatte ich hier zu suchen, was erwartete mich?

Noch schlimmer aber war: Man konnte mir nicht helfen. Es gab keine Jobs. Keinen Menschen, der sagt, du musst jetzt dies oder jenes tun, um einen neuen Anfang zu finden. Als wären meine Ausbildung, meine Arbeit, auch meine Erfahrung nichts mehr wert.

Auf Antrag bei der Industrie- und Handelskammer wurde mir bescheinigt, dass gemäß des Einigungsvertrages mein Prüfungszeugnis zum Elektromonteur in der ehemaligen DDR dem Elektroanlageninstallateur in einem anerkannten Ausbildungsberuf der Bundesrepublik Deutschland gleichsteht. Doch was hat man schon davon, wenn keine Stellenangebote als Elektriker in den neuen Bundesländern ausgeschrieben sind? In die alten Bundesländer wollte ich nicht.

Damit hatte sich das gesamte gewohnte Umfeld auf einmal geändert. Wie schon erwähnt war meine Frau auch arbeitslos. Wir erhielten Arbeitslosengeld, aber das war natürlich kein Vergleich zu dem, was wir hätten verdienen können, hätten wir eine Anstellung gefunden. Wir mussten den Gürtel enger schnallen. Von heute auf morgen waren wir auf einmal alle zu Hause, so auch die Schwiegereltern, welche im gleichen Betrieb arbeiteten. Unsere beiden Töchter waren im schulpflichtigen Alter – und denen wollten wir ja auch das eine oder andere kaufen.

Ich begann Mut zu schöpfen. Auf Grund einer Annonce in der Zeitung bewarb ich mich als Außendienstmitarbeiter in der Elektrobranche in einem Großhandel und erhielt diese Anstellung auch.

Man zögerte lange mit meiner Einstellung, immerhin war ich damals schon 42 Jahre alt. Doch dann entschied man sich für mich und ich war wirklich glücklich, auch wenn ich mit meiner gelernten Arbeit, der Elektroinstallation, nicht mehr direkt zu tun hatte. Ich sah mich plötzlich mit all jenen Arbeiten konfrontiert, die eben im Großhandel vorkommen.

Die Arbeit gefiel mir, und ich lernte jeden Tag etwas Neues hinzu. Nach einem Jahr wurde die Elektroabteilung des ehemaligen DDR-Großhandels durch einen der größten Elektrogroßhändler aus den alten Bundesländern übernommen. Drei Jahre lang arbeitete ich im Außendienst, dann wurde ich in den Innendienst versetzt, wo ich im Verkauf tätig war. Doch das war mir zu diesem Zeitpunkt längst egal, ich war froh, dass ich überhaupt einen Job besaß und gab mein Bestes.

Ich spürte, dass auch der neue Elektrogroßhandel unter den Marktgegebenheiten zu leiden hatte. Denn es ging ja um Marktanteile und Umsatz. Und die Händler aus den alten Bundesländern eröffneten eine Filiale nach der anderen in den neuen Ländern.

Aber meine Arbeit macht mir Spaß. Sie war sehr vielseitig. Akquisition von Kunden, Angebotserstellung, Objektbetreuung, Einkauf bis hin zu Lagerhaltung, Kommissionierung und Versand, um nur einige zu nennen, das waren meine Aufgaben in den vielen Jahren im Elektrogroßhandel.

Ein Großobjekt, eine bekannte Schuhfabrik der ehemaligen DDR, wurde von uns mit Leuchten beliefert. Wenige Wochen nach ihrer Neueröffnung wurde die Schuhfabrik geschlossen. Damit wurde mir klar, das auch im Großhandel finanzielle Verluste zustande kommen. Jedes Jahr gab es in unserer Firma Entlassungen. Wir hatten kein gutes Gefühl, wenn der Personalchef plötzlich in der Firma auftauchte. Wir fragten uns, wer wird wohl der Nächste sein?

So kam es, dass jedes Jahr ein bis zwei Kollegen aus betrieblichen Gründen gekündigt wurde. Eigentlich war es nur noch eine Frage der Zeit, bis man mir kündigte. Doch was sollte ich tun? Mehr als einmal habe ich mich nach einer neuen Stelle umgesehen. Aber es war keine zu finden. Also arbeitete ich weiter in dem Elektrogroßhandel, mit dem Wissen, dass irgendwann Schluss damit ist. Kein schönes Gefühl.

Tatsächlich drohte mir und einigen Kollegen die Kündigung Ende 2002 – es sei denn, wir wechselten zu einer anderen Niederlassung. Das waren zwar täglich zwei Stunden Autofahrt hin und zurück ... aber was nimmt man nicht alles in Kauf, wenn man keine Alternativen zum Broterwerb hat? Sogar ein neuer Arbeitsvertrag wurde abgeschlossen. Heute denke ich manchmal, hätte ich die Kündigung damals doch hingenommen, so wäre meine Chance mit 52 Jahren Arbeit zu bekommen größer als mit 56 Jahren. Andererseits dachte ich mir damals: Was ist schon eine einmalige Abfindung gegenüber einem monatlichen Gehalt, das man bis zur Rente bekommt? Die Abfindung ist schnell aufgebraucht, aber das regelmäßige Gehalt ist die bedeutend bessere Alternative. Man gibt die Hoffnung ja nie auf.

In der neuen Niederlassung erfuhr ich, dass mein ehemaliger Arbeitsplatz durch einen jüngeren Mitarbeiter besetzt werden sollte.

Schon bald merkte ich: Die Zeit in der neuen Niederlassung war nur eine Galgenfrist. So erhielt ich 2004, wie auch weitere fünf Kollegen, aus betrieblichen Gründen meine Kündigung zum Jahresende.

Gerne hätte ich jetzt noch mal was in Sachen Elektroinstallationen gemacht. Das ist schließlich die Arbeit, die ich gelernt habe. Doch ich war inzwischen ein Dutzend Jahre aus dem Geschäft, hatte sowohl fachlich als auch körperlich nicht mehr als Elektroinstallateur gearbeitet. Auf dem Arbeitsamt ließ man keinen Zweifel daran, dass sich seitdem einiges verändert hatte und man ganz andere Anforderungen stellte.

Der Vermittler beim Arbeitsamt sagte mir direkt am ersten Tag: »In Ihrem Alter besteht keine Möglichkeit mehr, auf dem ersten Arbeitsmarkt noch Fuß zu fassen.«

Na danke. Jetzt fühle ich mich wie aufs Abstellgleis geschoben. Ich habe es bei einem privaten Arbeitsvermittler versucht. Ich sagte ihm, dass ich offen für vieles bin – allein während der zwölf Jahre beim Elektrogroßhandel habe ich ja nahezu alle Arbeiten im Großhandel getätigt. Ich bin sogar Gabelstapler gefahren. Doch er meinte nur: »Das, was sie alles gemacht haben und was sie können, das ist schön. Aber ich sehe keine Chance.«

Ich bin jetzt 56 Jahre. Ich mache mir nichts vor: In meinem Alter werde ich wohl keine Arbeit mehr finden. Ich lebe jetzt von Hartz IV. Dieses Geld muss reichen für mich und meine Frau. Meine Frau bekommt nichts. Aber leider reicht das wenige Geld nicht. Die finanziellen Belastungen im Monat sind hoch. Am Ende eines Monats bleibt nichts übrig. Das heißt, wir schreiben jeden Monat nur rote Zahlen. Sparen können wir nichts. Das, was wir uns gespart haben, ist inzwischen aufgebraucht. So auch die Abfindung von der Firma, mit welcher ein Bauspardarlehen abgelöst wurde. Es gab immer mal wieder Ausgaben außer der Reihe, die bestritten werden mussten: Autoreparaturen. Eine neue Küche, weil die alte marode war. Und die Kinder wollte man ja auch während ihres Studiums unterstützen.

Am kulturellen Leben können wir nicht mehr teilnehmen. Unser letzter Urlaub war 1993. Also richtiger Urlaub mit der Familie. Seitdem haben wir nur Tagesausflüge zu Freunden nach Polen oder nach Berlin unternommen. Aber einen richtigen Urlaub haben wir seit 13 Jahren nicht mehr gemacht.

Manchmal frage ich mich, ob es besser wäre, wenn wir umziehen. Vielleicht finde ich anderswo eine Arbeit. Aber ich kann nicht einfach alles hinter mir abbrechen. Nicht nachdem ich hier mein ganzes Leben verbracht habe. Außerdem habe ich hier Verpflichtungen, den Eltern und den schwerkranken Schwiegereltern gegenüber. Wir leben mit ihnen unter einem Dach, ich kann sie doch nicht einfach sich selbst überlassen. Hier auf dem Dorf ist es so, dass man sich um seine Familie kümmert.

Ich muss dafür Sorge tragen, dass das Haus instand bleibt. Außerdem: Meine Frau und ich, wir hängen an dem Haus. Ich habe viel Arbeit und auch viel Geld in das Haus investiert. Diesen Wert möchte ich mir erhalten. Es ist das Einzige, was ich noch habe. Soll ich es im Stich lassen?

Das Schlimme ist, dass die Situation, in der ich oder andere Arbeitslose jenseits der 50 stecken, von vielen Firmen schamlos ausgenutzt wird. Kürzlich wurde ich zum Arbeitsamt eingeladen, wo sich eine Firma vorstellte. Sie wollte ganz bewusst den Über-50-Jährigen eine

Ausbildung zum Außendienstler anbieten – mit Förderung des Arbeitsamtes natürlich.

Ich sagte ganz frei heraus, dass ich bereits viele Jahre im Außendienst gearbeitet und eine Ausbildung nicht unbedingt nötig hätte.

Woraufhin man meinte, die Anforderungen seien gestiegen und man könne sich bei ihnen in der Praxis darauf einrichten.

Ich sagte: »Wenn Sie mir versprechen, dass ich nach der Ausbildung auch eine Anstellung bekomme, bin ich bereit.«

Leider konnte man mir keine feste Anstellung zusichern. Damit war klar, dass die Firma eigentlich nur billige, vom Staat geförderte Arbeitskräfte suchte, mit denen sie selbst ihre Existenz sichern konnte.

Ein anderer Fall widerfuhr mir in direkter Nachbarschaft. Ich hatte mich bei einigen Betrieben blindlings als Elektroinstallateur beworben. Die eine Firma schickte mir die Unterlagen innerhalb von zwei Tagen zurück. Von dem anderen Unternehmen hörte ich sechs Monate lang nichts, bis ich beschloss, persönlich nach dem Verbleib meiner Bewerbung zu fragen. Ich finde, es gehört zum guten Ton, dass man die Bewerbungsunterlagen zurückerhält. Sie haben mich schließlich Geld gekostet – und ich muss jeden Euro zwei Mal umdrehen.

Ich fuhr also zu der Firma und sagte, dass ich meine Unterlagen gerne zurück hätte. Ich wurde zum Chef vorgelassen, der offenbar merkte, wie gerne ich arbeiten wollte. Er schlug mir vor, doch an einer Trainingsmaßnahme in der Firma teilzunehmen.

Trainingsmaßnahme?

Er sagte: »Sie arbeiten in der Firma, lernen die Kollegen kennen, machen sich mit der Materie und den Arbeiten vertraut.«

Vereinbart wurden 14 Tage, sieben Tage auf Montage, sieben Tage in der Firma. Arbeit, wie ich bei meinem Vermittler vom Arbeitsamt später erfuhr, die nur ungern durch das Arbeitsamt gefördert wurde. Gesagt, getan. Montags fuhr ich für fünf Tage auf Montage ins Ruhrgebiet. Danach arbeitete ich nochmals fünf Tage in der Firma. Ich durfte Arbeiten erledigen, die allesamt mit meinem gelernten Beruf zu tun hatten. Ich bin überzeugt, ich machte die Arbeiten nach bestem Gewissen und gut. Ich glaube, der Chef war zufrieden mit mir. Er hat es sogar mal geäußert. Aber angestellt hat er mich dann doch nicht. Ich war eine billige Arbeitskraft gewesen. Mehr nicht.

Manchmal denke ich mir deshalb, ich sollte mich selbstständig machen. Ich habe doch meinen Handwerksmeister gemacht, 1974 in der DDR, welcher noch Gültigkeit hat. Ich bräuchte also nur mein Gewerbe anmelden, mich ins Installateurverzeichnis eintragen lassen, bei der Handwerkskammer der Innung beitreten und könnte loslegen ... Wenn es so einfach wäre!

Wie sollte ich meine Elektroausrüstung bezahlen? Ich habe keinerlei finanziellen Mittel. Für Werkstattausrüstung, Vorschriften, Messgeräte und E-Material bräuchte ich mindestens 20.000 Euro, wenn nicht sogar mehr. Es dürfte schwierig werden, das Geld zu bekommen. Wer gibt einem Hartz-IV-Empfänger denn einen Kredit? Ich habe keinerlei Sicherheiten.

Doch mal angenommen, ich bekäme den Kredit. Dann bräuchte ich Aufträge. Das dürfte vermutlich noch schwieriger werden bei über 280 Firmen und E-Installateuren in Halle und Umgebung. Die meisten von ihnen haben gebundene Aufträge übers ganze Jahr, sei es bei staatlichen Betrieben, bei Gemeinden oder anderen Institutionen.

Doch noch mal angenommen, ich würde einige Aufträge an Land ziehen. Ich müsste diese immer noch für Monate vorfinanzieren. Es dauert manchmal bis zu einem halben Jahr, bis Rechnungen beglichen werden. Häufig werden Rechnungen überhaupt nicht beglichen. Ich kenne Elektroinstallateure und -firmen, die jedes Jahr zwischen zehn- und dreißigtausend Euro ausbuchen müssen, weil sie ihr Geld vom Kunden nicht erhalten haben.

Was bringt es mir also, wenn ich mich selbstständig mache, aber in spätestens einem Jahr pleite bin? Dann mit einem Haufen Schulden am Kopf? Soll ich dieses Risiko in meinem Alter eingehen?

Ich habe mich während der vergangenen Monate mit dem einen oder anderen Elektroinstallateur unterhalten. Keiner von denen sagt, er würde sich noch einmal selbstständig machen wollen. Ja, damals nach der Wende florierten die Geschäfte. Viele Betriebe hatten bis zu vier oder fünf Mitarbeiter. Doch dann gingen die Aufträge zurück, der

Euro kam, die Inflationsrate stieg jedes Jahr, ebenso die Preise. Billige Arbeitskräfte aus Osteuropa überschwemmten den Markt, ein Preiskampf entbrannte und nicht nur in der Elektrobranche. Die Betriebe mussten Leute entlassen, arbeiten heute vielfach nur noch zu zweit oder ganz alleine. Oder sie sind längst pleite. Auch so ist das hier auf den Dörfern.

Ich bekomme so viel Arbeitslosengeld, wie ich in Zeitarbeit verdient hätte.

Mathias, 23, Fleischer
Er lebt in der Nähe von Leipzig.

Ich bin gelernter Fleischer. 2001 habe ich meine Ausbildung beendet. Die Fleischerei hat mich danach sofort übernommen. Vor einem Monat hat man mir gekündigt.

Eine Begründung gab es nicht. Angeblich weil ich so viel krank war. Ich hatte mir Anfang des Jahres zwei Rippen gebrochen, danach war ich fünf Wochen krank. Später hatte ich eine Entzündung am Hals, die musste operiert werden, anschließend lag ich erneut drei Wochen flach. Aber die Krankheiten waren nur die halbe Wahrheit.

Die Chefs wollten unsere Abteilung umstrukturieren. Das fing an mit einem neuen Vorarbeiter, den sie von der Konkurrenz abgeworben und uns vorgesetzt hatten. Das war ein Wessi. Der war ... ich sag's jetzt mal krass ... ein richtiges Arschloch. Der hat rumgeschrien, gestänkert, die Leute beim Chef angeschissen, da war überhaupt kein Arbeitsklima mehr. Das war ärgerlich, vor allem für die, die schon acht oder zehn Jahre in der Fleischerei gearbeitet hatten. Die hatten sich den Arsch für die Firma aufgerissen ... und dann kam so einer und dachte, er sei sonstwer, könne sich hinstellen und herumkommandieren.

Ich weiß nicht, aber: Die Wessis, die sind das Schlimmste, was es gibt. Das behaupte nicht nur ich. Das weiß ich auch von einigen Kumpels. Unter Kollegen hier im Osten läuft alles wunderbar, es ist ein richtig tolles Arbeitsklima. Aber wenn die Chefs einen Wessi reinstecken, dann weiß man, sobald es einen Anschiss vom Chef gibt: Der Wessi hat einen verpfiffen.

Dann wollten unsere Chefs komplett auf die Mitarbeiter einer Zeitarbeitsfirma umstellen. Angeblich weil sie mit den Abrechnungen nicht klarkamen. Zu dem Zeitpunkt bestand die eine Hälfte der Mitarbeiter aus Festangestellten, die andere aus Zeitarbeitern. Aber das war für mich dummes Gequatsche. Letztlich ging es nur darum, dass die Zeitarbeiter billiger arbeiteten – und noch dazu Prämien vom Staat einbrachten. Klar, da nimmt man doch lieber die Zeitarbeiter.

Uns Festangestellten bot man einen Aufhebungsvertrag an – und die Übernahme bei der Zeitarbeitsfirma. Da hätte ich dann 500 Euro im Monat weniger verdient. Das ist eine Menge Geld. Und wer verzichtet schon gerne darauf?

Ich ging zum Arbeitsamt und wollte mich erkundigen, wie es mit anderen Jobs in der Gegend ausschaut. Die Beamten wollten mir gleich eine Weiterbildung zum Fleischfachverkäufer in Schöneberg aufs Auge drücken. Ich sagte: »Erstens bin ich noch nicht arbeitslos. Zweitens habe ich bald drei Monate keine Fleppe, wie soll ich denn nach Schöneberg kommen? Das sind 70 Kilometer! Soll ich die laufen, oder was?«

Ich habe im Augenblick nämlich keinen Führerschein. Das ist dumm gelaufen ... na ja ... nach einer Party ... der Alkohol ... egal. Ohne Auto komme ich hier auf dem Dorf nirgendwo hin. Busse fahren ja auch nur selten. Und wenn, braucht man eine halbe Ewigkeit, bis man ans Ziel gelangt.

Die auf dem Amt meinten doch tatsächlich: »Darauf können wir keine Rücksicht nehmen.«

Aber da ich ja noch gar nicht arbeitslos war, hatte sich das erst einmal erledigt.

Nicht viel später war ich für drei Tage mit einer Grippe krank. Das war die Gelegenheit für meine Chefs. Sie drohten mir mit Kündigung: »Du bist so oft krank. Entweder wir kündigen dich, oder du gehst rüber in die Zeitarbeitsfirma.«

Ich sagte nur: »Ihr könnt machen, was ihr wollt, aber ich mache keinen Aufhebungsvertrag und gehe auch nicht rüber.«

Kurz darauf kriegte ich die Kündigung – ein kurzes Schreiben, ohne jegliche Begründung. Ich ging zu einem Anwalt, der sich die Kündigung anschaute, einmal kurz lachte und für mich Klage auf Wiedereinstellung einreichte. Er meinte: »Damit kommen wir durch. Die müssen dich auf jeden Fall wieder einstellen.«

Die Fleischerei bot mir eine Abfindung an: 7.500 Euro brutto. Mein Anwalt lehnte ab: »Auf keinen Fall!«

Sie gingen hoch auf 12.000 Euro plus das letzte Monatsgehalt. Ich akzeptierte. Natürlich hätten wir weiterhin auf Wiedereinstellung klagen können. Aber was bringt mir das? Meine Chefs hätten so lange nach irgendwelchen Fehlern gesucht, wären pingelig bis zum Erbrechen geworden, solange bis sie drei Abmahnungen zusammengehabt hätten – dann hätten sie mich nach zwei Monaten rausgeschmissen und ich hätte noch nicht mal die Abfindung erhalten.

Seitdem bin ich arbeitslos. Klar, das ist schade. Ich hatte gerade mal zwölf Kilometer bis zur Arbeit und habe für ostdeutsche Verhältnisse ziemlich gut verdient. Aber weil das Arbeitsklima ohnehin zerstört war, bin ich nicht einmal so traurig drüber.

Der Witz ist ja: Weil ich so gut verdient habe, bekomme ich jetzt so viel Arbeitslosengeld, wie ich bei der Zeitarbeitsfirma verdient hätte ... Und dazu habe ich natürlich auch noch die Abfindung.

Also mir geht's besser als manchem Kumpel, der Hartz IV kriegt. Manche suchen schon seit Ewigkeiten einen Job und finden keinen. Eine Freundin von mir, sie hat Bürokauffrau gelernt, sucht seit ihrer Lehre einen Job, seit zweieinhalb Jahren. Sie hat zwischendurch mal für ein halbes Jahr bei Kondi gearbeitet, Pakete geschleppt. Jetzt macht sie gerade einen 1-Euro-Job im Museum ...

Wie es bei mir weitergeht? Gute Frage. Ich denke mir: Als Fleischer werde ich schon was finden. Essen tun die Leute immer.

Doch bis ich mich auf eine neue Stelle bewerben kann, muss ich die drei Monate warten, bis ich meinen Führerschein zurückhabe. Alles andere bringt nichts.

Das haben die Beamten auf dem Amt auch begriffen. Eigentlich muss ich zehn Bewerbungen pro Monat vorweisen. Dadurch, dass ich keinen Führerschein habe, brauche ich nur fünf Bewerbungen pro Monat vorlegen.

Das sind Bewerbungen für Jobs, die ich mir selbst rausgesucht habe. Vom Amt habe ich noch keinen Vorschlag erhalten. Aber das wundert mich nicht. Das, was ich bisher über das Amt gehört habe ... ich kenne keinen, der über das Arbeitsamt einen Job gekriegt hat. Eigeninitiative ist gefragt.

Wenn ich also meinen Führerschein zurückhabe, werde ich mich richtig bewerben. Ich denke, nur so kann ich überhaupt einen Job finden. Ich bin auch davon überzeugt, dass ich Arbeit finden werde. Ich sage mir: Wer heutzutage arbeiten will und sich bemüht, der findet was. Das muss ja nicht in dem gleichen Beruf sein. Klar ist es beschissen, wenn man zehn Jahre auf einen Beruf studiert und dann keinen entsprechenden Job findet. Aber man muss heutzutage flexibel sein. Man kann sich nicht mehr nur auf das eine verlassen.

Ich würde daher auch was anderes machen, wenn ich nicht als Fleischer arbeiten kann. Ich würde auch aufs Dach klettern, mir egal. Eine Umschulung? Kein Problem. Wenn es mir hilft, hier in der Gegend zu bleiben. Denn ich möchte nicht weg. Hier habe ich meine Kumpels, meine Familie, meinen Sport, alles, hier gefällt's mir.

Na ja, wenn's nach einem Jahr auf Hartz IV zugeht, und ich immer noch nichts gefunden habe, werde ich mir überlegen, ob ich mich im Westen umsehe. Aber eigentlich will ich nicht fortziehen.

Als würde man versuchen, mich unter die Erde zu bringen.

Antje, 58, Nebenjobberin
Sie lebt in Wetzlar. Antje ist geschieden.

Meine heutige Situation ist – auf gut Deutsch – beschissen. Was soll ich dazu sagen? Es ist eine Frage des Geldes. Und der Freizeit. Ich habe viel zu viel Freizeit.

Doch womit soll ich sie füllen, wenn ich ständig überlegen muss, was ich machen kann und was nicht. Die Antwort ist: Ich kann nicht sehr viel unternehmen. Man kann so vieles unternehmen *mit* Geld, egal ob Sport, Volkshochschule, Friseur, Kino oder Theater. Weil ich kein Geld habe, kann ich nichts machen. Was also dann? Zuhause herumsitzen? Nein, dabei fange ich an zu grübeln. Oder mich zu erinnern. Erinnerung ist nicht gut. Dabei fing alles gar nicht so schlecht an, damals vor 25, 30 Jahren.

Damals arbeiteten mein Mann und ich im Gartenbau. Wir waren als Gemüsegroßhändler selbstständig. Wir hatten Stände auf den Wochenmärkten der Umgebung und unser Betrieb begann vielversprechend. Okay, wir zahlten noch nichts in die Rentenkasse ein ... So viel Geld verdienten wir dann doch noch nicht. Aber das ist ja normal unter Selbstständigen. Zu Beginn versuchen sie erst einmal, den Laden zum Laufen zu bekommen, damit man später, wenn der Rubel schließlich rollt, was fürs Alter machen kann. Das war auch unser Plan.

Irgendwie begann alles ziemlich gut. Uns ging es auch gut. Die Zukunft stand uns offen. Also nahmen wir das nächste Ziel in Angriff: Wir nahmen einen Kredit auf, bauten ein Haus. Natürlich, das Haus lief auf unser beider Namen. Denn ein eigenes Haus ist doch eine gute

Altersvorsorge. Das war unser Plan. Der Bau schritt zügig voran. Unsere beiden Kinder wurden geboren. Unser ganzer Stolz.

Klar, schon damals hat mein Mann getrunken. Aber, na ja, wer trank nicht? Gehörte doch irgendwie dazu, zum Leben, zum Wohlstand, der uns bevorstand, zum Genuss. Es gab keinen Grund für mich, mir Sorgen zu machen.

Und als ich begann, mir Sorgen zu machen, da war es zu spät. Vielleicht habe ich zu lange und zu oft die Augen zugedrückt. Vielleicht habe ich die Probleme auch nicht sehen wollen. Vielleicht habe ich sie auch gar nicht als Probleme wahrgenommen.

Mein Mann war Alkoholiker. Er vernachlässigte unseren Betrieb. Die Kunden blieben weg. Unser Großhandel war am Ende. Plötzlich konnten wir den Kredit, den wir fürs Haus aufgenommen hatten, nicht weiter tilgen. Gut und gerne über 450.000 Mark. Mein Mann trank noch mehr. Er wurde gewalttätig. Es war schlimm. Das war 1986.

Irgendwann packte ich meine Koffer mit den allerwichtigsten Klamotten, nahm unsere beiden Kindern an die Hand und verließ ihn. Er weigerte sich, aus dem Haus auszuziehen. Er schlug alles kurz und klein. Kaufwillige Interessen ließ er nicht herein. Schließlich wurde das Haus zwangsgeräumt und versteigert. Es ging für 175.000 Mark über den Tisch. Viel zu wenig, um die Schulden bei der Bank zu tilgen.

Mein Mann verschwand. Ob er irgendwo unterkam oder starb, weiß ich nicht. Ich weiß nur, dass er finanziell nicht zu belangen war, nicht für die Schulden, die er sich zu bezahlen weigerte, nicht für den Unterhalt unserer Kinder. Wir bekamen keinen Pfennig. Bis heute nicht.

Also ging ich wieder arbeiten. Schließlich trug ich die Verantwortung für die Kinder. Wir hatten ja nichts, außer die zwei, drei Koffer mit Kleidern. Wir begannen bei null. Neue Wohnung. Neue Möbel. Neues Leben.

Ich arbeitete als kaufmännische Angestellte, wie ich es bereits in meiner Jugend, nach der Schule gelernt hatte. Viel durfte ich dabei nicht verdienen. Irgendwas um die 700 Euro netto. Verdiente ich mehr, hielt sofort die Bank die Hand auf. Da waren ja immer noch die

Schulden. Die Zinsen. Und die Zinseszinsen. Sie wurden immer mehr. Sie erdrückten mich. Nur mich. Mein Mann blieb verschwunden.

Das wenige Geld, das ich verdienen durfte, reichte für die täglichen Bedürfnisse: Essen, Trinken, Miete, gelegentlich ein paar neue Kleider für die Kinder. Das war die Zeit, in der ich begann, überlegt zu leben ... Hatte ich eine Wahl? Wir mussten über die Runden kommen. Ich war froh, dass ich überhaupt mit meinen beiden Kindern überlebte. Es war kein Leben in Luxus. Aber es war ein Leben.

Anfang 2005 bezahlte mein Chef die Gehälter nicht mehr zum Ersten des Monats. Im Juni des gleichen Jahres bekam ich die Kündigung. Es traf noch andere Mitarbeiter. Er musste sie entlassen, um die Firma vor der Pleite zu retten. Mein Berater beim Arbeitsamt ... der Arbeitsagentur, wie das neuerdings heißt ... der hat mir bei meinem ersten Besuch klipp und klar gesagt: »Liebe Frau, machen wir uns nichts vor, Sie sind in einem Alter, Sie wissen ja, wie der Arbeitsmarkt ist, das können Sie vergessen.«

Er hielt mir ein Formular vor die Nase. Einmal unterschreiben, immer Geld bekommen, aber nie mehr auf dem Amt erscheinen. Und raus aus der Statistik. *Ein Arbeitsloser weniger! Haben wir das nicht gut gemacht?*

Vielleicht hätte ich unterschreiben sollen. Denn ein Jahr zuvor hatte ich einen Verkehrsunfall erlitten und mir dabei einen Beinbruch zugezogen. Ich musste unters Messer, war vier Monate krank geschrieben und wusste, in zwei Jahren muss ich erneut operiert werden, um die Metallstücke entfernen zu lassen, die man mir in mein Knie eingesetzt hatte. Wie aber soll man einen neuen Job finden, wenn man weiß, in absehbarer Zeit – womöglich noch innerhalb der Probezeit – wird man ins Krankenhaus und anschließend in eine Reha-Klinik gehen müssen? Welcher Arbeitgeber macht das mit?

Trotzdem habe ich das Formular nicht unterschrieben. Hätte ich es gemacht, hätte ich jeglichen Anspruch auf Kostenerstattung für die Reha-Klinik verloren.

Also erscheine ich regelmäßig bei der Arbeitsagentur, ohne dass ich sonderlich viel erwarte. Ich kriege zwar keinen neuen Job vermittelt und werde wohl auch zukünftig keinen vermittelt bekommen, daran lässt mein Betreuer keinen Zweifel. Aber immerhin bekam ich meine Reha-Klinik bezahlt, bekomme regelmäßig mein Arbeitslosengeld II. Das ist nicht viel, im Monat nur ein paar hundert Euro. Ich getraue mich fast gar nicht, den Betrag zu nennen ... Der Betrag berechnet sich anhand der Summe, die ich verdient habe. Dank meiner Schuldenlast verdiente ich nie sehr viel.

Und meine Rente? Daran darf ich gar nicht denken. Zu Zeiten der Selbstständigkeit haben mein Mann und ich nie in die Rentenkasse eingezahlt. Und das bisschen, was bis zur Arbeitslosigkeit von meinen Gehältern für die Rente abgezweigt wurde ... na ja ... ich bekomme so etwas um die 400 Euro Rente ... Da kann doch keiner von leben.

Ich mache mir nichts vor: Daran wird sich auch nichts ändern. Selbst wenn ich mit einem Schlag all meine Schulden los wäre und selbst wenn ich noch einmal einen Job finden würde ... die paar Jahre bis zur Rente reichen doch niemals aus, um noch irgendetwas an meiner künftigen Rente zu verändern. Okay, vielleicht kriege ich dann 410 Euro. Na super!

Ich habe einen kleinen Nebenjob, zwei Mal drei Stunden im Monat, das bringt mir 60 Euro zusätzlich. Das ist nicht viel, aber immerhin erlaubt. Doch wenn ich den Gerüchten Glauben schenken darf, dann will der Gesetzgeber zukünftig auch diese geringe Nebeneinkunft verbieten.

Was denken die sich dabei? Die Politiker da oben kriegen ihre üppigen Diäten. Sie schaufeln sich die Taschen außerdem mit zig Nebenjobs voll. Ich dagegen darf nicht einmal einen Nebenjob für 60 Euro im Monat ausüben. 60 Euro! Das ist doch nicht viel Geld. Dabei geht es mir nicht einmal nur um das Geld. Es geht um die Arbeit an sich. Heutzutage definiert sich jeder über seine Arbeit. *Deshalb* möchte ich arbeiten. Ich brauche Arbeit. Sonst hat das Leben für mich überhaupt keinen Wert mehr. Keinen Sinn mehr.

Ich weiß doch: Wenn ich gar nichts mehr tue, nichts mehr habe, wofür es sich lohnt, aufzustehen, dann verliere ich den Blick für die Zeit. ich werde den Tag vertrödeln, meine Energie verlieren ... Mit einer Arbeit – egal wie umfangreich sie ist oder nicht, Hauptsache, ich tue ein bisschen was –, mit einer Arbeit habe ich ein Ziel. Und bewahre mir mein Selbstwertgefühl. Denn Vater Staat trägt nicht unbedingt dazu bei, dass man es behält.

Neulich war ich beim Zahnarzt. Die Vorsorgeuntersuchung ist frei, glücklicherweise. Aber mein Zahnfleisch geht zurück. Der Zahnarzt erklärte, er könne es wieder aufbauen. Keine Ahnung, wie das funktionieren soll. Ich werde es auch nicht herausfinden. Denn er nannte eine Summe, die die Behandlung kosten würde. Doch das Geld habe ich nicht. Also ließ ich's bleiben.

Kürzlich wollte ich mich an den Augen operieren lassen. Ich hatte Grauen Star. Als ich die Augenklinik aufsuchte, bekam ich von der Arzthelferin ein Schreiben ausgehändigt. Im Wartezimmer saßen noch eine Menge mehr Leute, die dieses Schreiben studierten. Darin klärte der Arzt darüber auf, dass er nur das Beste für die Augen seiner Patienten wolle und schlug im Rahmen der Operationen eine Reihe von Untersuchungen vor. Da blieb nicht viel Zeit zum Überlegen. Schließlich konnte man jeden Moment aufgerufen werden. Also unterschrieb ich, weil ich ja auch nur das Beste für meine Augen wollte. Was dabei verschwiegen wurde: Jede Untersuchung kostete zusätzlich Geld, das nicht die Krankenkasse bezahlte, sondern der Patient selbst. Ich konnte gerade rechtzeitig Einspruch erheben, ansonsten hätte ich im Nu tausend Euro ausgegeben. Tausend Euro, die ich nicht einmal besitze.

Jetzt habe ich Angst vor der Zukunft. Wenn die Gesundheitsreform realisiert wird, muss man regelmäßig zur Vorsorge, damit man später, im Krankheitsfall, Anspruch auf Unterstützung durch die Krankenkasse hat. Aber was, wenn man nicht einmal Vorsorgeuntersuchungen wie die Mammographie oder die Darmspiegelung bezahlen kann?

Jüngst bekam ich ein Schreiben von den Behörden. Es ging um meine Wohnung. Laut Vermieter ist sie 62 Quadratmeter groß. Ich zahle 400 Euro Kaltmiete dafür. Die Stadt gewährt mir, wie es im Amtsdeutsch heißt, »Grundsicherungsleistungen für Arbeitssuchende«. Sie bezahlt mir meine Miete.

In dem Schreiben wies sie mich jetzt darauf hin, dass nur eine Wohnflächenhöchstgrenze von 45 Quadratmeter meinen derzeitigen Verhältnissen angemessen sei – bei einer dem Niveau des örtlichen Wohnungsmarkts entsprechenden Grundmiete von knapp 6 Euro pro Quadratmeter. Im Klartext: Meine Miete durfte nur 270 Euro betragen. Ich sollte mir unverzüglich eine günstigere Wohnung suchen.

In dem Brief erklärte man mir ausdrücklich: Für eine günstigere Wohnung müsste ich für den Fall, dass ich in meiner Stadt keine adäquate Wohnung finde, bereit sein, auch in eine andere Stadt oder Region zu ziehen. Na toll. Haben die mal überlegt, was es für eine 58-jährige Frau wie mich bedeutet, die hier bei ihrer Familie, den Kindern und Enkelkindern lebt, die außerdem ihre 84-jährige Mutter im Seniorenheim untergebracht hat, die also fest verwurzelt ist mit Bekannten und Verwandten? Darüber denken sie nicht nach, dass ich dann meine ganze Familie zurücklassen muss, sie nicht mehr sehen kann, weil ich mir ja auch nicht die Bus- oder Bahntickets leisten kann.

Davon abgesehen, so schnell findet man heutzutage auch keine neue Wohnung mehr, nicht als Hartz-IV-Empfänger. Und: Woher sollte ich das Geld nehmen fürs Renovieren der alten Wohnung, für die Umzugskosten? Denn im Behördenbrief stand ebenso eindeutig: »SOLCHE Kosten übernimmt das Amt nicht.«

Ich habe ja nicht einmal Geld, um meinen Enkeln kleine Geschenke zu kaufen, über die sie sich freuen. Natürlich würde ich meinen Enkeln gerne Kleinigkeiten kaufen, Dinge, die sie sich wünschen. Teen ager haben nun mal so ihre Wünsche. Ich war doch auch mal jung. Aber es geht nicht. Zum Glück verstehen sie das. Sie wissen, wie meine finanzielle Situation ausschaut. Sie machen mir keinen Vorwurf daraus. Sie sind zufrieden über das, was sie kriegen. Und über einen lustigen Abend mit »Mensch ärger dich nicht« können sie sich ebenso freuen. Es müssen nicht immer große Geschenke sein. Liebe kann man sich nicht erkaufen.

Ich fühle mich ungerecht behandelt. Denn niemand fragt nach, wie ich überhaupt in diese Situation geraten bin. Natürlich, es gibt Leute, die sind arbeitslos, aber die haben auch gar keine Lust, arbeiten zu gehen. Die kassieren das Geld vom Staat, vielleicht verdienen sie sich unter der Hand sogar noch ein paar Euro dazu. Für solche Leute ist die Gesetzgebung völlig korrekt.

Aber wenn man in die Arbeitslosigkeit rutscht so wie ich, weil man den Job wegen einer Firmeninsolvenz verliert, man nicht viel Anspruch auf Geld hat, weil sowieso Schulden auf einem lasten, man aber auch keinerlei Aussicht auf einen neuen Job hat, weil man inzwischen 58 Jahre alt ist ... was ist dann?

Da fühle ich mich als Bürger zweiter Klasse. Auf jeden Fall. Und das wird noch schlimmer werden. Ich denke nur an die Gesundheitsreform ... Nein, daran mag ich gar nicht denken, nicht in meiner Situation. Ich komme mir vor wie in einer Gesellschaft, die immer älter wird, und die keinen Platz hat für Menschen wie mich, alt und arm. Ich komme mir vor, als würde man versuchen, mich abzuschieben, schnellstmöglich unter die Erde zu bringen, damit ich bloß kein Geld mehr koste. Ich bin zu teuer.

Ob sich noch was an meiner Situation ändert? Ich hoffe ja immer. Vielleicht gewinne ich mal was. Oder ich treffe einen netten Mann, der zu mir hält. Der mir aus meiner finanziellen Situation hilft. Ich weiß es nicht. Keine Ahnung. Aber ich darf die Hoffnung nicht aufgeben. Ich muss an die Zukunft glauben. Denn sonst werde ich depressiv.

Wozu bin ich eigentlich noch gut? Nur für meine Familie?

Stefanie, 32, Industriekauffrau
Sie lebt in der Nähe von Dresden. Stefanie ist alleinerziehend und an Epilepsie erkrankt.

Im Jahr 1990 habe ich meinen Ausbildungsvertrag zur Industriekauffrau unterschrieben. Schon damals stand fest: Am Ende meiner Lehre, 1993, werde ich nicht übernommen. Ich konnte außerdem absehen, es würde schwierig werden, eine Arbeitsstelle zu finden. Das Schicksal meiner Mitschüler hielt mir das vor Augen, etliche von denen mussten, weil sie sonst nichts kriegten, eine zweite Lehre anfangen.

Auch ich bemühte mich nach Abschluss meiner Ausbildung um eine Arbeitsstelle. Aber ich kriegte nur Absagen. Für die einen war mein Alter ein Problem, für die anderen meine fehlende Berufserfahrung. Aber wie soll ich denn Berufserfahrung sammeln, wenn man mich nicht arbeiten lässt?

Es war fast so was wie Glück, dass ich schwanger wurde. Das war zwar ein Versehen, aber na gut. Ich hätte sowieso keine Arbeit gefunden, also konnte ich mich erst einmal ums Kind sorgen, zumindest für ein Jahr. Danach wollte ich mich wieder um einen Beruf kümmern.

Doch jetzt war das Baby ein Grund, dass man mich nicht einstellen wollte: *Eine junge Mutter mit so jungem Kind ... Das Kind ist noch zu klein ... Das Kind ist öfters krank ... Bleiben Sie besser zu Hause.* Solche Sachen musste ich mir anhören. Oder ich bekam meine Unterlagen gar nicht erst zurück.

Ich musste mich ernsthaft fragen: *Wozu bin ich eigentlich noch gut? Nur für meine Familie?* Natürlich, die konnte ich als Mutter umsorgen. Aber wie sollte ich sie ernähren? Das funktionierte doch nicht ohne Arbeit. Und nur vom Staat leben wollte ich nicht. Das möchte ich heute noch nicht. Ich möchte auf meinen eigenen Beinen stehen. Aber es ist mir ja in diesem Staat gar nicht möglich, dies zu tun.

Etwa anderthalb Jahre nach der Geburt meiner Tochter brach meine Krankheit aus: Epilepsie. Bis heute weiß keiner, wo sie herkommt. Freunde behaupteten, es sei stressbedingt, die ganze Sache mit der Arbeitslosigkeit sei mir auf die Psyche geschlagen.

Vielleicht hatten sie recht. Aber eigentlich war es auch egal, denn es ließ sich nicht mehr ändern. Es machte mir die Sache nur noch schlimmer: Denn mit dem Schwerstbehindertenausweis, den ich seitdem habe, sah es in Sachen Arbeit noch viel schlechter aus ... Keine Berufserfahrung, ein kleines Kind, die Krankheit ... na toll!

Meine Tochter kam in den Kindergarten, sie war versorgt. Um sie brauchte ich mir keine Sorgen machen. Aber was war mit mir? Ich wollte nicht zu Hause sitzen, wo mir die Decke auf den Kopf fiel. Ich schrieb weitere Bewerbungen. Inzwischen war es mir egal, wo ich arbeitete, ich bewarb mich auf alle möglichen Stellen, Hauptsache, ich hatte was zu tun. Doch ich kriegte nur Absagen.

Damals war der Vater meiner Tochter noch an meiner Seite, wir heirateten bald darauf. Er war selbstständig, ist es heute noch. Er machte mit seinem Onkel eine Firma für Unterhaltungsbetriebe auf. Weil ich ansonsten nichts zu tun hatte und nicht noch mehr verzweifeln wollte, begann ich in der Firma auszuhelfen, half als Verkäuferin, ich wollte einfach irgendwas tun.

Außerdem trug ich auf diesem Wege ebenfalls dazu bei, dass Geld in die Haushaltskasse kam. Aber durch die Firma kam nicht viel, so ist das ja zu Beginn einer Selbstständigkeit. Mein Mann war halt auf die Kunden angewiesen. Wenn die ihre Rechnungen erst einmal nicht bezahlten, manche zahlten erst nach einem halben Jahr, sah es düster aus. So mussten wir am Ende eines Monats jedes Mal gucken, wo wir blieben.

Ständig mussten wir rechnen. Wir wussten nie, wann das nächste Geld kommt … außer das Geld vom Arbeitsamt, das ich bekam. Wenn man so will, war mein Arbeitslosengeld unser Einkommen. Ich war sozusagen die Hauptverdienerin. Aber ich habe es ja nicht verdient, ich kriegte es ja nur vom Staat. Ich wollte es nicht, aber es ging nicht anders. Es hat nicht einmal für uns drei gereicht. Wenn die Waschmaschine kaputtging, dann konnten wir uns keine neue kaufen. Und wir hatten auch kein Geld gehabt, um uns eine neue Waschmaschine anzusparen. Wir wussten nicht mehr ein noch aus. Wir haben alles versucht.

Manchmal war die Situation so schlimm, dass wir zu unseren Eltern gehen mussten, um uns Geld zu borgen. Ich zu meinen Eltern. Er zu seinen Eltern. Das war das Schlimmste, was ich mir vorstellen konnte. Ich hatte eine eigene Familie und konnte diese nicht einmal ernähren.

Es gab mehr als einmal Momente, in denen mein Mann und ich uns gestritten haben. Er warf mir vor: »Du bemühst dich ja gar nicht um eine Arbeit.«

Ich sagte: »Pass auf, ich helfe dir im Laden, ich helfe dir dabei, dir deine Firma mit aufzubauen. Ich kann mich nur um eines kümmern. Entweder ich helfe dir oder ich gehe auf Arbeitssuche und suche mir was. Nur dann steht fest, ich kann dir nicht mehr helfen, nicht in der Woche, nicht am Wochenende, wenn du irgendwelche Termine hast.«

Einerseits sah ich seinen Vorwurf ja ein. Andererseits sagte ich mir: Wenn wir schon ein Familienunternehmen haben, dann helfe ich eigentlich demjenigen, der etwas aufbaut; und ich versuche nicht, daraus auszubrechen, und zu sagen: Das interessiert mich nicht, was du machst, mach doch dein Ding, ich mache mein Ding.

Vielleicht war ich zu gutmütig. Vielleicht hätte ich ihm nicht bei allem helfen sollen. Vielleicht hätte ich auch nicht alles machen sollen, was er sagte. Vielleicht haben wir uns am Ende aber auch nur an der beschissenen Situation zerrieben. Der ständige Streit. Immer ging es nur ums Geld. Das kann auf Dauer nicht gutgehen. 2004 verließ er mich. Seitdem sitze ich mit meiner Tochter alleine in unserem Haus.

Das Haus habe ich geerbt. Aber es gehört mir nur noch die Hälfte, die andere Hälfte meinem Ex-Mann. Damals, als wir in das Haus zogen, musste es komplett renoviert werden. Das Geld für die Sanierung zahlten meine Schwiegereltern. Sie erhoben nie den Anspruch, das Geld zurückzubekommen. Sie hatten nur eine Bedingung: Die Hälfte des Hauses wird auf ihren Sohn überschrieben.

Einerseits sehe ich das ein, sie wollten nur Sicherheiten. Andererseits denke ich mir heute: *Bin ich blöd gewesen!* Aber nun gut, ich war noch jung, und aus Fehlern kann man lernen.

Leider bringt mir das Eigentum nichts. Ich spare vielleicht die Miete. Aber dafür bezahle ich jeden Monat einen Kredit ab, den mein Mann und ich für die Firma aufgenommen haben. Diesen Kredit zahle ich heute alleine ab, ich stehe als Bürge gerade. Mein Ex-Mann zahlt nichts. Weil er nicht will. Weil er nicht kann. Ich weiß es nicht. Nur wenn keiner den Kredit zurückbezahlt, dann stehe ich schneller auf der Straße, als ich denken kann. Dann geht die Bank an das Haus ran. Also zahle ich im Monat auch noch 250 Euro Schulden ab. Dafür habe ich zwar ein Dach über dem Kopf, aber mir bleibt nicht viel von meinem Arbeitslosengeld.

Ich suchte mir eine Arbeit. Aber viele Stellen als Industriekauffrau gab es nicht. Und für die wenigen, die es gab, fehlte mir die Berufserfahrung. Auf meine Bewerbungen bekam ich eine Absage nach der anderen.

Wenn ich alleine wäre, würde ich ja vielleicht woandershin ziehen. Das würde mir nicht viel ausmachen. Aber einen Umzog möchte ich meiner Tochter nicht antun. Sie geht hier zur Schule, hat hier ihre Freunde. Wenn sie die auch noch verliert, nach ihrem Vater, ich glaube, das verkraftet sie nicht. Deshalb bleiben wir hier.

Ich kriege jetzt Hartz IV. Weil ich nie richtig gearbeitet habe, ist der Betrag sowieso nicht sehr hoch. Fürs Essen reicht es gerade noch, das sage ich ganz ehrlich. Aber für viel mehr ist kein Geld vorhanden.

Wie erkläre ich das meinem Kind? Sie ist in der Pubertät, also dem Alter, in dem bestimmte Wünsche entstehen. Schicke Klamotten. Teure Schuhe. Handy. MP3-Player. Solche Sachen.

Ich sage ihr die Wahrheit: »Jessy, es tut mir leid, ich würde es dir gerne kaufen, aber ich habe leider kein Geld. Spar es dir zusammen von dem Geld, was du zum Geburtstag, zu Weihnachten, zu Ostern von den Großeltern bekommst ... aber ich kann es dir nicht kaufen.«

Manchmal akzeptiert sie das. »Mama, okay, ich verstehe das.«

Manchmal flippt sie aus und wird böse. Dann sage ich ihr: »Was soll ich denn machen? Du musst was zum Essen haben ... dass du auch was zum Anziehen haben musst, das sehe ich ein. Aber dafür gibt es keine Markenklamotten. Es gibt nur eine Hose für zehn Euro, aber die hält genauso lange, manchmal sogar länger als eine Markenjeans. Es tut mir leid. Ich kann es mir nicht leisten.«

Es gibt Situationen, da nehmen wir auch Anziehsachen von Freunden oder Verwandten. Ich denke mir: »Die haben das T-Shirt vielleicht nur ein oder zwei Mal angehabt.« Dann freue ich mich drüber.

Wenn meine Tochter wirklich was will, dann muss sie es sich zusammensparen. Natürlich bezahle ich ihr manche Dinge, wenn sie sie braucht. Die Schulsachen zum Beispiel. Oder eine Zeitung, wenn sie sie lesen möchte. Oder die Karte fürs Handy. Ein Handy habe ich ihr schließlich gekauft. Ich finde, mit einem Handy bin ich als Mutter auf der sicheren Seite. Ich kann sie jederzeit erreichen. Und sie mich im Notfall.

Doch jetzt artete es aus. Sie war mehr fürs Handy da als für die Schule. Da habe ich beschlossen: »Es reicht! Ich bezahl dir die Karte fürs Handy nicht mehr. Das wird mir zu teuer. Das Geld kriegst du von mir nicht mehr.«

Da war natürlich wieder Streit angesagt. Zum Schluss nahm ich ihr das Handy weg. Eine andere Konsequenz habe ich nicht mehr gesehen. Wenn sie nicht hören will ... Es ist doch so: Die jungen Leute haben keinen Bock mehr auf Schule. Lieber wollen sie den ganzen Tag Party machen, abhängen, mit dem Handy telefonieren und SMS schreiben. Wozu sollen die Jugendlichen sich auch mit der Schule abgeben? Oder mit der Ausbildung? Die bekommen doch sowieso keine Jobs. Das kriegen sie doch alles mit, die ganzen Jugendlichen auf der Straße.

Meine Tochter sieht es an mir. Ich habe die Schule beendet, ich habe eine Ausbildung, eigentlich war ich auf der sicheren Seite – und habe trotzdem nie einen Job bekommen. Es wundert mich daher nicht, dass meine Tochter sich keine Mühe geben will. Sie hat es zwar noch nicht explizit gesagt, aber ich sehe es an ihren Noten und an ihrem Verhalten; wie sie mit ihren Mitschülern umgeht, wie sie mit der Lehrerin umgeht.

Es kostet mich Kraft, ihr zu sagen, dass sie sich trotzdem Mühe geben soll. Dass sie nicht nur für mich lernt, sondern für sich selbst. Ich versuche ihr zu sagen, dass auch gutes Benehmen wichtig ist. Aber wenn sie das nicht kapiert, was soll ich dann machen? Dann muss ich Stubenarrest durchsetzen. Damit sie kapiert, dass es so nicht geht. Sie kann ihre Mitschüler nicht anpöbeln, sich mit ihnen schlagen, die Lehrer im Unterricht runterputzen.

Es kann sein, dass ihr Verhalten auch eine Folge der Scheidung ist. Das hat sie auch nicht ganz verkraftet. Die Freunde, mit denen sie abhängt, sind alle vier, fünf Jahre älter als sie. Meine Tochter ist 13. Sie ist noch ein Kind. Die anderen in der Clique sind 17 oder 18 Jahre alt. Das schockiert mich. Das passt mir nicht. Die sind alle älter als sie, die sind erwachsen. Einige haben keine Lehrstelle, andere keine Arbeit. Was die so den ganzen Tag alles machen ... nein, darüber möchte ich mir gar keine Gedanken machen. Die Leute sind einfach kein Umgang für meine Tochter.

Aber ich weiß nicht, was ich machen soll. Als ich ihr letztens verboten habe, mit denen abends ins Kino zu gehen, ist sie trotzdem einfach gegangen. Das macht mir meine Situation doppelt schwer.

Ich habe mich noch nie für Politik interessiert. Wenn ich das höre, was die Politiker von sich geben, denke ich nur: *Könnt ihr nicht mal mit den Menschen auf der Straße entscheiden? Ihr entscheidet immer nur über eure eigenen Köpfe. Aber was die Leute wollen, da wird nicht nachgefragt. Und wenn gefragt wird, wird es am Ende nur unter den Teppich gekehrt.*

Ich finde, die Politiker sollten mal von dem Geld leben, was ich bekomme. Damit würden sie ja nicht einen Monat durchhalten.

Zwischenzeitlich erhielt ich eine ABM-Maßnahme als Archivarin und Sachbearbeiterin bei der Gemeinde. Die Arbeit machte mir Spaß, aber sie war befristet auf ein Jahr. Trotzdem hoffte ich, dass man mich übernimmt. Kurzzeitig standen die Chancen nicht schlecht, zumindest dachte ich das. Dann wurden die Gemeindeverwaltungen zusammengelegt und weitere Arbeitsplätze abgebaut. Also begann alles wieder von vorne.

Das Arbeitsamt vermittelte mir etliche Maßnahmen, Fortbildungen, Weiterbildungen. Einige waren sogar eigens für Schwerbehinderte und Epileptiker. Denn ich darf nur im Büro arbeiten, aber nicht im Lager oder auf einer Leiter. Mir ist das egal. Ich sagte: »Geben Sie mir irgendeine Arbeit.«

Doch auf dem Amt erklärt man mir: »Das geht nicht.«

»Wieso?«

»Das dürfen wir nicht. Sie sind krank.«

»Dann geben Sie mir eine andere Arbeit!«

»Dafür sind Sie überqualifiziert.«

Da wusste ich gar nicht mehr, was ich machen sollte. Schließlich bekam ich vom Arbeitsamt wieder eine Fortbildungsmaßnahme für ... Computerkenntnisse ... was Lernen ... Motivation ... Teamfähigkeit ... für ... und ... ja eigentlich war's nur eine Fortbildungsmaßnahme in der Euro-Schule. In diesem Zusammenhang sollten wir auch einen Praktikumsplatz suchen. Das war gar nicht so einfach. Es war richtig schwer, einen Praktikumsplatz zu finden.

Eine Lehrerin der Euro-Schule vermittelte mir schließlich ein Praktikum bei Porta. Ich durfte für ein Vierteljahr ein Praktikum im Callcenter absolvieren. Ich saß also am Computer und rief den ganzen Tag die Kunden an. Anschließend konnte ich mein Praktikum um weitere drei Monate verlängern. Kurz vor Schluss ergab sich bei Porta die Gelegenheit, die nächsten sieben Monate einen Teilzeitjob für 401 Euro zu bekommen.

Das war schon mal nicht schlecht. Denn endlich war ich wieder unter Menschen. Ich bin ganz ehrlich: Ich verblöde zu Hause. Mir fällt die Decke auf den Kopf. Ich weiß nicht, was ich machen soll. Was ich machen darf. Dann verändere ich mich. Ich werde aggressiv. Was ich häufig gar nicht mitbekomme. Aber Freunde und Verwandte erleben mich und weisen mich daraufhin.

Der Zufall wollte es, dass das Arbeitsamt mir ausgerechnet jetzt, als ich die Stelle bei Porta antrat, das Angebot einer anderen Firma unterbreitete – das erste Mal, dass ich überhaupt ein Angebot vom Arbeitsamt bekam. Doch obwohl der Job bei der anderen Firma mir sicherlich mehr Spaß bereitet hätte – ich hätte Pflanzen in Gläser einsetzen sollen, eine stupide Arbeit, aber es hätte mir Spaß gemacht –, und obwohl ich auch eine Menge mehr als bei Porta verdient hätte, habe ich den Job nicht angenommen.

Die Entscheidung ist mir schwergefallen, sehr schwer, ich wusste den ganzen Tag nicht, was ich machen soll. Ich rief meine Team-Betreuerin bei der Euro-Schule an, ich bat um Rat beim Arbeitsamt, sprach mit der Vermittlerin.

Alle bekräftigten sie mich in meiner Entscheidung. Denn das neue Jobangebot war nur auf drei Monate begrenzt. Bei Porta verdiene ich zwar nur 401 Euro, aber unter Umständen, je nach dem, wie die Umsätze in 2007 sind, werde ich dort nach den sieben Monaten übernommen. Aber ich mache mir nichts vor: Im Augenblick ist alles mit einem großen Fragezeichen versehen. Werde ich nach den sieben Monaten bei Porta nicht übernommen, sitze ich wieder daheim. Und muss nur vom Arbeitslosengeld leben ... so es denn überhaupt kommt.

Im Augenblick warte ich nämlich auf das Geld vom Arbeitsamt, schon seit vier Monaten. Sie haben mir Unterhalt von meinem Ex-Mann berechnet, den ich gar nicht bekomme. Jetzt müssen sie mein Arbeitslosengeld neu berechnen. Aus irgendwelchen Gründen, die ich nicht verstehe, dauert das so lange.

Ich hoffe, dass das Geld bald kommt. Ich muss nämlich Heizöl kaufen, sonst weiß ich nicht, wie ich im Winter heizen soll. Das Heizöl reicht vielleicht noch für eine Woche. Vermutlich muss ich mir dann wieder Geld leihen. Ich will es nicht. Aber was soll ich machen?

Ich schlafe schlecht. Ich mache mir laufend Gedanken. Manchmal gibt es Tage, an denen denke ich mir: *Leckt mich doch alle am Arsch.*

Ich haue hier ab, ich will nicht mehr. Und dann gibt es Tage, da denke ich: *Ich ziehe es durch, egal wie viel Kraft es mich noch kostet.*

Schon wegen meiner Tochter. Mein Kind ist das Wichtigste. Ich kann nicht einfach schlappmachen, ich muss stark bleiben. Es tut manchmal weh … vor allem, wenn ich erschöpft und müde bin. Aber noch halte ich mich aufrecht. Wenn ich es nicht mehr kann, dann … weiß ich es nicht … ich mag nicht daran denken, auch wenn dieser Moment – durch meine Krankheit – ganz schnell eintreten kann.

Arbeitslos passierte ganz weit weg!

Peer, 22, Schreiner
Er lebt in einem Dorf bei Düsseldorf.
Peer möchte gern eine Familie gründen.

Wenn es notwendig war, konnte mein Vater ein ganzes Haus auseinandernehmen und am Ende von den Grundmauern bis zum Dachstuhl wieder aufbauen, mit allen elektrischen Leitungen, Heizungsrohren und Wasserzuleitungen. Nicht dass er das alles tatsächlich selbst machte – aber das Wissen, es machen zu können, war von großem Vorteil. Wir lebten nämlich mit sechs Personen unter einem Dach, meine Eltern und ich und meine drei Geschwister. Die Versorgung der Familie kostete viel Geld, weshalb mein Vater nicht sofort Handwerker mit Reparaturen am Haus beauftragte, sondern zuerst versuchte, sie selbst auszuführen. Meine handwerkliche Begabung habe ich von ihm. Schon recht früh zeigte sich, dass ich ein Händchen für die Arbeit mit Holz habe. Ich griff meinem Vater bei allen möglichen Handwerksarbeiten unter die Arme. Deshalb war schnell klar, dass ich diese Fertigkeiten auch beruflich nutzen wollte.

Ich wählte eine Ausbildung zum Schreiner. Ich dachte, dass diese Arbeit mir eine sichere Zukunft bieten würde. Tische, Regale, Schränke werden ja zu jeder Zeit gebraucht.

Hier auf dem Dorf gab es einen größeren Holzbetrieb. Was heißt »groß«? Es war ein Familienunternehmen, früher geführt vom Großvater, dann vom Vater, heute vom Sohn. Es gab 16 Mitarbeiter, zwei Lehrlinge. Ich fand dort auf Anhieb eine Lehrstelle. Alles verlief reibungslos, der Chef war von meiner Arbeit überzeugt, weswegen ich nach der Ausbildung übernommen wurde. Ich war stolz wie Oskar. Aber was anderes hatte ich auch nicht erwartet. So ist das doch auf dem Dorf: Schule, Lehre, Arbeit.

Damals wohnte ich noch bei meinen Eltern. Ich hatte eine Freundin, Petra. Sie stand kurz vor dem Ende ihrer Ausbildung zur Krankenschwester. Ein paar Monate später beschlossen wir, uns gemeinsam eine Wohnung zu nehmen, das konnten wir uns ja leisten. Wir fanden eine Wohnung, drei Zimmer, nicht ganz ohne Hintergedanken: Ein Wohnzimmer, ein Schlafzimmer, ein Kinderzimmer. Inzwischen waren wir verlobt.

Zu dieser Zeit begann es in meiner Firma zu kriseln. Ich weiß gar nicht, wann genau ich es merkte. Ich hatte eigentlich immer was zu tun, auch wenn mittlerweile mehr Zeit für die Aufträge zur Verfügung stand. Aber darüber machte ich mir irgendwie keinen Kopf. Es gab immer mal Zeiten, in denen mal weniger oder mal mehr zu arbeiten war. Aber zu arbeiten gab es immer etwas. Irgendwann merkte ich es aber dann doch. Erst recht, als der Chef eines Monats das Gehalt schuldig blieb. Er entschuldigte sich, vertröstete uns. Zwei Wochen später bekamen wir Schecks ausgehändigt. Dabei verwies der Chef auf die allgemeine Marktsituation. Natürlich konnte ich ihn verstehen: Den Leuten geht es schlecht und bevor sie viel Geld für teure Maßarbeit ausgeben, kaufen sie lieber günstige Massenware im Discounter. Oder bei Ikea.

Dann führte der Chef auch noch Kurzarbeit ein. Damals dachte ich mir, dass es vielleicht besser ist, wenn ich mich nach einer anderen Arbeitsstelle umsehe. Aber es gibt nicht sehr viele Firmen in der Gegend, bei denen ich als Schreiner hätte anfangen können. Und jene Betriebe, die existierten, wollten keine weiteren Mitarbeiter einstellen.

Plötzlich ging es Schlag auf Schlag. Der Chef ließ wissen, dass er den Betrieb in der jetzigen Form nicht mehr fortführen könne. Was das genau bedeutete, sagte er noch nicht. Aber die Gerüchte unter den Kollegen gingen um. Und dann wurde es konkret: Er würde Mitarbeiter entlassen müssen, mindestens fünf Leute. Er wusste, dass ich und meine Freundin mit dem Gedanken spielten, eine Familie zu gründen.

Aber Petra war noch nicht schwanger, wir waren ja nicht einmal verheiratet. Im Gegensatz zu anderen Kollegen, die bereits eine Familie hatten.

Ende 2004 stand ich auf der Straße. Das erste Mal auf dem Arbeitsamt war seltsam. Bis dahin hatte ich nie daran gedacht, dort einmal erscheinen zu müssen. Arbeitslos auf dem Arbeitsamt, das war etwas, was irgendwo weit weg passierte. In Ostdeutschland. In Berlin. In Köln. Oder vielleicht noch in Kamp-Lintfort. Aber doch nicht bei uns auf dem Dorf. Vielleicht klingt es naiv, aber ich empfand so: Bei uns auf dem Dorf war die Welt noch in Ordnung. Selbst Kamp-Lintfort liegt noch 40 Kilometer entfernt, was für dörfliche Verhältnisse, in denen ich aufgewachsen war, schon fast eine Weltreise bedeutete.

Das Erste, was ich dachte, als ich auf dem Arbeitsamt vorstellig wurde: *Mensch, die Leute sehen ganz normal aus.* Ich weiß nicht, was ich erwartet hatte. Aber ich spürte zum ersten Mal, dass ich nicht der Einzige bin. Und dass es auf dem Land nicht mehr anders zugeht als in der Stadt. Aber dieses Wissen war in dieser Situation nicht wirklich ein Trost.

Denn das Arbeitsamt konnte mir nichts anbieten. Die Sachbearbeiterin meinte zu mir: »Es tut mir leid, aber wo nichts ist, kann ich Ihnen nichts geben.«

So viel war mir nach etlichen Bewerbungen inzwischen auch klar. Alle meine Bemühungen, eine Arbeit als Schreiner zu finden, schlugen fehl. Jede Bewerbung wurde mit einer Absage zurückgeschickt. Bei einigen Firmen rief ich sogar an, bekam trotzdem nur Absagen.

Noch brauchte ich mir keine Sorgen zu machen. Das Arbeitslosengeld, das ich bekam, reichte um meinen Teil zur Miete und zum Unterhalt beisteuern zu können. Aber irgendwann würde es weniger werden, so viel war ebenfalls klar – und es würde nicht ausreichen, um alle Kosten für Petra, unser Baby, und mich zu tragen.

Vielleicht hätte ich woanders eine Arbeit gefunden. Dazu hätten wir aber aus dem Ort wegziehen müssen. Petra hätte dann ihre Arbeit als Krankenschwester aufgeben müssen. Das hätte sie sowieso früher oder später tun müssen, wenn sie schwanger geworden wäre.

Aber wir beide wollen nicht wegziehen. Hier fühlen wir uns wohl. Hier leben unsere Familien, hier sind wir heimisch, haben wir unsere Freunde. Wir haben noch nie mit dem Gedanken gespielt, den Ort zu verlassen.

Eigentlich sahen unsere Pläne ganz anders aus. Wir wollten heiraten, dann ein Baby bekommen. Aber das haben wir erst einmal aufgeschoben. Jetzt muss nämlich Petra arbeiten und das Geld verdienen. Ich fühle mich nicht wohl dabei, nicht weil ich mich in meiner Rolle als Mann gekränkt sehe. Wie gesagt, noch kann ich meinen Teil zum Unterhalt beisteuern. Außerdem arbeite ich gelegentlich schwarz, helfe einigen Freunden, wenn sie was zu machen haben. Manchmal vermitteln sie mir auch einen »Nebenjob« in der Umgebung, bei dem ich ein paar Euro verdienen kann. Davon darf das Arbeitsamt nichts wissen.

Aber trotzdem schränke ich mich ein. Ich habe doch keine Ahnung, was noch alles auf mich zukommt. Irgendwann gibt es keine Nebenjobs mehr, und ich bekomme nur noch Hartz IV. Was dann? Dann kann ich meiner Freundin nichts Schönes mehr kaufen. Ich kann sie nicht mehr zum Essen einladen. Und wenn wir abends mit Freunden ausgehen, können wir nicht mehr auf großem Fuß leben. Werden wir dann heiraten? Und Kinder kriegen? Die Bedingungen dafür sind nicht optimal.

Meine Eltern können mich nicht unterstützen. Mein Vater ist seit einigen Jahren im Vorruhestand. Dadurch bekommt er weniger Geld. Meine Mutter arbeitet schon lange nicht mehr. Sie hatte viele Jahre mit uns Kindern zu tun. Als wir aus dem Gröbsten raus waren, ging sie einige Jahre putzen. Aber sie will und kann es nicht mehr machen, sie ist jetzt bald 60 und hat es mit den Gelenken.

Außerdem möchte ich nicht, dass meine Eltern mich unterstützen. Ich bin alt genug, um auf eigenen Beinen zu stehen. Es ärgert mich, dass ich es nicht kann. Manchmal bin ich auch wütend.

Ich glaube, meine Freundin ist manchmal traurig. Oder enttäuscht. Sie zeigt es zwar nicht, und sie hat auch noch nie ein böses Wort darüber verloren, aber ich spüre das. Denn im Augenblick läuft es nicht so, wie sie es sich vorgestellt hat. Aber es läuft auch nicht so, wie ich es mir vorgestellt habe. Noch mal: Was sollen wir tun? Meine Freundin wird ihre Arbeit vorerst nicht aufgeben können. Erst wenn ich wieder eine Anstellung gefunden habe, diese vor allem zukunftssicher ist, dann können wir darüber nachdenken, ob wir unsere Familie gründen. Es ist schlimm, dass man die Familienplanung davon abhängig machen muss.

Sicherlich gibt es Familien, denen das egal ist. Aber ich könnte das nicht. Ich möchte meinen Kindern eine Sicherheit bieten. Ich möchte auch meiner Freundin, meiner Verlobten, eine Sicherheit bieten. Aber das kann ich im Augenblick nicht.

Vielleicht müssen wir irgendwann doch hier wegziehen. Ich habe vor Kurzem mit Petra darüber gesprochen. Ich glaube, ihr hat die Idee nicht gefallen. Mir hat sie ebenfalls nicht gefallen. Aber wenn wir hierbleiben, müssen wir auf unsere Familienplanung verzichten. Wenn wir wegziehen, müssen wir auf unsere Familien und Freunde verzichten. Ich glaube nicht, dass wir eine Wahl haben.

Dann müssen wir wohl den Gürtel wieder enger schnallen.

Kathrin, 38, Buchhändlerin & Thomas, 39, Mechaniker
Das Paar lebt mit drei Kindern in Halle.

Thomas: Ich habe gerade Weihnachtsurlaub. Letztes Jahr, also 2005, hat es leider nicht mit dem Weihnachtsurlaub geklappt, da musste ich bis zum 24. Dezember arbeiten gehen. Abends bin ich dann unter dem Weihnachtsbaum eingeschlafen ... Zwischen Weihnachten und Silvester musste ich dann ebenfalls arbeiten. Aber in diesem Jahr habe ich Urlaub. Im Augenblick arbeite ich als Schmelzer in einer Gießerei. Gelernt habe ich das aber nicht. Ich bin gelernter Maschinenschlosser. Diesen Beruf habe ich in der DDR gelernt. Das war, bevor ich Kathrin kennenlernte.

Kathrin: 1986 lernten wir uns kennen. Ich absolvierte damals eine Ausbildung zur Buchhändlerin, danach arbeitete ich ein Jahr in diesem Beruf, in einer Volksbuchhandlung in Halle. Anschließend studierte ich an der Fachschule für Buchhandel und Bibliothekswesen in Leipzig.

Thomas: Ich war zu der Zeit bei der Armee. Es war schon immer mein Traum gewesen, Pilot zu werden. Aber diese Idee verwarf ich wieder, weil es mit den schulischen Leistungen nicht so hinhaute. Ich beschloss, Instandhaltungsmechaniker zu werden. Zweieinhalb Jahre zogen mit der Ausbildung ins Land. Dann machte ich meinen Grundwehrdienst und verließ im Frühjahr 1989 die Armee.

KATHRIN: Zu diesem Zeitpunkt beendete ich auch mein Studium. Im Sommer des gleichen Jahres heirateten wir.

THOMAS: Ich wollte mir einen Job suchen. Aber als Instandhaltungsmechaniker bekam ich nichts. Ich ging daher in die KFZ-Branche, wurde Schlosser und machte auf Schweißer.

KATHRIN: Wir wollten uns eine gemeinsame Wohnung suchen. Aber Wohnraum war in der DDR knapp, deshalb wohnten wir zuerst bei meinen Eltern. Oje, das war schlimm. Meine Mutter war schwer krank, mein Vater managte mit mir, der großen Tochter, die Familie. Zu ihr gehörten noch drei jüngere Geschwister.

THOMAS: Dann wurde Kathrin schwanger.

KATHRIN: Mein Vater schrieb zwei Eingaben an die Wohnungsverwaltung.

THOMAS: Wir waren jeden Dienstag auf dem Amt, standen in einer Schlange, nur um uns in Wartelisten eintragen lassen zu können.

KATHRIN: Zu dieser Zeit ging das mit der Wende los. Leute reisten aus der DDR aus, Wohnraum wurde knapp, weil die Leute flüchteten. Wohnungen standen leer.

THOMAS: Endlich bekamen wir eine Wohnung in Halle. Die kostete 80 Mark.

KATHRIN: Wir wollten ein ganz normales Leben führen. Eine kleine Familie gründen, mit mindestens drei Kindern. Es war schon immer mein Traum gewesen, einmal drei Kinder zu haben. Im August 1990 wurde unsere erste Tochter geboren. Ich blieb im Babyjahr, wurde nach den Gesetzen der DDR bezahlt. Ich hatte ja meine Ausbildung und das Studium gemacht, war nach wie vor beim Volksbuchhandel der DDR angestellt. Kurz bevor das Babyjahr auslief, kaufte die Gondrom-Buchhandelskette die Buchhandlung auf.

THOMAS: Als Kathrin im Sommer 1991 in ihren Beruf zurückkehren wollte, wurde sie entlassen – als erste der zwanzig Mitarbeiterinnen. Eine Begründung gab es nicht, lediglich: »Aus wirtschaftlichen Gründen«.

KATHRIN: Ich meldete mich beim Arbeitsamt. So etwas hatten wir in der DDR bis dahin nicht gekannt. Überhaupt war die Behörde gerade neu eingerichtet. Es gab noch keine Schalter, man musste keine Nummern ziehen. Es standen einfach ein paar Tische, die Leute nahmen an den Tischen Platz, sagten, was sie wollten. Das war eher wie in einem Bahnhof …

THOMAS: Das war ganz komisch. Nein, damals hatten wir gar nicht registriert, was mit uns geschah. Und wir konnte uns das Elend, das auf uns zukam, weiß Gott nicht ausmalen.

KATHRIN: Ich sagte mir: Auf dem Arbeitsamt wird man schon eine Arbeit bekommen.

THOMAS: Und wenn man arbeitslos ist, kriegt man Arbeitslosengeld, das kann doch gar nicht so schlimm sein.

KATHRIN: Ich war naiv. Ich war noch viel zu jung. Ich war gerade mal 22. Ich hatte mein Baby. Ich dachte an nichts Schlimmes.

THOMAS: Aber dann kam die Ernüchterung.

KATHRIN: Ich bekam keine Arbeit. Ich bekam kein Arbeitslosengeld. Ich bekam gar nichts. Nichts.

KATHRIN: Mein Studium wurde auf dem Arbeitsamt nicht anerkannt, weil es diese Art von Studium in der BRD nicht gab. Und das eine Jahr, das ich in der Buchhandlung gearbeitet hatte, war verjährt. So erklärte man es mir. Also hatte ich keinen Anspruch auf Arbeitslosengeld.

THOMAS: Also mussten wir von meinem Gehalt leben. Leider baute die Firma für Kraftverkehr, wo ich arbeitete, langsam, aber sicher die Mitarbeiter ab. Bald darauf stand ich auch auf der Straße. Ich kriegte zwar Arbeitslosengeld. Aber das waren nur 600 Mark …

KATHRIN: Ein paar Pfennige … Die reichten hinten und vorne nicht. Wir bezahlten ja jetzt keine 80 Mark Miete mehr. Die Miete belief sich plötzlich auf 180 Mark, wenig später auf 380 Mark. Und die anderen laufenden Kosten – Nahrungsmittel, unser Kind – mussten ja auch noch bezahlt werden. Jetzt wurde es ganz hart. Auf einmal hatten wir kein Geld mehr.

THOMAS: Ich schickte Bewerbungen raus, ich weiß nicht wie viele. Bei einer Zeitarbeitsfirma bekam ich eine Stelle als Schlosser – in Mannheim. Zuerst einmal musste ich nach Mannheim gelangen. Bloß wie? Ich hatte ja nicht einmal einen Führerschein. Wir kratzten die letzten paar Pfennige zusammen – das war nun mal wichtig – und ich machte die Fahrschule. Meine Eltern schenkten mir ein Auto, einen alten Wartburg. Mit dem fuhr ich nach Mannheim, war die ganze Woche dort unten, bekam bei dem Unternehmer eine Unterkunft gestellt ...Das ware ein kleines Zimmer, schimmelig, die Decke mit grünem Schwamm bedeckt.

KATHRIN: Unter den unwürdigsten Bedingungen haben sie die Leute dort untergebracht.

THOMAS: Dort habe ich die ganze Woche »kampiert« und kam nur zum Wochenende heim.

KATHRIN: Das war eine ungewohnte Situation für mich. Ich und das Kind, die ganze Woche alleine zu Hause. Ausgerechnet im Herbst, wenn es abends so früh dunkel wird. Und dann wurde ich wieder schwanger.

THOMAS: Aber dafür habe ich schönes Geld verdient – 6,50 Mark die Stunde. Es kamen noch 28 Mark Auslöse dazu, aber die brauchte ich, um jede Woche nach Mannheim und zurückzufahren.

KATHRIN: Er bekam wenig im Vergleich zu dem, was er vorher verdient hatte. Das Geld reichte so gerade eben.

THOMAS: Am Monatsende blieb nichts übrig. Eigentlich waren wir am Ende des Monats sogar immer in den Miesen. Kurz vor Weihnachten bekam ich ein Furunkel am Fuß. Die Zeitarbeitsfirma unterstellte mir Simulation und forderte von mir, dass ich über Weihnachten am Arbeitsort in Mannheim bleibe und nicht zurück zu meiner Familie fahre. Ich sagte: »Diesen Quatsch mache ich nicht mit. Ich fahre über Weihnachten zu meiner Frau und meinem Kind.« Der Arzt, der mich behandelte, war ein Doktor aus Halle, der kurz bevor die DDR die Grenze dichtgemacht hatte, in den Westen rübergemacht hatte. Er stellte mir eine Überweisung zu einem Arzt in Halle aus, nicht nur, weil er mir die Gelegenheit geben wollte, Weihnachten bei meiner Familie zu verbringen. Ich war tatsächlich krank. Das Ende vom Lied: Die Firma kündigte mich fristlos.

KATHRIN: Die Kündigung kam einen Tag vor Weihnachten.

THOMAS: Natürlich gab es für diese Kündigung keine rechtliche Handhabe – drei Monate später haben sie die fristlose Kündigung auch wieder zurückgezogen. Aber bis dahin sah ich mein Dezember-Gehalt nicht. Und wegen der fristlosen Kündigung war ich beim Arbeitsamt erst einmal für ein Vierteljahr gesperrt. Drei Monate lang sah ich kein Geld.

KATHRIN: Wir hatten kein Geld mehr. Wir konnten nichts mehr bezahlen. Das war schrecklich. Das war wirklich traurig. Ich musste sehr viel weinen. Ich war verzweifelt. Ich war doch gerade erst wieder schwanger geworden.

THOMAS: Diese Situation machte mich auch fertig, zu allem Pech bekam ich noch einen Hexenschuss. Wir mussten den Notarzt rufen.

KATHRIN: Es war ein schlimmes Weihnachten. Zum Glück bekamen wir von unseren Großeltern »Weihnachtsgeld«. Seine und meine Eltern gaben uns ebenfalls jeweils 400 Mark, damit wir überhaupt leben konnten.

THOMAS: Im Januar gingen wir zum Sozialamt.

KATHRIN: Dieser Weg ist uns sehr schwergefallen. Ich meine, man denkt doch immer, zum Sozialamt, da gehen nur die ganz Armen hin. Jetzt mussten wir selbst dorthin. Zum Glück hatten wir eine nette Sachbearbeiterin, die uns half. Und schließlich bekamen wir 600 Mark. Daran erinnere ich mich noch ganz genau.

THOMAS: Diese Summe wurde dann mit dem Arbeitslosengeld, das mir nach drei Monaten zustand, verrechnet.

KATHRIN: In dieser Zeit merkten wir zum ersten Mal, wie knapp Geld wirklich sein kann. Als wir in der Stadt durch die Einkaufsstraße liefen, trauten wir uns nicht, den Blick nach links oder rechts auf die Schaufenster zu richten. Und beim Bäcker, der leckere Kuchen in den Auslagen, den konnten wir uns auch nicht kaufen. Die zwei Mark für das Kuchenstück hatten wir nicht.

THOMAS: Der Kuchen war Luxus.

KATHRIN: Ich bin ein Mensch, der in normalen Verhältnissen aufgewachsen ist. Ich wurde nie mit Reichtum überschüttet. Ich kann rechnen und wenn ich weiß, dass ich nur wenig Geld habe, dann kann ich mich auch einschränken. Aber wenn es immer weniger wird, und man merkt das, dann ... ich weiß nicht, ob es Angst war. Angst nicht wirklich. Wir wussten ja, wir hatte noch unsere Eltern, die uns was gaben, wenn das Geld mal nicht reichte. Aber schön war diese ... ich sage mal ... Abhängigkeit nicht. Wir waren schließlich erwachsen, hatten unsere eigene Familie, zwei Kinder. Es ist schlimm, wenn man weiß, dass man sie nicht einmal ernähren kann.

THOMAS: Ich versuchte, eine neue Anstellung zu finden. Ich bewarb und bewarb mich. Doch in Halle und um Halle herum ...

KATHRIN: ... gab es nur Absagen.

THOMAS: Ich ging zum Arbeitsamt und beantragte Fortbildungen. Ich bekam sie genehmigt, machte ein Vierteljahr Schweißerlehrgänge, Gasschweißen, MAG-Schweißen – ich machte alles, was ich kriegen konnte. Danach bewarb ich mich wieder.

KATHRIN: Wir steckten sehr viel Hoffnung in diese Weiterbildungsmaßnahmen. Er strengte sich auch sehr an.

THOMAS: Doch es gab nur Absagen. Da brauchte man zum Beispiel einen Schweißer mit praktischen Erfahrungen, doch ich war ja nur ein »Tischkantenschweißer«. Die Lehrgänge halfen mir nicht weiter.

KATHRIN: Sie interessierten niemanden auf dem Arbeitsmarkt.

THOMAS: Bis ich eine Vorladung vom Arbeitsamt erhielt. Man suchte Monteure, die man bei der Erdgasumstellung in Sachsen-Anhalt einsetzte. Ich nahm an einer einwöchigen Schulung in Leipzig teil, ziemlich schnell und lax zeigte man uns die alten DDR-Geräte, dann durften wir für zwei Wochen bei Monteuren mitlaufen, uns angucken, wie sie die Geräte umstellten, danach schickten sie uns auf eine Baustelle in Teltow, unweit von Berlin, wo wir die Geräte umstellten.

KATHRIN: Und wieder war er die ganze Woche weg. Aber das fand ich jetzt nicht mehr so schlimm wie damals in Mannheim. Auch wenn seitdem nicht viele Wochen vergangen waren, inzwischen hatte sich meine Einstellung gewandelt. Ich wusste, wir konnten froh sein über jeden Job, den er bekam. Er *musste* diese Arbeit machen, damit wir unsere Miete zahlen, damit die Familie leben konnte. Gerade war unsere zweite Tochter zur Welt gekommen.

THOMAS: Eigentlich haben wir sogar aufgeatmet, als ich den Job bekam.

KATHRIN: Er hat richtig gut Geld verdient, für damalige Verhältnisse.

THOMAS: Obwohl ich das Geld nicht geschenkt bekam. Ich fing manchmal morgens um 8 Uhr an und hörte abends um 10 auf.

KATHRIN: Außerdem hast du zugesehen, dass du immer billig übernachtest. Im Sommer hast du sogar im Zelt geschlafen.

THOMAS: Dafür kam ich am Ende des Monats mit 4.000 Mark nach Hause. Das war zu damaliger Zeit sehr, sehr gutes Geld …

KATHRIN: Endlich konnten wir mal wieder sonnabends in die Stadt fahren und sagen: »Jetzt kauf ich dem Kleinen mal eine neue Hose.« Oder: »Du, Thomas, kaufst dir eine neue Jacke.« Damals haben wir uns sogar eine Videokamera gekauft … zu Weihnachten … Was waren wir stolz.

THOMAS: Man hat am Ende des Monats noch was in der Geldbörse gesehen.

KATHRIN: Das lief zwei Jahre.

THOMAS: Das war die Zeit, in der wir uns materiell überhaupt keine Sorgen machen mussten.

KATHRIN: Privat dagegen lief es nicht immer so glücklich. Denn wir führten ja nur noch eine Wochenendbeziehung. Die Kinder waren es gewohnt, dass der Papa nie zu Hause war. Ich hatte mich ebenfalls an diesen Zustand gewöhnt. Ich hatte Kontakte zu anderen Frauen gewonnen, viele, denen es ähnlich wie mir erging. Ich wurde Mitglied in einer Mütterinitiative. Und wenn dann das Wochenende anstand und er heimkam, waren die Erwartungen an diese beiden Tagen so hoch, wir nahmen uns so viel vor, er, die Kinder, ich – zwangsläufig endete es in Enttäuschungen. Manchmal stritten wir uns so sehr, dass ich froh war, als er die Woche über wieder zur Arbeit fuhr. Das ist auch vorgekommen.

THOMAS: Aber das war nicht die Regel.

KATHRIN: Nein, das war es nicht. Denn eigentlich ging es uns sehr gut. Leider gewöhnt sich der Mensch sehr schnell an diesen Zustand.

Umso schlimmer ist es dann, wenn man sich wieder einschränken muss.

THOMAS: Als nämlich alle Geräte auf Erdgas umgestellt waren, konnte ich noch ein paar Leitungsrohre überprüfen, aber dann war ich wieder zu Hause.

KATHRIN: Immer wieder die gleiche Frage: »Was machen wir jetzt?« Denn wir wussten, in einem Jahr läuft das Arbeitslosengeld aus. Dann fangen all die Probleme von vorne an.

THOMAS: Dann fand meine Frau eine ABM-Maßnahme.

KATHRIN: Ich bin zum Arbeitsamt gegangen und fragte, ob ich nicht auch eine ABM-Maßnahme bekommen könnte. Ich war damals 24 Jahre und normalerweise bekamen nur die älteren Arbeitslosen eine ABM. Man sagte mir, dass ich durchaus eine Maßnahme kriegen könnte – ich müsste sie mir nur suchen. Also suchte ich mir eine und fand sie in der Bibliothek eines Krankenhauses. Leider lief die ABM-Maßnahme nach einem Jahr aus, übernehmen wollte man mich nicht.

THOMAS: Das Glück wollte, dass ich eine Anstellung bei einer Klempnerfirma fand, wo ich Gasleitungen reparieren musste. Dort kündigt ich, weil ich eine Anstellung bei einer Zeitarbeitsfirma gefunden hatte. Dort konnte ich eine Mark mehr verdienen. Ich hatte einen Kumpel, dessen Betrieb sich vor Aufträgen gar nicht retten konnte. Dort ging es zwar um Fensterbau, aber das war mir egal, die Arbeit in dieser Firma versprach eine sichere Zukunft. Leider wurden die Aufträge nach einem Dreivierteljahr immer weniger, schließlich musste der Betrieb die Mitarbeiter auf ihre ursprüngliche Anzahl reduzieren. Wieder stand ich auf der Straße.

KATHRIN: Schon wieder! Immer wieder dieser Schreck. Die Sorgen. Nie fanden sie ein Ende. Was habe ich da ins Kissen geheult. Ich habe kaum Schlaf finden können.

THOMAS: Die Situation war nicht leicht. Aber ich glaube, ich hab das ruhiger ertragen.

KATHRIN: Ja, ich bin da näher an den Sorgen dran. Ich hatte immer die Ausgaben der Familie vor Augen … Thomas war da … besonnener. Es gibt ja Menschen, die unter solchen Verhältnissen sonst etwas machen, zu Saufen anfangen oder ... Das hat er nicht gemacht. Da bin ich froh drum. Er hat immer nur gesagt: »Na gut, dann suche ich mir was Neues.«

THOMAS: Und dabei war mir egal, was es war, Hauptsache ich konnte Geld verdienen. Ich arbeitete sogar als Versicherungsvertreter für die *Hamburg-Mannheimer* – auf Provisionsbasis. Aber das klappte nicht, weil ich keinerlei Abschlüsse machte.

KATHRIN: Schließlich fand Thomas aber doch einen neuen Job.

THOMAS: In einer Bäckerei. Ein Freund erzählte mir, man würde dort Schlosser suchen. Also bewarb ich mich und bekam sogar eine Stelle. Aber dann beschloss der Betriebsleiter, ich sollte Mitarbeiter in der Bäckerei werden. Zuerst kam ich mir ja ziemlich verhohnepipelt vor. Ich als Schlosser sollte Brot backen? Aber ich hatte eine Familie, zwei Kinder ...

KATHRIN: Zu dieser Zeit wurde ich mit unserem dritten Kind schwanger.

THOMAS: Ja, unser Sohn wurde geboren ... eine Familie, die ich über alles liebe, die ich durchbringen muss. Also eignete ich mir die ganzen Fertigkeiten an, die zur Arbeit in einer Backstube notwendig waren. Dann allerdings bekam ich eine Mehlallergie. Ich musste mich entscheiden: aufhören oder Asthma bekommen?

KATHRIN: Mein Mann arbeitete so lange weiter, bis er keine Luft mehr bekam. Er hat die Krankheit ignoriert, nur um den Job zu behalten, und hat weiter gearbeitet. Bis der Arzt sagte: »Entweder Sie bleiben jetzt zu Hause oder ich behandle sie nicht mehr.« Er musste dann tatsächlich in der Bäckerei aufhören. Über die Berufsgenossenschaft wurde alles geregelt.

THOMAS: Ich hatte Glück: Obwohl ich den Beruf des Bäckers ja gar nicht gelernt hatte, wurde die Allergie als Berufskrankheit anerkannt.

KATHRIN: Zur gleichen Zeit setzte ich meine Umschulung zur Ergotherapeutin fort, die ich wegen der Geburt unseres dritten Kindes unterbrochen hatte.

THOMAS: Ich begann eine Umschulung zum Kommunikationselektroniker, Fachrichtung Informatik. Sie fand in einem Berufsförderungswerk in Thüringen als Reha-Maßnahme statt. Dort habe ich mich noch einmal Zweieinvierteljahre auf die Schulbank gesetzt.

KATHRIN: Mein Mann war die ganze Woche in Thüringen und kniete sich dort für einen neuen Beruf rein. Und auch ich musste für die Umschulung sehr viel lernen, war aber noch dazu mit den Kindern alleine. Insbesondere unsere jüngere Tochter, die in jenen Tagen in die Schule kam, hatte Probleme, machte in die Hosen, weinte nur, ich bekam Briefe von der Schule, wurde angerufen und man fragte mich, was mit dem Kind sei. Viele der Probleme wälzten sich auch auf unsere älteste Tochter ab, sie stand unter enormem seelischen Druck. Immer wieder wurde sie von Lehrern gerufen: »Komm mal, deine kleine Schwester weint schon wieder.« Aber was sollte sie tun? Sie war damals acht Jahre alt.

Unser Jüngster war tagsüber in der Kinderkrippe untergebracht. Wenn ich abends mit allen Kindern fix und fertig von meiner Umschulung heimkam, kriegte er erst einmal einen bockigen Anfall, rannte in die Wohnung, versteckte sich hinter der Tür, machte aus Trotz die Hosen voll. Die Kleine begann wieder zu weinen, weil in der Schule alles so blöd verlaufen war. Und mit der Großen musste ich Mathe lernen, weil sie – wie sich jetzt zeigte – vor allem im Rechnen eine große Schwäche hatte.

Es war ein Drama: Auf dem Tisch lagen die Mathe-Hefte, der Kleine krabbelte drüber, ich versuchte Mathe zu erklären, während ich gleichzeitig meine Jüngste zu beruhigen versuchte. Es war wirklich nicht leicht, erst recht, als ich während meiner Umschulung Praktika zu belegen hatte. Da arbeitete ich tagsüber mit schwerkranken Menschen zusammen, nachts musste ich für den Unterricht Berichte über die Praktika schreiben … Ich wusste nicht mehr, wie ich das alles bewältigen sollte. Zwei Mal bin ich während der Umschulung im Unterricht umgefallen, man musste mich mit dem Krankenwagen abholen. Ich wurde krank geschrieben. Ich lag daheim auf dem Sofa, zitternd und mit Schwindelanfällen, musste den Notarzt rufen …

Ich führte lange Gespräche mit meiner Hausärztin, die meinte: »Sie müssen an ihre Gesundheit denken.« Ich musste mich fragen: Beende ich die Umschulung und zu welchem Preis? Wer sagte mir, dass ich danach tatsächlich eine Arbeit bekam? Es war schade, aber ein halbes Jahr, bevor die Ausbildung beendet wurde, musste ich sie aufgeben – für meine Familie und für mich. Das war nicht einfach. Ich fühlte mich als Versager, als Schlappschwanz.

THOMAS: Das Schlimme war, dass ich ihr nicht einmal den Rücken stärken konnte. Ich war in Thüringen, konnte von dort aus kaum etwas ausrichten, musste mich ja selbst in die Umschulung reinknien.

KATHRIN: Was er auch gemacht hat. Er war voller Euphorie, als er die Umschulung schließlich mit einem IHK-Abschluss beendete. Jetzt war er Kommunikationselektroniker, Fachrichtung Informatik.

THOMAS: Ich hatte gelernt, einen Computer auseinanderzubauen, ihn zu reparieren und sämtliche Einzelteile wieder zusammenzusetzen. Ich konnte ein bisschen Computerprogrammierung. Ich habe mich dann anderthalb Jahre lang beworben und keine Stelle gefunden. Ich merkte, was die Ausbildung am Ende wert war. Alle Techniken, die ich gelernt hatte, waren veraltet und die Systeme zur Computerprogrammierung, an denen ich gelernt hatte, waren längst überholt. Ich hatte keinerlei Wissen über moderne Programmiersprachen, über SBS-Programmierung … Ich versuchte, übers Arbeitsamt einen weiteren Lehrgang zu bekommen, aber der wurde mir verweigert. Stattdessen bekam ich einen Arbeitsvermittler von der Berufsgenossenschaft zugeteilt. Ich war schockiert, denn dem musste ich erst einmal zeigen, wie man eine Bewerbung richtig schreibt. Dieser Arbeitsvermittler suchte mir Stellenangebote von der Internetseite des Arbeitsamtes raus. Ich war entsetzt und sagte ihm: »Das kann ich mir doch auch selbst jeden Tag zu Hause am Computer raussuchen. Dafür brauche ich Sie doch jetzt nicht.« Der Arbeitsvermittler war wirklich keine Hilfe.

KATHRIN: Er war viel eher eine Belastung. Dieser Arbeitsvermittler hat Bewerbungen geschrieben, die von Formfehlern durchsetzt waren, dass es mich wirklich schüttelte. Seine Ausdrucksweise war zudem unmöglich. Zum Glück sind wir ihn dann bald losgeworden.

THOMAS: Anderthalb Jahre nach dem Ende meiner Umschulung fand ich endlich einen Job in Leipzig, in einem Computershop, wo ich Mädchen für alles war. Der Shop richtete manchmal Computernetzwerke ein. Dann durfte ich die Kabel ziehen. Oder andere ungeliebte Arbeiten übernehmen.

KATHRIN: Bis keine Arbeit mehr für ihn da war. Dann stand er erneut auf der Straße.

THOMAS: Wieder war ich ein Jahr lang arbeitslos. So sehr ich mich bemühte, eine Stelle als Kommunikationselektroniker fand ich nicht. Habe ich bis heute nicht gefunden. Stattdessen fand ich im Juli 2003 eine Arbeit als Schlosser bei einer Zeitarbeitsfirma in Augsburg. Ich musste nicht nach Augsburg …

KATHRIN: Thomas fuhr jede Woche montags, in aller Herrgottsfrühe, zu den Baustellen, auf denen die Firma arbeitete. Das war der Sommer 2003, als es so heiß war. Da war er jede Woche in einer anderen Stadt. Und das alles mit unserem Skoda. In dieser Zeit hat er ziemlich viele Kilometer abgerissen.

THOMAS: Jeden Samstag bekam ich ein Schreiben, in dem man mich darüber informierte, in welcher Stadt ich die neue Baustelle in der nächsten Woche fand. Aber statt der Information kam eines Samstags die Kündigung per Einschreiben. Das war kurz vor Weihnachten.

KATHRIN: Schon wieder war das Weihnachtsfest gelaufen!

THOMAS: Dann kamen die Autofirmen in den Osten und versprachen viele Jobs. Ich bewarb mich sogar bei VW in Wolfsburg. 5.000 Stellen wollten sie neu besetzen.

KATHRIN: Da bekamen wir wieder Hoffnung. Erst recht, als Thomas es bei den Einstellungsverfahren bei VW bis ins letzte Level schaffte.

THOMAS: Es gab zig Tests. Ich habe mich im Vorfeld belesen, kaufte mir etliche Bücher …

KATHRIN: Und dann luden sie ihn in die Werkshalle und er durfte mit anderen im Team arbeiten … Da glaubten wir, das schaffen wir.

THOMAS: Wir waren voller Euphorie.

KATHRIN: Wie die die Leute bei VW aufgeheizt haben, das war enorm. Wir dachten, endlich hätten wir Glück. Wir waren sogar bereit, nach Wolfsburg zu ziehen. Wir hatten uns schon einen Stadtplan von Wolfsburg besorgt.

THOMAS: Dann hieß es auf einmal, statt 5.000 sollten nur noch 2.500 Mitarbeiter eingestellt werden. Ich gehörte nicht dazu. Ich bewarb mich bei BMW in Leipzig, durchlief dort ebenfalls alle Einstellungstests mit Bravour. Doch am Ende sagte man nur: »Sie sind gut, Sie kommen garantiert bei einer Zuliefererfirma unter.« Ich fand im Internet eine Stellenausschreibung: »Gießereibetrieb in Leipzig sucht Gussputzer«. Das hatte zwar nichts mehr mit Schlosser, Elektroniker oder gar Autobau zu tun, aber ich bewarb mich. Ich durchlief erneut ein Auswahlverfahren, wurde dann zum Vorstellungsgespräch geladen. Ich wies darauf hin, dass ich mal in einer Bäckerei gearbeitet hätte und dort eine Mehlallergie festgestellt worden sei, ob das für diesen Beruf eine Bedeutung hätte? »Nein«, erklärte der Personalleiter mir, »Gussstaub hat mit Mehlstaub nichts zu tun.« Aber, so teilte er mir weiter mit, ich bräuchte einen Bildungsgutschein vom Arbeitsamt.

Auf dem Arbeitsamt sagte ich: »Ich habe eine Firma gefunden, die bereit wäre, mich einzustellen, wenn ich einen Lehrgang bei der TÜV-Akademie zur Gießereifachkraft mache. Dazu brauche ich einen Bildungsgutschein.«

Die Sachbearbeiterin auf dem Arbeitsamt sagte: »Sie? Nein! Sie kriegen nur noch vier Monate Arbeitslosenhilfe. Der Lehrgang wird aber sechs Monate gehen. Das können wir nicht machen.« Ich erklärte: »Ich bleibe jetzt hier so lange sitzen, bis ich einen Verantwortlichen sprechen kann. Ich möchte wissen, warum ich keinen Bildungsgutschein bekomme. Jetzt besorge ich mir schon eine Arbeit, und dann verhindert das Arbeitsamt, das ich sie antreten kann.« Tatsächlich konnte ich den Vorgesetzten sprechen. Ich erklärte ihm den Sachverhalt, gab ihm sämtliche Informationen zur Arbeitsstelle, zu dem Akademie-Lehrgang, alles, was ich mir selbst mühsam rausgesucht hatte – und bekam schließlich meinen Bildungsgutschein. Als ich bei der TÜV-Akademie vorstellig wurde, verweigerte man mir die Anmeldung. »Sie hatten eine Mehlallergie. Der Personalleiter der Firma sagt, Sie können diesen Beruf als Gussputzer nicht ausüben.«

Ich war so frustriert, weil ich mir die letzten Wochen mal wieder den Arsch aufgerissen hatte, dass ich mir ein Herz fasste und den Personalleiter der Gießerei anrief. Innerlich war ich wütend, aber ich blieb höflich: »Guten Tag, ich habe mir den Bildungsgutschein besorgt, dann bei der TÜV-Akademie angerufen, aber da darf ich den Lehrgang nicht machen, weil Sie gesagt haben, ich darf den Beruf nicht ausüben.« Der Personalleiter war verwirrt, zog Erkundigungen ein und fand heraus: »Das Arbeitsamt hat Ihnen den Platz bei der TÜV-Akademie gestrichen.« Beim Arbeitsamt haben sie mir also den Bildungsgutschein ausgestellt, mich hinter meinem Rücken aber bei dem Lehrgang gesperrt und dann noch kaltblütig erklärt, der Personalleiter sei an allem Schuld. Was für eine Unverfrorenheit! Der Personalleiter erklärte: »Ich habe einen guten Eindruck von Ihnen, wir schauen mal, was wir machen können.«

KATHRIN: Und zwar ohne diesen Lehrgang.

THOMAS: Er rief mich am nächsten Tag wieder an, morgens um halb 9, und sagte: »Es gibt die Möglichkeit, über eine Zeitarbeitsfirma ein halbjähriges Praktikum in unserem Betrieb zu machen. Überlegen Sie es sich. Sie haben eine halbe Stunde Zeit.« Ich sagte: »Ich brauche keine halbe Stunde.« Er fragte: »Wollen Sie nicht noch Ihre Frau fragen?« Ich meinte: »Nein, das brauche ich nicht. Das ist kein Problem. Ich mache das Praktikum.« Ich bin noch am gleichen Tag nach Leipzig zur Zeitarbeitsfirma, habe die Verträge unterschrieben, am nächsten Tag musste ich schon arbeiten. Im Sommer 2004 begann ich in der Gießerei. Früher war meine Arbeit als Schlosser sehr viel Handarbeit gewesen. Und die Umschulung zum Elektroniker war nicht von körperlicher Anstrengung geprägt. Aber die Arbeit in der Gießerei, das muss ich schon sagen, das war ein ziemlich harter Job. Akkord-Arbeit. Gezahlt wurde wieder nach Leistung.

KATHRIN: Die schwere körperliche Arbeit war für ihn ungewohnt. Er nahm zehn Kilo ab.

THOMAS: Und das innerhalb kürzester Zeit. Als ich in der Firma begann, wog ich 90 Kilo. Nach zwei Monaten brachte ich nur noch 80 Kilo auf die Waage.

KATHRIN: Aber hatte er eine andere Wahl? Er arbeitete ja nur noch, weil er arbeiten musste. Er guckte nicht mehr danach, ob die Arbeit Spaß machte, ob die Kollegen nett waren. Wir waren einfach froh, dass es überhaupt Arbeit war.

THOMAS: Zwischendurch prellte ich mir zwei Mal die Rippen. Egal. Mit angebrochener Rippe ging ich arbeiten.

KATHRIN: Er traute sich gar nicht, sich krank schreiben zu lassen.

THOMAS: Das ging nicht. Das konnte ich gar nicht. Das wollte ich gar nicht. Auch nicht, als ich eine Hörschwäche bekam. Der Arzt, der mich damals schon mit der Mehlallergie behandelt hatte, schüttelte nur den Kopf und fragte: »Wieso machen Sie diese Arbeit? Sind Sie wahnsinnig?«

KATHRIN: Aber der Arzt sieht nur die körperlichen Leiden. Die Krankheiten. Das Gehör. Die Lunge. Alles andere sieht er nicht.

THOMAS: Dass man nämlich keine andere Wahl hat. Ich bekam einen Hörschutz verschrieben, aber den kann ich während der Arbeit nicht tragen. Dann verstehe ich meine Kollegen nicht, die fünf Meter unter mir arbeiten. Und den Funk höre ich auch nicht. Also bleibt der Hörschutz in der Tasche.

KATHRIN: Nach den sechs Monaten Praktikum hatte Thomas es geschafft, dass sie ihn einstellen wollten.

THOMAS: Aber da hieß es plötzlich: Einstellungsstopp! Zum Glück konnte die Zeitarbeitsfirma meinen Vertrag um ein Vierteljahr verlängern. 2006 stellte der Gießereibetrieb mich schließlich ein. Leider nur befristet. Ende Mai 2007 läuft mein Vertrag aus. Dann wird sich entscheiden, was wird: weiterarbeiten oder wieder zu Hause …

KATHRIN: Natürlich wäre es schön, wenn er in der Firma weiterarbeiten kann. Aber es wäre ebenso schön, wenn er irgendwann auch noch eine andere Arbeit finden könnte. Denn körperlich kann er diese Arbeit auch nicht ewig machen.

THOMAS: Und es wird wirklich einiges verlangt. Leistung wird in der Woche erbracht, aber auch an Sonn- und Feiertagen. Nicht jede Stunde wird bezahlt. Wir haben sechs Stunden, die wir jeden Monat für »nichtproduktives Arbeiten« spenden, oder zur »Unterstützung des Betriebes«. Diese Stunden werden uns abgezogen. Jüngst wurde die Wochenarbeitszeit von 37,5 auf 40 Stunden erhöht. Jetzt sind es jeden Monat zehn Stunden, die wir dem Betrieb schenken. Aber es kümmert niemanden. Jeder ist froh, dass er eine Arbeit hat. Und die Firmenleitung weiß, sie kann es mit den Mitarbeitern machen.

KATHRIN: Das ist leider so. Mir vermittelte das Arbeitsamt Halle im März 2006 einen Job in einer medizinischen Fachbuchhandlung in Leipzig. In der Medizin war ich ja durch meine eigene Umschulung nicht mehr so unbefleckt. Die Arbeit war für mich nicht einfach, denn ich hatte allein vier Stunden Fahrzeit am Tag. Ich arbeitete dort Teilzeit, alles andere wäre mit der Familie, den Kindern auch nicht machbar gewesen. Aber immerhin, ich war wieder als Buchhändlerin tätig. Ich gab mir Mühe, strengte mich an, alles funktionierte. Ende August, das halbe Jahr Probezeit neigte sich dem Ende, hatte ich mir Urlaub genommen. Zu Hause wollten wir Thomas' Geburtstag feiern. Der Chef wünschte mir am Abend einen schönen Urlaub, ich kam nach Hause, meine Eltern waren da, der Kuchen stand auf dem Tisch. Und ich fand einen Brief im Briefkasten. Von meiner Buchhandlung. Die Kündigung. Ich brach in Tränen aus. Ich hatte nichts davon gewusst, nicht den Hauch einer Andeutung hatte der Chef gemacht.

Diese Kündigung war wie ein Schlag ins Gesicht. Die Buchhandlung hat ein halbes Jahr von meiner Arbeitskraft profitiert, viele Kosten hatten sie mit mir ja nicht, ich wurde durch Fördergelder vom Arbeitsamt bezahlt. Und als die sechs Monate vorbei waren, suchten sie sich, diesmal in Leipzig, eine neue Mitarbeiterin, die sie sich fördern lassen konnten ...

THOMAS: Da wird nur abkassiert. Nach einem halben Jahr schickt man die Mitarbeiter, die sich so viel Mühe geben, sich Hoffnung machen, wieder auf die Straße, stellt neue ein, die man sich für sechs Monate fördern lässt.

KATHRIN: Die Arbeitsagentur macht nichts dagegen.

THOMAS: Wozu denn auch? Für die Arbeitslosen kommt zwar nichts dabei heraus, aber für die Agentur eine schöne Statistik. Wieder ein paar Arbeitslose erfolgreich vermittelt ...

KATHRIN: Ärgerlich ist, dass ich durch diese Arbeit überhaupt nichts verdiente. Ich bekam im Monat 500 Euro netto. Allein 120 Euro gingen für die Bahnkarte drauf. Aber dies akzeptiert man, da es ja schon ein Glück ist, überhaupt einen Job zu haben.

THOMAS: Das sind doch Billigjobs. Günstig für die Arbeitgeber, aber nutzlos für die Arbeitslosen. Wer soll denn von dem Geld leben können?

KATHRIN: Ich kam dann in eine Fortbildungsmaßnahme, um als Agent in einem Callcenter zu arbeiten. Dabei war völlig egal, wie man redet, ob man Sachverhalte versiert erklären kann, ob man freundlich oder hastig spricht, lispelt oder stammelt. Am Ende zählt nur: Was verkauft man? Ich hab's versucht. Aber wenn man den ganzen Tag am Telefon sitzt und man verkauft nichts, und hinter einem steht der Coach und drängelt, ich dürfe nicht *das* sagen, sondern nur *dieses* … Zum Beispiel: Wenn mein potentieller Kunde mir sagte: »Ich möchte das gerne mit meinem Partner bereden.« Dann sollte ich sagen, solche Sätze waren mir vorgegeben: »Wieso müssen Sie das mit Ihrem Partner bereden? Sie sind doch ein mündiger Bürger. Können Sie das nicht alleine entscheiden? Wenn Sie Fragen haben, fragen Sie doch bitte mich.« Oder man musste alte Menschen, die sich nicht ganz schlüssig waren, dazu drängen, neue Telefontarife abzuschließen.

THOMAS: Damit kam Kathrin nicht klar. Das war eine negative Erfahrung. Für sie hatte sich das Thema Callcenter erledigt.

KATHRIN: Mittlerweile dürfen wir auch keinerlei Leistungen mehr von der Arbeitsagentur erwarten. Ich bin seit Dezember 2006 gänzlich von allem raus. Ich werde nichts mehr bekommen, kein Geld, aber auch keine Stellenvermittlung. Ich wollte gerne noch die Ausbildung, die ich damals zur Ergo-Therapeutin abbrechen musste, fortführen, jetzt wo die Kinder aus dem Gröbsten raus sind. Aber das wird nicht mehr gefördert.

Auf dem Amt wurde entschieden, ob ich zahlungswürdig sei oder nicht. »Zahlungswürdigkeit«, ein schönes Wort. Aber so heißt das auf dem Amt. Ich bin halt nicht bedürftig. Ich kriege also keine weiteren Fördermaßnahmen, wie ich sie beispielsweise für die Arbeit in der

Buchhandlung erhalten habe. Ich bekomme keine ABM-Maßnahmen, keine Weiterbildung, keine Trainingsmaßnahmen, ich kriege keinen Bildungsgutschein, keinen Vermittlungsgutschein ... Ich lese ständig Stellenangebote. Aber ebenso häufig steht geschrieben, sie verlangen einen Vermittlungsgutschein. Bei den Stellenanzeigen hier in Halle, in Leipzig, vermutlich wohl im ganzen Osten steht das sehr häufig geschrieben. Dann brauche ich mich gar nicht erst bewerben. Es ist eine komische Situation. Ich werde finanziell wohl immer auf meinen Mann angewiesen sein. Damit muss ich mich erst einmal abfinden. Ich kann nur drauf hoffen, dass er mich nicht vor die Tür setzt.

Nach 17 Jahren deutscher Einheit habe ich es jetzt zur klassischen deutschen Hausfrau und Mutter geschafft. Klar, bei der Krankenkasse bin ich als Ehefrau registriert. Weil wir verheiratet sind, bin ich wenigstens noch krankenversichert. Aber sonst? Vom System zurückgelassen. Eine Vogelfreie, sozusagen. Aber das Schlimme kommt noch: Thomas wird, wenn er im Mai keine Weiterbeschäftigung in der Gießerei findet, nur Arbeitslosengeld erhalten. Wir liegen genau an der Grenze der Zahlungswürdigkeit für Hartz IV und Zahlungsunwürdigkeit, sagte man mir bei der Arbeitsagentur. Wir sind sogenannte Grenzgänger. »Für uns ist es besonders beschissen«, sagte der Sachbearbeiter beim Arbeitsamt. Das hat er wortwörtlich so gesagt.

Thomas: Wir müssen jeden Monat einen neuen Antrag stellen, damit wir eventuell ein paar Euro Wohngeld bekommen.

Kathrin: Im Augenblick müssen wir ja sogar ans Sozialamt zurückzahlen. Oder wie heißt es jetzt? Fachbereich Soziales und Wohnen. 2005 hatten wir Anspruch auf 400 Euro Wohngeld im Monat, sagten sie auf dem Sozialamt. Leider haben sie unsere Unterlagen, die wir einreichten, erst ein Vierteljahr später geprüft. Es dauert immer sehr lange, bis auf den Ämtern die Unterlagen bearbeitet werden.

Thomas: Schlimm, dass sie diese Korrekturen erst viel später vornehmen. Dann ist das Geld meistens schon ausgegeben. Gerade, wenn es sowieso nur so wenig ist.

Kathrin: Nach einigen Monaten fiel ihnen auf, dass wir zu viel erhalten hatten – über 2.000 Euro. Die müssen wir jetzt zurückzahlen.

THOMAS: Natürlich in Raten, 50 Euro im Monat. Anders könnten wir es uns gar nicht leisten.

KATHRIN: Und jetzt ist auch noch unser Auto flöten gegangen.

THOMAS: Unser alter Skoda fiel quasi von einem Tag auf den anderen auseinander.

KATHRIN: Der Wagen ist absolut wichtig, damit Thomas überhaupt zur Arbeit nach Leipzig kommt.

THOMAS: Sicher ist Bahn- und Busfahren mit einem Monatsticket günstiger ... Aber durch die Schichtarbeiten funktioniert das nicht. Die Firma liegt ein paar Kilometer vor Leipzig. Wie soll ich denn spätabends zur Arbeit kommen? Oder frühmorgens heimfahren?

KATHRIN: Nun haben wir auf Raten ein Auto gekauft.

THOMAS: Dann müssen wir den Gürtel wieder enger schnallen.

KATHRIN: Das wird dann meist bei den Lebensmitteln passieren. Für andere Anschaffungen geben wir ja kaum Geld aus. Kulturelle Unternehmungen ... Theater ... das machen wir ja kaum noch. Ich habe mir zwar letztens den Opernspielplan mitgenommen, aber einfach nur, um mal zu gucken, was läuft ... Ansonsten lesen wir sehr viel. Unsere älteste Tochter liest sehr gerne.

THOMAS: Wir haben unsere älteste Tochter auch zur Musikschule geschickt. Dort hat sie Klavierspielen gelernt. Das Klavier hat sie von ihrer Urgroßmutter geschenkt bekommen, die selber sehr stolz auf das Mädchen war.

KATHRIN: Ich möchte nicht, dass die Kinder die finanziellen Probleme mitbekommen. Die beiden jüngeren Kinder sind in ihrer Freizeit auch aktiv. Das Mädchen singt im Chor und der Junge geht angeln.

THOMAS: Aber man kann die Probleme auch nicht verheimlichen. Das geht einfach nicht.

KATHRIN: Die älteste Tochter ist inzwischen 16 und wollte eine Ausbildung machen. Aber es gibt zu viele Jugendliche, zu wenig Lehrstellen. Sie hätte niemals auf dem freien Lehrstellenmarkt eine Lehrstelle gefunden. Sie entstammt noch den geburtenstarken Jahrgängen der DDR. Unglaublich, wie viele Jugendliche draußen herumlaufen. Viel zu viele für die wenigen Arbeits- und Lehrstellenplätze.

THOMAS: Wir bemühten uns für unsere Tochter und fanden eine private Berufsschule. Dort musste sie sich bewerben, natürlich orientiert die Schule sich an den Zeugnissen.

KATHRIN: Sie wurde angenommen. Das freut uns. Wir kriegen sogar 190 Euro Ausbildungs-BAFÖG für sie. Leider berechnet die Arbeitsagentur dieses Geld als unser Einkommen. Dass ich von dem BAFÖG allerdings jeden Monat 130 Euro Schulgeld und ihre Fahrtkosten bezahlen muss, interessiert das Amt nicht. Dort erklärt man kaltschnäuzig: »Das ist ihre private Angelegenheit. Das ist eine Privatschule.« Ich entgegnete: »Was soll ich denn machen? Soll meine Tochter etwa ohne Ausbildung bleiben?« Antwort vom Amt: »Dann muss sie halt warten, wie die anderen Jugendlichen auch.« Es gibt nämlich auch Auffangklassen für minderjährige Jugendliche, die nach der Schule keine Lehrstelle finden. Aber was wird mit denen? Die hängen auf der Straße herum und sind allein gelassen …

Immer wieder aufstehen. Immer wieder sagen: Es geht doch!

Kai, 36, Redakteur & Texter
Er lebt in Köln. Kai hat Industriemechaniker gelernt.

Tja, wo fängt man an? Am besten am Beginn der beruflichen Laufbahn, als ich in einem Bereich arbeitete, für den ich mich schon damals ziemlich ungeeignet hielt: Im Alter von 16 Jahren startete ich mit einer Ausbildung zum Industriemechaniker für Bergbau und Maschinentechnik auf einer Zeche im nördlichen Ruhrgebiet.

Eigentlich wollte ich ja das Abitur machen, doch familiäre Umstände zwangen mich dazu, erst einmal Geld zu verdienen. Schon während der Ausbildung wurde mir klar, dass dieser Beruf nicht meine Zukunft sein könne, denn meine Interessen und Talente liegen in anderen Bereichen, nicht im Handwerk und vor allem nicht unter Tage. Jeden Tag tausend Meter unter der Erde in Hitze, Dreck und Dunkelheit waren einfach nicht das, was ich mir für meine persönliche Zukunft vorstellte.

Hinzukam, dass während meiner Ausbildung die staatlichen Subventionen für den Bergbau drastisch gekürzt wurden mit der Perspektive, den Bergbau im Ruhrgebiet langsam auslaufen zu lassen. Kein Wunder also, dass ich nach abgeschlossener Berufsausbildung und einem halben Jahr Berufspraxis im Alter von 19 Jahren noch mal die Schulbank drückte und mein Abitur nachmachte. Anschließend sollte ein Studium der Medienwissenschaften und Germanistik folgen mit dem Ziel, eine berufliche Laufbahn als Journalist einzuschlagen. Ein direktes Journalismus-Studium war mir aufgrund der damaligen

Numerus-clausus-Regelung und den damit verbundenen Wartezeiten verwehrt.

Während des Studiums ergab sich die Chance, bei einem gerade gegründeten Jugendmagazin den Posten des Chefredakteurs zu übernehmen. Logisch, dass man diese Chance beim Schopf ergreift, und so stürzte ich mich mit viel Enthusiasmus und Engagement in das Projekt. Die Zeichen der Zeit standen gut und das Magazin wuchs schnell und damit die Menge der Arbeit. So stellte sich schon nach einigen Monaten die Frage: »Studium oder Job?« Da mir mein Job sehr viel Spaß bereitete und die Resonanz auf die Arbeit sehr gut war, wählte ich den Job.

Nach einem Jahr ging es dem Unternehmen, das das Magazin betrieb, finanziell jedoch sehr schlecht, da man in anderen Geschäftszweigen ordentlich Verluste eingefahren hatte. Um das Magazin nicht sterben zu lassen, arbeitete die Redaktion noch drei Monate ohne Gehalt weiter, doch dann war für mich und die anderen Redakteure das Ende der Fahnenstange erreicht und das Arbeitsverhältnis wurde beendet.

Nur wenige Wochen später erhielt ich das Angebot, ein neues Magazin für ein aufstrebendes Unternehmen in der Musikbranche zu konzipieren und zu leiten. Mit drei weiteren Mitarbeitern des alten Magazins wechselte ich den Arbeitsplatz und Arbeitsort, übernahm jedoch nicht die Leitung des Magazins, sondern nutzte die Möglichkeit, ein zweijähriges Volontariat zum Redakteur anzutreten, da einer der Redakteure mich dort ausbilden konnte.

Für mich die Chance, meine berufliche Laufbahn mit einem ordentlichen Fundament zu untermauern. Leider war es aufgrund unternehmerischer Fehler und der mangelnden Trennung der Geschäftsbereiche am Ende des Volontariat so, dass das Magazin eingestellt wurde und ich mich somit zum ersten Mal arbeitslos melden musste. Das hatte keine weiteren Auswirkungen, da ich zwei Monate später meinen Zivildienst ableisten musste, da meine Ausbildung beendet war.

Nach dem Zivildienst zog ich in eine größere Stadt und fand dort schnell einen neuen Job als Leitender Redakteur eines Stadtmagazins und ich fühlte mich rundum glücklich. Ich hatte einen gut dotierten Job, eine tolle Freundin. Herz, was willst du mehr?

Zwei Jahre ging das so, alles war in goldgelber Butter, bis eines Tages der Inhaber des Unternehmens spätabends aus dem fernen Berlin in der Redaktion reinschneite. Er teilte uns mit, dass die Redaktionen rapide heruntergeschraubt werden müssten, weil ein Teil der dem Unternehmen angeschlossenen Stadtmagazine, die verschiedene Regionen abdeckten, defizitär arbeiteten und diese finanziellen Lücken ausgeglichen werden müssten.

Nun ja, das von mir geleitete Stadtmagazin schrieb schwarze Zahlen und nun also sollte unsere Redaktion mitbluten, weil man die defizitären Objekte aus unternehmerischen Interessen dringend erhalten wollte. Zusätzlich kam hinzu, dass just zu diesem Zeitpunkt die Bundesregierung die grandiose Idee hatte, dass ein Auftraggeber für Selbstständige nicht genug sei und erließ das sogenannte »Gesetz zur Scheinselbstständigkeit«.

So weit, so gut, doof nur, dass alle im Unternehmen beschäftigten Redakteure als Freelancer arbeiteten. Das bedeutete, dass das Unternehmen alle diese Leute hätte fest anstellen und Sozialabgaben für sie hätte leisten müssen. Das war aufgrund der finanziell eher schlechten Lage des Unternehmens unmöglich.

Meiner Mitarbeiterin, die für die Akquisition zuständig war und in jedem Monat ihre Zahlen nach oben schrauben konnte, wurde gekündigt. Das war sehr bitter, denn wir waren ein tolles Team gewesen und hatten ein blühendes, vom urbanen Publikum sehr gut angenommenes Magazin produziert und uns in der Arbeit erfüllt gefühlt. Ich erhielt das Angebot, zu wesentlich geringeren Bezügen die Arbeit als Leitender Redakteur weiterzumachen und obendrauf noch die lokale Akquisition zu übernehmen. Nach etwas Bedenkzeit stimmte ich dem zu.

Was hätte ich auch tun sollen? Eine neue Stelle war in der Kürze nicht zu finden und so machte ich noch vier Monate weiter, doch es war einfach zu wenig Geld, um den Lebensunterhalt zu bestreiten und bereits Anfang 2000 löste sich auch diese verbliebene Stelle in Wohlgefallen auf.

Da blieb nur noch der Weg zum Arbeitsamt und die Informationen, die ich dort erhielt, machten mir nicht sonderlich viel Mut. Da ich die vergangenen zwei Jahre als Selbstständiger gearbeitet hatte, richtete sich mein Arbeitslosengeld nach der Vergütung, die ich für mein Volontariat erhalten hatte. Das wären etwa 800 Mark gewesen, doch da ich den Fragebogen beim Arbeitsamt ehrlich ausgefüllt hatte, nahm man das Gehalt meiner damaligen Lebensgefährtin als Berechnungsgrundlage hinzu und so wurden mir gerade einmal 500 Mark bewilligt.

Und damit gingen die Probleme erst richtig los: Die Arbeitslosigkeit schlug sich schon nach kurzer Zeit auf die Beziehung nieder. Einerseits wurde ich von meiner Lebensgefährtin unfreiwilligerweise »alimentiert«, andererseits machte sie Druck und von Tag zu Tag wurde das für mich stressiger.

Im März 2000 trennten wir uns schließlich, mussten jedoch noch eine Weile gemeinsam unter einem Dach leben. Eine nahezu unerträgliche Situation. Ich selbst arbeitslos und finanziell abhängig von meiner Ex-Partnerin, der es gehörig auf den Keks ging, mich mit durchbringen zu müssen. Glücklicherweise fand ich dann Ende April zwei Magazine, für die ich als freier Redakteur arbeiten konnte. Somit war es auch möglich, eine eigene Wohnung zu beziehen und die Trennung von meiner Lebensgefährtin zu vollziehen. Im Sommer erhielt ich plötzlich ein Angebot, von dem ich nicht zu träumen gewagt hätte: Ein junges, aufstrebendes Unternehmen – notiert am damals boomenden neuen Markt – bot mir die Stelle des Chefredakteurs bei einem der »Bravo« nicht unähnlichen Jugendmagazin an.

Da griff ich natürlich zu und zuerst ging die Arbeit auch gut voran. Dann jedoch kam der »berühmte« Einbruch des Neuen Marktes Ende 2000 und die Aktie unseres Unternehmens wanderte in den Keller. Daraus resultierend verkaufte der Verlag das Printmagazin, das ich leitete, an einen anderen Verlag, der jedoch nicht gewillt war, die Mitarbeiter zu übernehmen. So saß ich nach sechs Monaten also wieder auf der Straße, denn am letzten Tag meiner Probezeit flatterte die Kündigung ins Haus. So blieb mal wieder nur der Weg zum Arbeitsamt, wo man mir zu meinem Erstaunen mitteilte, dass ich keine Ansprüche aus meiner letzten Tätigkeit hätte, da meine versicherungspflichtige Tätigkeit zu kurz sei, um Arbeitslosengeld zu erhalten.

Das zog mir den Boden unter den Füßen weg, denn im Arbeitsamt machte man mir unmissverständlich klar, dass man a) keinen Job für mich habe, es b) kein Arbeitslosengeld geben würde und ich c) es doch mal beim Sozialamt versuchen solle.

Sozialamt!

Das wäre mir im Traum nicht eingefallen, und das wollte ich mir auch nicht antun. Doch nach vier Wochen waren die letzten Reserven aufgebraucht und ein neuer Job nicht in Sicht, so dass mir der Weg zum Sozialamt leider nicht erspart blieb. Da saß ich nun inmitten gescheiterter Existenzen, in einem Warteraum zusammen mit Alkoholikern und Drogenabhängigen und hoffte, dass ich schnell wieder da raus könnte. Glücklicherweise regelte man meinen Fall unbürokratisch und schnell. Meine Miete wurde übernommen und man sicherte mir zu, für das nächste halbe Jahr den Sozialhilfesatz zu zahlen. Das minderte meine zu diesem Zeitpunkt extremen Existenzängste, und ich konnte mich darauf konzentrieren, einen neuen Job zu finden.

Das ging auch relativ zügig, bereits im Juni hatte ich bei einem Messeausrichter eine neue Beschäftigung als Pressechef gefunden. Anfangs lief auch alles gut, doch als mein Chef anlässlich der heißen Sommertemperaturen meine Tätowierungen an Armen und Beinen entdeckte, war es vorbei. So könne ich doch nicht bei Kunden auftreten, meinte man mir mitteilen zu müssen, und dass ich doch bitte nicht so ins Büro kommen solle. Fein, dachte ich mir. Ihr macht eine Jugendmesse, wo zuhauf tätowierte Künstler auftreten, aber ich bin in der Öffentlichkeit nicht tragbar. So dauerte es dann auch nicht mehr lange, bis sich unsere Wege trennten.

So blieb mir nichts anderes übrig, als erneut den Weg zum Arbeitsamt anzutreten. Mittlerweile kannte ich den Weg ja. Nach einigen Wochen eifrigen Bewerbens wurde mir so langsam klar, dass der Arbeitsmarkt für Redakteure, Journalisten, Autoren etc. kaum mehr offene Stellen bereithält. Nach drei Monaten hatte ich einen schönen

Stapel Absagen vor mir liegen und das geht nicht so einfach an einem vorüber. Als Arbeitsloser hat man zu viel Zeit zum Nachdenken und zu wenig Geld, um sich abzulenken und so verlor ich immer mehr an Selbstbewusstsein, ging kaum noch vor die Tür und hatte eine ganze Zeit – ja ich würde es schon so nennen – Depressionen. Tage, an denen der Gang zum Supermarkt eine Qual ist, wo einen das Klingeln des Telefons in Panik versetzt und wo man sich fragt, welchen Sinn das alles denn habe.

Bewerbungen schrieb ich zu der Zeit nicht mehr viele, aber beim Arbeitsamt schaute ich öfter mal rein. Dort hörte ich immer nur den Satz: »Nein, in ihrem Bereich haben wir nichts.« Und auch auf Nachfragen nach befristeten Stellen oder nach Weiterbildungsmaßnahmen bekam ich nur Negativ-Bescheide. So ging das acht Monate lang. Dann endlich konnte mir meine neue Sachbearbeiterin eine auf neun Monate befristete ABM-Vollzeitstelle als Redakteur bei einem Obdachlosenmagazin anbieten. Ich war überglücklich, endlich wieder etwas Sinnvolles zu tun, endlich wieder einen geregelten Arbeitsablauf zu haben.

Doch diese neun Monate waren schnell vorbei und leider war es mir nicht gelungen, während der Zeit beim Obdachlosenmagazin eine neue Stelle zu finden. Überall wurden nur noch Praktikantenstellen angeboten, bei denen man für einen Hungerlohn die Arbeit eines ausgebildeten Redakteurs machen sollte. Und es gab und gibt genügend Leute, die solche Stellen in der Hoffnung annehmen, demnächst fest angestellt zu werden. Zu diesen Leuten habe ich mich nie gezählt und ich kann bis heute keinen Sinn darin erkennen, in dem Beruf, den man erlernt hat, wieder als Praktikant zu starten.

So hieß es für mich weiter, Augen offen halten und vor allem darauf zu achten, nicht erneut in ein Loch zu fallen, sollte sich der Zustand der Arbeitslosigkeit erneut länger hinziehen. Deshalb konzentrierte ich mich nicht nur auf die Suche nach einer neuen Stelle, sondern bildete mich selbstständig im Online-Bereich weiter.

Ich begann, die Website der Hobbyfußballmannschaft zu pflegen, die ich gerade mit Freunden aus der Taufe gehoben hatte. Doch nach sechs Monaten Arbeitslosigkeit, einer schönen Zahl an Absagen und null Arbeitsangeboten von Seiten des Arbeitsamt hatte ich genug – ich wollte mich selbstständig machen.

Beim Arbeitsamt begrüßte man solche Initiativen natürlich und man lud mich zu einer Informationsveranstaltung ein. Kurze Zeit später reichte ich meine Unterlagen ein, um das halbjährige Überbrückungsgeld zur Selbstständigkeit zu beantragen. Kurz später kam der Bewilligungsbescheid, dass mir nun monatlich 800 Euro zur Verfügung stünden. Ich fiel aus allen Wolken ...

Laut vorhergehenden Aussagen sollten mir eigentlich 1100 Euro zur Verfügung stehen. Mit den bewilligten 800 Euro stand mir rechnerisch weniger Geld als zuvor zur Verfügung, denn neben 320 Euro Miete hatte ich nun die Krankenversicherung von etwa 200 Euro ebenfalls selbst zu bestreiten. So standen mir nun also 280 Euro für Essen und Trinken, Kleidung, Telefon, Internet zur Verfügung beziehungsweise sollte dieses Geld nun also ausreichen, um in meine Selbstständigkeit zu starten.

Wie sich herausstellte, hatte meine Beraterin bei der gerade frisch aus der Taufe gehobenen »Agentur für Arbeit« mir falsche Auskünfte gegeben und bestritt dies nun natürlich. So langsam kamen mir Zweifel, ob in diesem Staat beziehungsweise dessen Arbeitsmarktpolitik überhaupt jemand der Verantwortlichen einen blassen Schimmer davon hat, was eigentlich abgeht. Ich legte gegen den Bescheid Widerspruch ein, doch wie nicht anders zu erwarten, wurde dem Widerspruch (sechs Monate nach Entscheid) nicht stattgegeben.

Währenddessen fragte ich im Arbeitsamt nach, wie ich es denn bewerkstelligen solle, meine Selbstständigkeit mit weniger Geld aufzuziehen, als einem Hartz-IV-Empfänger zusteht.

»Melden Sie sich doch einfach wieder arbeitslos« war die lapidare und kurze Antwort der Mitarbeiterin bei der »Agentur für Arbeit«.

Na toll, ein super Rat von jemandem, der eigentlich dafür sorgen soll, dass die Leute Arbeit finden oder sich Arbeit schaffen. Nur gut, das solche einen Job haben, während andere sich die Hacken ablaufen. Für mich kam eine erneute Arbeitslosigkeit jedoch nicht in Frage und so verzichtete ich trotz mulmiger Gefühle auf meinen Krankenversicherungsschutz, um etwas mehr finanziellen Spielraum für meine Existenzgründung zu haben.

Ich startete mit zwei Freunden eine Eventagentur und auch wenn wir nicht sonderlich viel verdienten, so machte die Arbeit doch Spaß und Fortschritte waren erkennbar. Im Sommer des Jahres 2004 versuchten wir uns schließlich an einem großen Event, das leider nicht den gewünschten Erfolg brachte und für jeden von uns ein Minus von über 1000 Euro bedeutete.

Eigentlich keine große Summe, aber für mich zu diesem Zeitpunkt ein tiefer Schlag in die Magengrube. Um diese Schulden schnell zu tilgen, arbeitete ich im Winter 2004/2005 als Fahrgastbefrager. Fahrgastbefrager ist so ziemlich der schlimmste Job, in dem ich je gearbeitet habe. Mitten in der Nacht aufstehen, um gegen 4 Uhr morgens an gottverlassenen Bahnhöfen auf Zugverbindungen zu warten, teilweise bei acht Grad unter null und das bis zu 16 Stunden am Tag.

Nach sechs Wochen war mein Körper durch die dauernden Schichtwechsel, durch die Aufenthalte an zugigen Bahnhöfen oder an Bushaltestellen so geschwächt, dass mich eine Grippe niederstreckte. So eine ausgewachsene Grippe ohne Krankenversicherung ist eine feine Sache. Hätten mir nicht Freunde mit Medikamenten unter die Arme gegriffen, keine Ahnung, wie ich diese Zeit überstanden hätte. Nach diesen Erlebnissen war mein Bedarf an Selbstständigkeit erst einmal gedeckt und ich ergab mich meinem Schicksal, das von nun an Hartz IV heißen sollte.

Seitdem bin ich Hartz-IV-Empfänger, habe jedoch in dieser Zeit weiter an meiner Selbstständigkeit gestrickt und aus der Hobby-Fußballmannschaft ist mittlerweile ein richtiger Verein geworden, der am regulären Spielbetrieb teilnimmt und dem ich als Präsident vorstehe.

Wir haben viele Jugendliche im Verein und die Arbeit mit ihnen macht Spaß. Leider jedoch wird dieses Engagement in Deutschland nicht als Arbeit betrachtet, und so arbeite ich derzeit daran, mir mit Sportevents ein minimales Einkommen zu sichern. Noch in der ersten Hälfte dieses Jahres werde ich den Schritt in die Selbstständigkeit erneut wagen, denn die Erfahrungen der letzten Jahre sollen nicht umsonst gewesen sein und die Erkenntnisse daraus konstruktiv umgesetzt werden. Allerdings muss ich auch sagen, dass ich diesem Land schon lange den Rücken gekehrt hätte, wenn ich hier in meiner Heimat nicht so ein gutes soziales Umfeld hätte, das ich zu einem geistig gesunden Leben auch brauche.

In Deutschland bekommst du Support, wenn du oben bist. Bist du unten, interessiert sich kein Mensch dafür und die Bürokratie, die ich in all den Jahren erleben durfte, sorgt dafür, dass die Menschen zermürbt werden und ihnen jeder Kampfeswille geraubt wird. Trotzdem glaube ich, dass man mit Visionen und guten Ideen vorwärtskommen kann, nur scheint das in Deutschland deutlich schwerer zu sein als woanders. Ein Hoch auf die Bürokratie!

Man denkt nicht daran, dass die Zeiten so schlecht werden können.

Gustav, 55, Grafikdesigner &
Theodora, 46, Art-Directorin
Das Paar lebt in der Nähe von Hamburg.

Gustav: Ich habe Grafikdesign studiert. Während des Studiums jobbte ich in einer kleinen Agentur. Dabei lernte ich Theodora kennen. Sie war lustig, um keine Antwort verlegen, zielstrebig und voller Elan. Das imponierte mir. Wir waren uns ziemlich ähnlich.

Theodora: Wir gingen einige Male miteinander aus. Wir verstanden uns auf Anhieb und verbrachten immer mehr Zeit miteinander. Irgendwann zogen wir dann zusammen. Damals war das beinahe wie eine Studenten-WG.

Gustav: Damals, als wir zusammenzogen, wollten wir nichts überstürzen, erst einmal unser Studium beenden, einige Jahre in unseren Berufen arbeiten. Wir wollten uns Sicherheiten schaffen. Recht bald haben wir dann auch geheiratet. Ich war mir in wenigen Sachen so sicher wie mit Theodora. Eigentlich war ich mir nur in meinem Beruf sicher. Wenigstens in dir habe ich mich nicht getäuscht. Wir feierten schließlich Hochzeit. Es war ein tolles Fest, auf einem kleinen Schloss auf dem Land. Alle unsere Freunde waren da, unsere Verwandten, sogar die aus Spanien.

Theodora: Die Heirat war das eine. Nachwuchs wollten wir erst später, nach dem Studium, wenn wir beide fest im Sattel unserer Berufe saßen. Wir wollten alles richtig machen.

GUSTAV: Anfangs machten wir alles richtig.

THEODORA: Wir glaubten, dass wir alles richtig machten.

GUSTAV: Manchmal denkt man ... man könnte dem ganzen Scheiß auch ganz schnell ein Ende bereiten. Das ist nur ein kurzer Gedanke ... ein dummer Gedanke, ich weiß. Aber manchmal denkt man eben: Wenn jetzt Schluss mit einem wäre, dann wäre auch Schluss mit all den Problemen.

THEODORA: Bei allem, was passiert, wir bemühen uns, das Lachen nicht zu verlernen. Das fällt uns manchmal schwer. Sehr häufig fällt es uns schwer. Aber wenn wir das Lachen nicht hätten und uns gegenseitig, ich weiß nicht, was dann wäre.

GUSTAV: Ich sage ja, es ist ein kurzer Gedanke ... Eben weil ich meine Familie habe, schiebt man so einen Gedanken weit von sich weg. Ganz weit.

THEODORA: Aber der Gedanke ist da. Und das ist schlimm genug.

GUSTAV: Nach dem Studium fand ich sofort Arbeit als Grafikdesigner. Ich war ein halbes Jahr angestellt, als ich ein besseres Angebot erhielt – allerdings auf freiberuflicher Basis. Aber es sprach nichts dagegen. Das Angebot war lukrativ, aussichtsreich, entsprach meinen Anforderungen und Wünschen. Außerdem ist es in der Branche ja nicht ungewöhnlich, als Freelancer tätig zu sein. Es gibt so viele Kreative, die freiberuflich tätig waren. Ich wechselte. Drei Jahre später verdiente ich knapp 7.000 Mark.

THEODORA: Ich studierte zu dieser Zeit ebenfalls Grafikdesign und bekam danach ein Stelle in einer Werbeagentur. Es gab reichlich Aufträge und noch mehr Möglichkeiten, sich zu bewähren. Nach ein paar Jahren stieg ich zur Art-Directorin auf. Ich bekam 6.000 Mark im Monat. Wir verdienten beide gut Geld und kauften uns ein hübsches Reihenhaus in einem ruhigen Vorort. Dazu nahmen wir einen Kredit auf, natürlich, warum auch nicht? Wir verdienten doch genug.

GUSTAV: Wir fuhren jeder ein Auto, zwei Mal im Jahr in Urlaub, machten Sport, trafen Freunde zum Essen ... All die Annehmlichkeiten, die man sich eben leisten kann. Außerdem erwarben wir in den neuen Bundesländern ein Haus mit drei Mietwohnungen. Wir kamen auf die Idee durch einen Freund von uns, einen Redakteur, dessen Verlag einen Ableger im Osten gründete. Außerdem hatten wir einen Architekten im Bekanntenkreis, der mit einer Baufirma reihenweise Häuser im Osten baute. Sie versprachen eine lohnende Investition zu werden, etwas für die Zukunft, eine Altersvorsorge. Wir nahmen daher einen weiteren Kredit in Anspruch. Erneut machten wir uns keinerlei Gedanken. Bei unseren Gehältern und mit den Mieteinnahmen aus den Wohnungen hatten wir die beiden Kredite ja bald wieder zurückgezahlt – so spekulierten wir.

THEODORA: Zu der Zeit kam auch unsere Tochter Judith auf die Welt. Ich nahm eine kurze Babypause und stieg nach einem halben Jahr wieder in meinen Job ein. Das war alles kein Problem. Wir fanden eine Kindertagesstätte für die Kleine. Das Leben ging weiter.

GUSTAV: Das erste Mal musste ich mir Gedanken machen, als das Gesetz mit der »Scheinselbstständigkeit« in Kraft trat. Demnach durfte man als Selbstständiger nicht mehr ausnahmslos für eine Firma tätig sein. Das war ich aber, genauso wie eine Menge anderer Mitarbeiter. Okay, damals spielte die Agentur mit. Es gab verschiedene Möglichkeiten, die Gehälter abzurechnen. Ach, da wurde schon einiges getrickst ... Die Kündigung kam plötzlich und unerwartet. Naja, was heißt »unerwartet«? Es war absehbar, dass da was auf die Firma zukam. Es wurde immer schwieriger, neue Aufträge an Land zu ziehen. Überall wurde gespart. Aber ich hatte nicht damit gerechnet, dass man mir kündigt. So weit hatte ich nie gedacht.

THEODORA: Einen guten Mitarbeiter setzt man schließlich nicht einfach vor die Tür.

GUSTAV: Machten sie dann aber doch. Mitarbeiter mussten entlassen, Kosten eingespart werden. Dass ich nur Freelancer war, war jetzt mein Verhängnis. Aber es traf nicht nur mich: Auch andere Mitarbeiter mussten gehen. Doch das war mir zu diesem Zeitpunkt auch egal.

THEODORA: Dann fand er keine neue Stelle mehr. So sehr er sich um einen neuen Arbeitsplatz bemühte, er fand partout keinen.

GUSTAV: Es waren kaum freie Stellen ausgeschrieben. Und nur wenige in der Gegend. Ich klingelte in diversen Agenturen durch, aber nirgendwo war eine Stelle frei. Überall wurde gespart. Wenn überhaupt setzte man auf freie Grafiker, Designer, Kreative. Und davon gab es inzwischen viel zu viele. Aber das Schlimmste war, dass man mir auf dem Arbeitsamt sagte, es würde schwierig werden, mich zu vermitteln, egal, in welchem Job. »Sie sind zu alt.« Da war ich gerade 46. Ich kam mir keineswegs alt vor. Ich fühlte mich in der Mitte des Lebens ... Und dann kriegt man so was zu hören!

Das war wie ein Schlag in die Magengrube. Der war vielleicht noch schwerer zu verkraften als die Erkenntnis, dass ich als langjähriger »Selbstständiger« kein Geld vom Arbeitsamt zu erwarten hatte. Mir blieb also keine andere Wahl. Ich machte mich selbstständig, diesmal richtig selbstständig. Jetzt allerdings musste ich mir meine Auftraggeber suchen, und diesen Schritt scheute ich, das gebe ich ganz ehrlich zu. Auch dass ich zumindest in diesem Punkt dem Arbeitsamt recht gab: In meinem Alter verspürte ich nur noch wenig Lust, einem Auftrag nach dem anderen hinterherzujagen, quasi in jeder Agentur Klinke zu putzen, nur damit ich einen Job übernehmen durfte. Aber wenn es die einzige Möglichkeit war?

Doch all meine Erfahrungen und mein ganzes Können halfen nicht. Da konnte ich noch so einen tollen Rechner daheim stehen haben, noch so tolle Bewerbungsmappen vorlegen ... egal ... Der Markt war überfüllt. Arbeitslose Grafiker, Neueinsteiger, Studenten, ja sogar Schüler, die sich als freier Designer versuchten. Und es für Preise taten, die mich nur den Kopf schütteln ließen. Aber sie müssen ja auch keine Familie ernähren, Kredite abtragen, Schulden tilgen ...

THEODORA: Denn unsere drei Wohnungen im Osten blieben leer.

GUSTAV: Niemand wollte einziehen. Zu viele Häuser waren nach der Wende aus dem Boden gestampft und dabei war außer Acht gelassen worden, dass die Leute drüben alles brauchten, nur keine neuen Wohnungen. Die Leute waren froh, wenn sie erst einmal eine Arbeit fanden, um sich ihre alten Wohnungen leisten zu können. Vielerorts zogen sie sogar in Scharen weg, weil sie sich woanders Arbeit erhofften.

Wir versuchten, unsere Wohnungen trotzdem an den Mann zu bringen: Wir reduzierten die Miete, aber auch das brachte lange Zeit nichts. Es fanden sich einfach keine Mieter. Und suchte doch mal jemand eine Wohnung, konnte er längst aus einer unglaublichen Vielzahl an spottbilligen Wohnungen auswählen. Wir spielten mit dem Gedanken, das Haus zu verkaufen. Aber dieses Vorhaben verwarfen wir schon bald wieder, gezwungenermaßen. Es gab keine Kaufinteressenten. Schließlich fanden wir doch noch Mieter, zumindest für eine der drei Wohnungen. Aber die junge Familie, die einzog, reichte bei Weitem nicht mehr aus, um die Kosten zu decken. Inzwischen zahlten wir allein 400 Euro für die Kreditzinsen.

GUSTAV: Das war das erste große Problem: Unsere Schulden sanken nicht mehr, sie stiegen.

THEODORA: In dieser Zeit wurde ich zum zweiten Mal schwanger.

GUSTAV: Wir wollten die Hoffnung auch nicht aufgeben. Wir glaubten fest daran, dass die Situation im Osten sich irgendwann wieder entspannen, die Menschen Arbeit finden, wieder Wohnungen suchen, die Mieten wieder steigen würden. Ich ging auch fest davon aus, dass ich als Grafiker wieder Arbeit finden würde. Meine Referenzen waren doch gut. Ich wollte nicht glauben, dass dies auf dem Arbeitsmarkt keinerlei Bedeutung spielen sollte. Nein, ich gab die Hoffnung nicht auf, dass alles nur eine vorübergehende Pechsträhne war ... alles war bis dahin so gut verlaufen, logisch, es musste auch mal einen Rückschlag geben. Aber letztlich, da war ich mir sicher, würde sich alles wieder zum Guten wenden.

THEODORA: Außerdem hatte ich noch meinen Beruf und mein Gehalt. Es war immer noch mehr als manche Ehepaare als Doppelverdiener zusammen bekommen.

GUSTAV: Trotzdem war die Zeit nach der Schwangerschaft nicht einfach. Die ersten Monate waren wir beide zu Hause und spürten zum ersten Mal, dass wir nicht mehr so weiterleben konnten wie bisher, zumindest vorübergehend. Wir mussten uns einschränken. Ich verkaufte sogar mein Auto. Ich brauchte es nicht mehr.

THEODORA: Wenn man merkt, dass man sich manche Dinge, an die man sich gewöhnt hat, plötzlich nicht mehr leisten kann, fragt man sich schon: Was ist jetzt los mit uns? Was hat das zu bedeuten?

GUSTAV: Na ja, leisten hätten wir uns die Sachen schon noch können. Irgendwie war immer noch Geld da. Es war nur weniger da. Und deshalb sagten wir uns: Besser, wir verzichten erst einmal auf das Auto.

THEODORA: Und kaufen ein neues, wenn wieder bessere Zeiten kommen.

GUSTAV: Das war eine Entscheidung, die uns nicht schwerfiel. Ich meine, es war nur ein Auto. Ein neues Auto, auf das man verzichten musste. Es gibt Schlimmeres.

THEODORA: Aber ich blieb nicht lange in der Babypause.

GUSTAV: Weil sich bei mir einfach keine Jobs finden ließen, zumindest keine großen, langfristigen, nur kleine Arbeiten, die finanziell gesehen kaum der Rede wert waren, war ich ja weiterhin daheim. Ich konnte mich um unseren Jüngsten kümmern, Sohnemann Bernd – solange, bis ich was Neues fand. Noch immer war ich davon überzeugt.

THEODORA: Im Herbst 2005 wurde ich entlassen. Beinahe die halbe Belegschaft musste den Hut nehmen. Schuld waren die schlechten Umsätze der Werbeagentur. Natürlich hatten wir es kommen sehen. Aber die Kollegen und ich, wir hatten alles daran gesetzt, dass es nicht zum Schlimmsten kam. Wir haben sogar auf einen Teil unserer Gehälter verzichtet. Was eigentlich eine Unmöglichkeit war, in Angesicht meiner Situation zu Hause. Aber das konnte und wollte ich in der Firma nicht zur Sprache bringen. Mal ganz abgesehen davon, dass man nicht jedem seiner Arbeitskollegen auf die Nase bindet, dass man daheim finanziell zu kämpfen hat, wollte ich in diesem Moment nur meinen Arbeitsplatz sichern. Dass dies nicht gelang, war ernüchternd.

GUSTAV: Das war mehr als ernüchternd. Das war ein Schock. Plötzlich hatten wir nur noch das Geld vom Arbeitsamt, das Theodora bekam. Ich selbst war ja noch selbstständig, als Grafikdesigner, wenn auch nur auf dem Papier. Längst versuchte ich alles Mögliche, um an Geld zu kommen. Zum Beispiel jobbte ich als Kurierfahrer. Einmal sogar als Pizzabote. Aber das waren alles Aushilfsjobs, nicht von langer Dauer. Einige der Jobs bekam ich erst gar nicht. Als ich sagte, ich sei eigentlich Grafikdesigner, hatte man nur noch ein freundliches Lächeln für mich übrig. Und als ich bei *UPS* vorstellig wurde, schüttelte man nur den Kopf, als sie mein Alter erfuhren. Ich hätte im Schichtdienst Pakete ein- und ausladen müssen.

THEODORA: Er war sehr niedergeschlagen, als er von diesem Gespräch nach Hause kam. Ich kann mich noch genau daran erinnern, er ging direkt in sein Arbeitszimmer und schloss sich dort ein.

GUSTAV: Das war ein beschissenes Gefühl. Zum zweiten Mal sagte man mir, ich sei zu alt. Obwohl ich mich gar nicht alt fühlte. Obwohl ich die Arbeit leisten wollte, egal welche. Von mir aus auch Pakete schleppen. Ich habe zwei Kinder, ich habe eine Familie, die ich ernähren muss. Und einen Haufen Ausgaben, der jeden Monat auf meinen Schultern lastet.

THEODORA: Auf *unseren* Schultern. Es ist jedes Mal so schön, wenn ich sehe, wie er versucht, die Probleme von mir fernzuhalten. Aber es macht mich auch wütend. Denn wir beide gehören zusammen und es sind *unsere* Probleme. Wir müssen sie gemeinsam lösen. Deshalb bewarb ich mich ebenfalls auf Jobs. Anfangs in Werbeagenturen. Ich machte die gleichen Erfahrungen wie Gustav. Ich versuchte es als Schreibkraft und zum Schluss als Bedienung in Gaststätten. Aber die Konkurrenz war zu groß. Manchmal bewarben sich über hundert Leute auf einen Kellnerjob.

GUSTAV: Inzwischen stand uns das Wasser bis zum Hals. Wir konnten die Ausgaben nicht mehr bestreiten. Die Kredite. Die Zinsen. Die Zinseszinsen. Sparbücher, Aktien, die Lebensversicherung. Alles musste gekündigt, verkauft, aufgelöst werden.

THEODORA: Wir versuchten alles, um an Geld zu kommen. Wir versteigerten Teile unseres Hausstandes bei *ebay*, alles das, was man nicht unbedingt zum Leben braucht. Bilder an der Wand. Unmengen Bücher. Das Bett und den Kleiderschrank aus dem Gästezimmer. Gäste wollten wir uns sowieso nicht mehr ins Haus laden. Was will man den Leuten denn sagen, warum die Bilder nicht mehr an der Wand hängen? Oder warum man einen Teil der Bücherregale geleert hat? Wenn man vorher auf großem Fuß gelebt hat, und sich jetzt nichts mehr leisten kann, noch schlimmer, wenn man sein eigens Hab und Gut, an dem das Herz hängt, verkaufen muss, um sich im nächsten Monat noch Essen kaufen zu können, dann ist es nur noch beschämend.

GUSTAV: Natürlich wissen unsere Freunde Bescheid, auch wenn wir ihnen gegenüber nicht viele Worte über unsere Situation verlieren. Aber vor ihnen können wir unsere Probleme nicht verheimlichen.

Unsere Freunde sind mitfühlend, manche wollen ja auch helfen. Aber sie können uns nicht helfen. Nicht bei den Summen, um die es hier geht. Wir sitzen nach wie vor auf über 300.000 Euro Schulden.

THEODORA: Wir sind auf uns alleine gestellt, daran gibt es nichts zu deuten. Wir beide müssen da durch. Und wir wollen da durch, so hart es noch werden wird.

GUSTAV: Ich will mir auch gar nicht helfen lassen. Und ich will mich auch nicht zum Kaffee einladen lassen. Wie käme ich mir dabei vor? Noch dazu hätte ich ein schlechtes Gewissen: Ich kann einfach nicht in der Kneipe sitzen, mich womöglich amüsieren und dabei so tun, als wäre nichts ... und zu Hause geht derweil die Welt unter.

THEODORA: Obwohl wir uns schon bemühen, uns nicht ganz vor den anderen zu verstecken. Ich glaube gerade der soziale Kontakt ist jetzt wichtig. Sonst droht man, jeden Halt zu verlieren. Und verlernt gänzlich das Lachen. Mit einem Lachen lässt sich vieles ertragen.

GUSTAV: Auch der Neid, der mich manchmal überkommt. Wenn einer von beiden Ehepartnern arbeitslos wird, das ist schlimm. Aber es lässt sich ertragen, wenn der andere seinen Job behalten kann. Aber beide? Und dann die Schulden? Warum? Es gibt Situationen, in denen ich sehe, wie Verwandte, Bekannte, Freunde, Kollegen ihr altes Leben fortführen. Arbeiten gehen. Essen gehen. In Urlaub fliegen. In Ruhe die Rente genießen. Den Kindern eine sichere Zukunft bieten. Dann überkommt mich Neid ...

Ich meine, wir haben doch nichts falsch gemacht. Wir haben studiert, wir hatten beide einen Beruf, der uns eine sichere Zukunft versprach. Wir haben unsere Steuern bezahlt. Wir sind unseren Pflichten nachgekommen. Wir haben in unsere Zukunft investiert. Wir haben alles richtig gemacht.

THEODORA: Und am Ende doch alles falsch.

GUSTAV: Man zerfleischt sich mit Selbstvorwürfen. Hätte ich mal besser …! Oder: Warum habe ich nicht …? Aber letztlich ist egal, was man denkt. Es ändert nichts an der Situation.

THEODORA: Wir werden ausziehen müssen. Wir werden das Haus verkaufen müssen. Demnächst wird auch das Haus in Leipzig dran glauben müssen.

GUSTAV: Ich habe keine Ahnung, was kommen wird.

THEODORA: Im Augenblick, glaube ich, möchte ich es auch gar nicht wissen. Ich weiß nur, dass wir immer noch uns selbst haben, unsere Familie.

Er hatte mir die Probleme auf der Arbeit verheimlicht.

Anna, 29, Versicherungskauffrau
Sie lebt bei Berlin. Sie ist verheiratet und hat ein Baby.

Ich weiß nicht, ob es altmodisch ist, den Traum einer glücklichen Familie zu haben. Aber wie für meine Großeltern und meine Eltern, die bis heute eine Einheit bilden, gehörte es für mich von Anfang an dazu, irgendwann einmal eine Familie zu gründen, zusammen mit einem Mann, den ich liebe, mit zwei oder drei Kindern, einem Haus, Garten, dem Auto – diese ganze konservative Schiene, die gerne belächelt wird. Für mich hatte dieser Familiengedanke nie etwas mit konservativ zu tun. Es war viel mehr eine innige Verbundenheit, eine Sicherheit, die ich mir im Leben schaffen wollte. Meine Großeltern und meine Eltern hatten sie mir immer vorgelebt, keineswegs aufdringlich oder belehrend – einfach der Umstand, dass sie da waren, alle zusammen, wann immer sie sich brauchten oder auch nicht, das gefiel mir, hat mich beeindruckt, das wollte ich weitergeben. Wenn man so will: Die Familie gibt mir einen Lebenssinn.

Sicherlich ist dies heutzutage eher ungewöhnlich unter jungen Menschen. Inzwischen bin ich aber davon überzeugt, die Gründe für diese Skepsis zu kennen – ich erlebe sie am eigenen Leib: Denn heutzutage ist es schwer, eine Familie am Leben zu erhalten.

Als ich Karsten kennenlernte, war ich mir sicher: Das ist der Mann fürs Leben. Klingt romantisch. Aber so war es. Es ist ja nicht so, dass ich seit meiner Kindheit keusch gelebt hätte. Ich hatte durchaus einiges erlebt, war dabei aber niemals von meinem Traum abgerückt. Irgendwann, so sagte ich mir, würde ich den Richtigen finden. Ich war mir ganz sicher. Natürlich kam die Gewissheit, dass Karsten der Richtige war, nicht von heute auf morgen. Wir lebten sieben Jahren zusammen und je länger wir ein Paar waren, gemeinsam durch dick und dünn gingen und aus dem Verliebtsein Liebe wurde, wussten wir, dass wir die Liebe durch eine Heirat besiegeln wollten. Unsere Hochzeit war ein großes Fest.

Damals waren wir beide noch berufstätig und arbeiteten in Berlin. Gerne hätten wir einen Job bei unseren Familien auf dem Land gefunden, in Mecklenburg, wo wir aufwuchsen und auch zur Schule gingen. Aber dort war seit der Wende kaum noch Arbeit zu finden, weshalb wir nach Berlin zogen. In Berlin lebten wir nicht allzu weit von unseren Familien in Mecklenburg entfernt. Ein schneller Besuch war jederzeit möglich.

Ich war als Angestellte in der Versicherungsbranche tätig. Karsten arbeitete im Elektronikbereich, bei einem Anbieter für Hardware, Telekommunikation und Internet, Server- und Netzwerkadministration. Ich habe nicht so viel Ahnung von solchen Sachen, aber Karsten schon.

Er hat nur eine Ausbildung gemacht, aber vieles hat er sich durch die Praxis selbst angeeignet. Er sagt mir, dass das die Zukunft ist. Ich glaube ihm gerne. Ich staune immer wieder, was er alles weiß und kann.

Die Firma, für die er arbeitete, war nicht groß, besaß gerade mal fünf Mitarbeiter. Diese Überschaubarkeit hatte Nachteile – Karsten war oft die ganze Woche unterwegs, reiste quer durch Deutschland; Überstunden waren die Regel –, aber auch eine Menge Vorteile: persönlicher Kontakt zum Kunden, hohe Flexibilität, schneller Service und gute Qualität. Das hatte natürlich seinen Preis, den die Kunden aber zu zahlen bereit waren.

Dementsprechend verdiente Karsten gut. Mein Gehalt war nur ein Bruchteil davon, aber zusammen gelang es uns, einiges auf die hohe Kante zu legen. Und der Bausparvertrag, den meine Eltern in meiner frühen Jugend für mich abgeschlossen hatten, ließ auch einiges erwarten. Es gab also keinen Grund, von unseren Plänen abzurücken. Ich wurde schwanger, gab meinen Job auf, unsere Tochter Kerstin kam auf die Welt.

Dass es bei einem Baby nicht bleiben sollte, war klar. Von Anfang an waren wir uns bei den unseren Familienplänen einig gewesen, dass es mindestens zwei oder sogar drei Kinder werden sollten. Doch nun, mit Kerstin im Arm, schoben wir die Idee fürs Erste nach hinten. Später irgendwann, ganz bestimmt. Aber jetzt galt es andere Pläne in Angriff zu nehmen.

Ein halbes Jahr später nahmen wir den Bausparvertrag in Anspruch und kauften uns ein Haus im Randbezirk von Berlin. Der Kaufpreis war nicht sehr hoch, dafür benötigte das Haus allerdings noch einige Schönheitsreparaturen. Wir nahmen einen zusätzlichen Kredit auf und beauftragten einige Firmen mit den Instandsetzungsarbeiten; zumindest jenen Maßnahmen, die Karsten nicht alleine beziehungsweise mit den Freunden an den Wochenenden vornehmen konnte.

Ein weiteres Jahr verging. Natürlich war uns klar, dass es nicht einfach werden würde, nicht mit einem Neugeborenen. Babys brauchen in der ersten Zeit sehr viel Zuneigung und Aufmerksamkeit, erst recht wenn sie erkranken. Kerstin erlitt eine Hirnhautentzündung, wurde von Krämpfen geschüttelt. Ich weiß nicht, wie viele Nächte ich schlaflos verbrachte. Und dann, kaum dass sie geheilt war, bekam sie plötzlich aus unerfindlichen Gründen die Masern. So was schlägt aufs Gemüt, der Stress, die Angst, der wenige Schlaf. Zwangsläufig waren wir gereizt.

Dazu kam, dass der Umbau am Haus nicht ganz so reibungslos verlief, wie wir es uns vorgestellt hatten – eine der Firmen ging plötzlich pleite, ärgerlicherweise mit einem Teil des Geldes, das wir bereits bezahlt hatten. Sofern es Kerstins Zustand zuließ, versuchte ich mich um die Probleme mit der Renovierung zu kümmern. Denn Karsten ging ja weiterhin arbeiten.

Die Stimmung zu Hause war sehr angespannt. Doch am Ende bekamen wir alle Probleme in den Griff, weil wir an uns und unseren Traum glaubten. Und weil wir trotz der Schulden, die wir hatten, trotz des Geldes, das uns durch die Pleite der Firma verloren gegangen war, nicht wirklich Einbußen zu erleiden hatten. Karsten verdiente nach wie vor gut und auch das Kindergeld war ein dankenswerter Segen. Trotz aller laufender Kosten mussten wir daher nicht einmal auf so viel verzichten. Karsten war leidenschaftlicher PC-Spieler, das brachte wohl sein Beruf mit sich, weswegen er seinen Computer daheim immer gerne auf den neuesten Stand brachte. Nebenher trieben wir Sport im Verein, ich spielte mit Freundinnen Tennis und regelmäßig Badminton. Urlaub, einmal im Jahr, war ebenfalls noch drin. Gelegentlich traf ich mich mit Freundinnen, die ebenfalls Kinder hatten, nachmittags auf dem Spielplatz, anschließend gingen wir ins Café, für eine Tasse Kaffee und ein Stück Kuchen.

Ich hielt den Zeitpunkt für geeignet und wollte Karsten überraschen. Ich wurde zum zweiten Mal schwanger.

Auch Karsten hielt eine Überraschung für mich parat: Er ließ mich wissen, dass es in seiner Firma ernsthafte Probleme gäbe. Die Kundenzahl hätte sich in den letzten Monaten bedrohlich verkleinert. Qualität hin, Qualität her, die aktuelle Stimmung im Land würde das Kaufverhalten der Kunden beeinflussen. Leider würde der Chef mit den Preisen der großen Anbieter nicht mithalten können. Möglicherweise müsste er Mitarbeiter entlassen.

Als ich außerdem erfuhr, dass es die Probleme schon seit geraumer Zeit gab, hatten wir zum ersten Mal wirklich Streit. Denn er hatte mir die Probleme auf der Arbeit verheimlicht. Er hatte mich nicht auch noch damit belasten wollen. Mit Kerstins Krankheit und dem Ärger am Haus hätte ich, so argumentierte er, schon genug Sorgen am Hals gehabt. Womit er nicht ganz unrecht hatte. Ich denke mir nur: Ich hätte mich auf alles das, was noch auf uns zukam, irgendwie vorbereiten können. Obschon ich, aus der heutigen Sicht, nicht weiß, wie ich dies hätte tun können. So aber fiel ich quasi von jetzt auf gleich in ein tiefes Loch, ausgerechnet zu einem Zeitpunkt, als ich glaubte, alle Probleme endlich aus der Welt geschafft zu haben. Und: Ich war schwanger.

Vielleicht hätte ich mir die Idee mit dem zweiten Kind noch einmal überlegt, wenn ich gewusst hätte, dass Karsten kurz davor stand, seinen Job zu verlieren. Vielleicht.

Egal. Jetzt war es zu spät. Eine Abtreibung kam nicht in den Sinn, für uns beide nicht. Und irgendwie gaben wir die Hoffnung nicht auf. Egal was andere berichteten, was in den Nachrichten zu hören war, an uns würde der Kelch vorübergehen. Davon waren wir überzeugt. Und Karsten beruhigte mich in dieser Hinsicht. Schließlich war er ein fähiger Mitarbeiter, technisch versiert, eine wichtige Stütze der Firma, die zwar Kunden verloren hatte, aber trotzdem noch Aufträge besaß und diese – so wie es ausschaute – auch nicht verlieren würde. Anders als so manche Kollegen war er niemals mit einem Murren zu Kunden rausgefahren, egal ob in München, Dortmund oder Hamburg. Und niemals hatte er geklagt, wenn es Überstunden zu leisten galt. Weil ihm der Beruf Spaß machte. Solche Leute findet man doch heute nur noch selten.

Natürlich kam alles ganz anders. Tatsächlich musste der Chef Mitarbeiter entlassen. Die Wahl fiel ihm nicht leicht. Aber niemand hat das erwartet, nicht bei fünf Mitarbeitern, von denen alle Familienväter waren, drei davon schon lange zur Firma gehörten, zwei dagegen erst vor Kurzem eingestellt worden waren, darunter Karsten. Er und sein Kollege erhielten die Kündigung. Da war ich im siebten Monat schwanger.

Karsten versuchte auf der Stelle, eine neue Anstellung zu finden. Aussichtslos. Sowohl in Berlin als auch in der nahen Umgebung. Überall wurden Stellen gekürzt. Und dort, wo sie Leute suchten, griffen sie auf Leute mit abgeschlossenem Studium zurück, Programmierer, Informatiker, Techniker.

Es waren in anderen Teilen Deutschlands Stellen ausgeschrieben. Auch ein Kunde in München, den Karsten für die Firma betreut hatte, bot ihm eine Stelle in Bayern an. Wir überlegten sehr lange. Sollte Karsten alleine runterziehen und wir eine Wochenendehe führen? Sollten wir sogar mit der ganzen Familie nach München ziehen? Wir entschieden uns dagegen. Karstens Platz war bei uns, und unser Platz war in Berlin. Hier hatten wir viel Geld und Kraft in unser Haus investiert, in dem wir uns wohl fühlten. Hier waren wir in unmittelbarer Nähe zu unseren Familienangehörigen in Mecklenburg.

Seitdem ist einige Zeit verstrichen. Eine Arbeit hat Karsten immer noch nicht. Ein halbes Jahr nach der Geburt unseres zweiten Kindes, unserem Sohn Jonas, versuchte ich, in meinem alten Beruf eine Anstellung zu finden. Doch was kann ich großartig erwarten, wenn die Versicherungsanstalten ebenfalls Stellen abbauen. Was ja eigentlich absurd ist. Die Versicherungen fahren Gewinne in Milliardenhöhe ein, aber Mitarbeiter müssen trotzdem gehen.

Jetzt bekommt Karsten Hartz IV. Inzwischen reicht das Geld hinten und vorne nicht mehr. Noch immer zahlen wir den Kredit für das Haus ab. Den Urlaub dieses Jahr haben wir gestrichen. Überhaupt verbringen wir viel mehr Zeit zu Hause. Für mich an sich keine ungewohnte Situation. Durch die Kinder war ich zwangsläufig ans Haus gebunden. Aber jetzt ist auch Karsten rund um die Uhr daheim. Das macht ihn unzufrieden. Er würde gerne arbeiten. Geld verdienen. Letztlich ist es auch so: Man ... der Mann ... definiert sich heutzutage durch seine Arbeit.

Karsten wird zwar im Freundeskreis nicht dumm angemacht – es sind unsere Freunde, die verstehen das –, trotzdem fühlt er sich irgendwie ... ausgeschlossen. Ich kann das sehr gut nachempfinden. Ich fühle genauso. Denn wir stecken nicht mehr im Leben drin, also jenem Leben, das die anderen haben, die über ein geregeltes Einkommen verfügen.

Unsere Freunde sagen zwar: »Lasst den Kopf nicht hängen, das wird schon wieder.«

Ich weiß, dass das nicht einfach so dahergesagt ist. Sie meinen das aufrichtig. Genauso wie: »Wenn ihr Hilfe braucht oder Geld, dann sagt Bescheid.«

Natürlich würden sie uns ohne zu zögern helfen, wenn wir sie darum bitten würden, in welcher Form auch immer. Wenn wir Geld bräuchten, würden sie es uns leihen. Aber wir zögern, sie darum zu bitten. Das hatten wir bisher noch nicht nötig. Und irgendwie wollen wir es auch nicht wahrhaben, dass wir es jetzt nötig haben. Wir waren immer selbstständig. Konnten unser Leben nach eigenen Wünschen gestalten. Jetzt können wir es nicht mehr.

Es ist schon schlimm genug, dass wir unsere Eltern damit belasten müssen. Ich könnte nicht auch noch meine Freunde damit behelligen. Das könnte ich einfach nicht. Nicht, weil es heißt: »Bei Geld hört die Freundschaft auf.« Oder vielleicht doch? Ich möchte mir darüber keine Gedanken machen. Ich schiebe die Gedanken von mir weg.

Genauso wie die kleinen Notlügen, zu denen ich immer wieder greife. Zum Beispiel wenn meine Freundin mich anruft und fragt, ob ich Lust hätte, mit ihr einen Kaffee trinken zu gehen. Früher machte ich das gerne. Zusammen mit den Kindern eine Runde auf dem Spielplatz, danach ins Café. Heute spare ich mir die Euro lieber auf und sage: »Heute nicht, ich hab noch zu tun.« Oder: »Jonas geht es nicht so gut.« Oder irgendeine andere Ausrede.

Später tut mir das dann leid, dass ich nicht ehrlich bin und einfach sage: »Tut mir leid, ich möchte das Geld dafür nicht ausgeben.«

Weil ich weiß, dass meine Freundin mir dann sagen würde: »Ist doch egal. Ich bezahl dir den Kaffee und das Stück Kuchen.«

Das würde mich freuen. Aber ich würde im Café sitzen und ein schlechtes Gewissen haben, während ich den Kaffee trinke und den Kuchen esse. Denn ich würde daran denken, was das kostet und dass Karsten und ich im nächsten Monat wieder nicht die Rate zurückzahlen können. Das ist uns zwei Mal passiert, seitdem verzichte ich auf den Kaffee im Café.

Dann sitze ich zu Hause. Und es schlägt mir ebenso aufs Gemüt. Das merke ich. Ich liebe meinen Mann. Aber wir hängen jeden Tag aufeinander. Und jetzt überlegen wir sogar, ob wir auch den Sport an den Nagel hängen. Ausgerechnet den Sport. Ich gebe zu, dass mir das sehr schwerfällt. Wir kommen, weil wir das Geld dazu nicht mehr haben, eh schon viel zu selten unter Menschen.

Karsten sagt zwar: »Anna, geh ruhig. Ich bleibe zu Hause.«

Einerseits möchte ich ja. Einfach weil wir jeden Tag zusammen sind und ein bisschen Abstand uns guttäte. Nicht nur uns beiden. Auch den Kindern. Es bringt nichts, wenn wir nur zu Hause herumsitzen und in Selbstmitleid versinken. Ich möchte nicht, dass die Kinder drunter leiden. Die beiden können am allerwenigsten dafür.

Aber im gleichen Atemzug möchte ich nicht alleine zum Sport gehen. Ich möchte nicht, dass er sich in Verzicht übt, damit ich mein Vergnügen habe. Dann hätte ich ein schlechtes Gewissen und könnte mich gar nicht vergnügen. Also bleibe ich zu Hause. Was wiederum meinem Mann ein schlechtes Gewissen bereitet. Ganz klar, diese Situation drückt die Stimmung. Nicht spürbar. Aber unterschwellig herrscht eine Unzufriedenheit, die uns beide belastet. Das ist nicht gut.

Und in ein paar Jahren reichen Sie die Rente ein.

Dorothee, 54, Drogistin
Sie lebte in der Nähe von Bingen. Heute lebt sie an der Nordsee.

Ich arbeitete über 40 Jahre in meinem Beruf als Drogistin. Die letzten Jahre arbeitete ich allerdings nicht mehr in einer Drogerie, die gibt es kaum noch. Die Drogerien haben sich in den 70er und 80er Jahren beinahe alle auf Parfümerien umgestellt. Deshalb arbeitete ich zuletzt in Parfümerien. In meiner letzten Stelle, in einer kleinen Parfümerie auf dem Lande, in Rheinland-Pfalz, arbeitete ich 22 Jahre lange, hatte zum Teil sogar eine leitende Funktion. Ich dachte eigentlich, dass ich dort alt werden würde, sozusagen in aller Ruhe bis zur Rente.

Das war ein angenehmes Gefühl, denn es war noch gar nicht so lange her, dass ich zur Ruhe gekommen war. Ich war verheiratet gewesen. In den letzten Jahren unserer Ehe hatte mein Mann so gut wie alle finanziellen Reserven, über die wir verfügten, aufgebraucht. Davon hatte ich nichts mitbekommen, er hatte es geschickt eingefädelt. Er war Alkoholiker und tablettensüchtig. Ich ließ mich scheiden. Wir mussten unser Haus verkaufen. Ich saß auf 20.000 Mark Schulden.

Es hat eine Weile gedauert, bis ich diese Summe abgetragen hatte. Ich habe sie mir quasi vom Munde abgespart. Zum Glück hat sich die Bank zum Schluss auf einen Vergleich eingelassen und sich mit ein paar Mark weniger zufriedengegeben. Endlich war ich meine Schulden los. Und meine Sorgen.

Mein Leben lief wieder in geordneten Bahnen. Ich hatte gute Freunde gewonnen, nette Nachbarn kennengelernt. Eine Arbeit, die mir Freude bereitete.

Zu meinen Aufgaben in der Parfümerie gehörte es auch, jeden Abend die Kasse zu machen. Deshalb bekam ich mit, was am Ende eines Tages übrig blieb. Und das war die letzten Jahre nicht mehr viel. Die Umsätze waren nicht berauschend, sie wurden immer geringer. Ich konnte mir also an allen zehn Fingern ausrechnen, was unserem Laden drohte. Ja, ich ahnte es. Aber ich gebe zu, ich verdrängte es. Ich machte mir immer wieder Hoffnung. Das wird wieder, sagte ich mir. Es kommen wieder bessere Zeiten.

Aber leider lief das Geschäft so schlecht, dass meine Chefin eines Tages, im Januar 2004, meinte: »Wir machen den Laden dicht. Das bringt es nicht mehr.«

Im August war Schluss. Auch wenn es mir schwerfällt, diese Entscheidung kann ich ihr nicht verübeln. Man muss es ganz realistisch sehen: Ein Geschäftsinhaber will verdienen. Er betreibt seinen Laden nicht aus karitativen Gründen, nur weil er ein paar Angestellte beschäftigen möchte.

Nach meiner Entlassung bemühte ich mich sehr intensiv um eine neue Stelle in der Branche. Meine Zeugnisse waren hervorragend und in den 80er Jahren hätte ich damit kein Problem gehabt, eine neue Stelle zu finden. Wahrscheinlich hätten sie mir die Stellen sogar nachgeworfen, ohne Scherz.

Doch jetzt gab es in keiner Parfümerie im Umkreis Bedarf an einer neuen Arbeitskraft. Alle Geschäfte, die Parfüms führten, verzeichneten Umsatzeinbußen, einfach weil die wirtschaftliche Lage so schlecht ist und die Leute sparen, vor allem an Dingen, die sie nicht lebensnotwendig brauchen. Was bei Produkten aus der Parfümerie ganz klar der Fall ist. Parfüm ist eigentlich nur ein reiner Luxusartikel.

Es ist nicht so, dass die Leute von teuren Düften aus der Parfümerie auf billige Parfüms aus dem Schlecker ausweichen. Wer einmal einen teuren Duft benutzt hat, wird keinen billigeren benutzen wollen. Man merkt doch sofort den Unterschied. Nein, ich bin davon überzeugt, dann verzichten die Leute lieber ganz darauf ... Die meisten Leute haben ja eh mehrere Parfüms im Schrank stehen. Wenn früher eines davon aufgebraucht war, gingen sie einfach in die nächstbeste Parfümerie und kauften sich das Parfüm neu. Heutzutage üben sie sich in Verzicht und kaufen es sich nicht neu. Sie haben ja noch genug andere Düfte im Schrank.

Alles in allem verschickte ich fast zwanzig Bewerbungen. Mehr Parfümerien gab es nicht in meiner Umgebung, die meine Qualifizierung hätten gebrauchen können. Später bewarb ich mich sogar in Drogeriemärkten, in denen die Angestellten keine Beratung mehr bieten, also das anspruchsvollere Verkaufen, was ja eigentlich mein gelernter Beruf ist. In diesen Drogeriemärkten sind die Angestellten eigentlich nur noch anwesend, um die Regale aufzufüllen. Dafür wäre ich mir auch nicht zu schade gewesen.

Aber es gab nur Absagen. Ich bekam meine Bewerbungsmappen von nahezu allen Firmen ohne Kommentar zurück. Nur bei Douglas behielten sie meine Mappe zurück, was wohl nur daran liegt, dass sich in meinen Unterlagen auch Zeugnisse zweier Douglas-Filialen in Düsseldorf und Duisburg befanden, in denen ich Anfang der 80er Jahre mal gearbeitet hatte Doch eine Antwort, eine Einladung zum Vorstellungsgespräch oder etwas anderes habe ich von Douglas bis heute nicht erhalten.

Deshalb ging ich eines Tages auch in die Douglas-Parfümerie und sprach direkt vor. Dort waren sie nett, erklärten aber ohne Zögern: »Wir brauchen im Augenblick niemanden.«

Vielleicht brauchten sie *mich* auch einfach nicht. Denn sicherlich habe ich als erfahrene Fachkraft Anspruch auf ein gewisses Gehalt. Da mache ich mir nichts vor: Dann stellen die Parfümerien doch lieber junge Mädchen ein, gerade ausgelernt, ohne Berufserfahrung, die sie nicht teuer bezahlen müssen – oder direkt 400-Euro-Kräfte. Mit diesen Teilzeitjobs sparen sie sich die nicht unerheblichen Lohnnebenkosten.

Mein Ziel dagegen war eine Ganztagsanstellung. Die Hoffnung, eine zu finden, schwand. Kein angenehmes Gefühl. Ein seltsames Gefühl. Ein Stück weit orientierungslos, auch ziellos. Denn wie ich schon sagte: Ich war davon ausgegangen, dass ich in der Parfümerie auf dem Dorf alt werden würde. Dass ich mal auf der Straße stehen würde, ohne etwas in der Hand, ohne eine Perspektive, damit hatte ich niemals gerechnet. Hätte mir das jemand gesagt, ich hätte ihn wahrscheinlich ausgelacht. Und geantwortet: »Das passiert den anderen. Aber nicht mir. Nicht hier auf dem Dorf.« Hier tickte die Uhr doch noch ganz anders. Oder nicht?

In dieser Zeit kriegte ich das Angebot meiner Cousine, die auf einer Ostseeinsel lebte: »Wenn du keine Stelle mehr kriegst und keine Perspektive hast, dann komm doch mir und meinem Mann auf die Insel gezogen.«

Der Vorschlag war nicht uneigennützig, denn die beiden spielten mit dem Gedanken an einen *ebay*-Shop. Jetzt sollte ich für die beiden diesen Laden eröffnen – und mich dafür im Rahmen einer Ich-AG selbstständig machen. »Das wird toll«, sagten sie mir. »Du wirst super verdienen.«

Das machte mir Hoffnung, sehr viel sogar. Dass ich schon als Kind auf der Insel gelebt hatte, ließ den Umzug quasi wie eine Rückkehr zu den Wurzeln erscheinen. Da konnte doch nichts schiefgehen. Insofern ging ich auch mit ziemlich entspannten Gefühlen zum Arbeitsamt, trug mein Anliegen vor und beantragte die Ich-AG. Sie wurde mir bewilligt. 600 Euro im ersten Jahr, 340 Euro im zweiten Jahr.

Ende 2004 zog ich auf die Insel um, eröffnete ein Kontokorrent-Konto, das ich mit 8.000 Euro belasten durfte – als Startkapital für den Shop. Das Konto lief auf meinen Namen, der Mann meiner Cousine bürgte jedoch für das Konto. Er versprach mir: »Wenn der Laden nicht läuft, kommst du ohne Schulden aus der Sache raus.«

Die Ladenräume sollten im Erdgeschoss des Hauses meiner Cousine beheimatet sein. Meine Cousine meinte: »Das ist kein Problem, solange der Laden nicht gut läuft, brauchst du keine Miete bezahlen.«

Das alles war außerordentlich nett von den beiden. Also richtete ich von den 8.000 Euro den Laden ein. Ich kaufte einen Computer, einen Bildschirm, ein Faxgerät, einen Drucker, alles was nötig war für den An- und Verkauf von Artikeln. Die ersten Produkte stellte meine Cousine zur Verfügung: Porzellan, Gläser, Schmuck. Durchaus kein billiger Trödel, schon ansehnliche Dinge.

Außerdem kaufte ich zwei weitere PCs und Monitore, die in dem Laden aufgestellt wurden, so dass er auch als Internetcafé genutzt werden konnte. Anfang 2005 feierte ich Eröffnung.

Alles in allem kosteten mich die Vorbereitungen 5.000 Euro, mit denen mein Konto jetzt belastet war. Aber darüber machte ich mir keine Gedanken, alles schickte sich doch gut an.

Auch dass ich einen netten Mann kennenlernte, der als Partner mit in den Laden einstieg. Dementsprechend wollte er die Hälfte vom Gewinn. Wenn man allerdings nur wenig umsetzt, bleibt nur wenig Gewinn. Von meinem Partner fehlte schon bald jede Spur, zumindest wenn es darum ging, Arbeit zu leisten. Er sagte, er habe keinen Bock, in dem Laden herumzuhängen. Trotzdem kam er jeden Monat, um seinen Anteil vom Gewinn einzustreichen.

Drei Monate nach Eröffnung des Ladens rief meine Cousine an und meinte: »Du hast ja noch gar keine Miete bezahlt.«

Ich sagte: »Aber ihr hattet doch gesagt, ich bräuchte keine Miete zahlen, solange der Laden nicht läuft.«

»Neeee, das haben wir nie gesagt.«

Weil wir nichts schriftlich vereinbart hatten, musste ich nun auch noch die Miete nachzahlen – noch mal 1.200 Euro, die auf einen Schlag verschwunden waren. Und als wäre das nicht schlimm genug, kamen zusätzlich die Stadtwerke, die Müllabfuhr, alle wollten Geld … Geld, das ich mit dem Laden nicht verdiente. Und die paar Euro, die ich tatsächlich einnahm, zahlte ich jeden Monat sofort aufs Konto ein, damit der Dispo unter 8.000 Euro blieb.

Zum Leben blieb mir das Geld der Ich-AG. 600 Euro. Davon ließ sich nicht leben. Deshalb gab ich nach acht Monaten auf. Am 30. September 2005 machte ich den Laden dicht. Und ich war froh, dass ich ihn los war. Leider nicht den Dispo, den ich noch heute Monat um Monat auszugleichen versuche. Was bei dem Geld, das ich als Arbeitslose bekomme, alles andere als einfach ist – jeden Monat fallen allein 80 Euro Bearbeitungsgebühr und Zinsen für das Minus an …

Trotz mehrmaliger Vorsprache bei dem Mann meiner Cousine, der mir doch versprochen hatte, dass ich ohne Schulden aus der Angelegenheit rauskomme, tat er nichts, um mir zu helfen, so dass ich immer noch für das Konto verantwortlich bin. Der jetzige Pächter meines ehemaligen Ladens hat mit dem Mann meiner Cousine vereinbart, die Summe für die Einrichtungsgegenstände monatlich abzutragen. Da der Laden bei ihm aber auch nicht läuft – es ist jetzt ein Tattoo- und Piercingstudio –, ist er häufig säumig und ich muss ständig mahnen, weil *ich* die Drohbriefe der Sparkasse erhalte. Das Konto ist in den 15 Monaten seit meiner Geschäftsaufgabe noch keinen Cent getilgt. Das macht mich ganz fertig. Wieder Schulden!

Als ich dem Mann meiner Cousine meine Sorgen darlegte, zuckte er nur mit den Schultern und sagte: »Na und? Ich bürge doch, dir kann nichts passieren.«

Damit ist für ihn der Fall erledigt. Und ich sitze auf den Schulden, die ich nicht tilgen kann. Wovon auch?

Ich habe Anspruch auf etwa 800 Euro Sozialhilfe. Ausgezahlt bekomme ich etwa 400 Euro. Denn die restlichen 400 Euro verdiene ich durch einen Nebenjob in einem Geschäft, das dänische Kunsterzeugnisse verkauft. Diese Arbeit macht mir sehr viel Spaß und ich hoffe, dass ich dort irgendwann mal mehr arbeiten kann als nur für 400 Euro. Ansonsten ist es nämlich schwer, einen Job auf der Insel zu bekommen. Als ich meinen Laden dichtmachte, saß ich Tage später in der Behörde und sagte: »Ich mache alles: Putzen. Verkaufen. Hauptsache, Arbeit!«

Die Dame auf dem Amt guckte mich an und sagte: »Wir haben nichts.«

Dann bekam ich eine Einladung von einem Personalmanager zu einem Vorstellungsgespräch zur Weitervermittlung. Er empfing mich mit den Worten: »Hallo, liebe Frau, wie ich Ihren Unterlagen entnehme, sind Sie ja leicht vermittelbar.«

Ich meinte: »Sie sind der Erste, der das sagt. Das erstaunt mich aber sehr.«

Er antwortete: »Sie haben doch jetzt einen 400 Euro Job. Also haben Sie auch sehr viel Freizeit. Da müssten wir doch noch was für Sie finden, damit Sie nicht vom Arbeitslosengeld abhängig sind.«

»Gerne«, erwiderte ich hoffnungsfroh. »Ich bin auch bereit, alles zu machen.«

»Was haben Sie sich denn vorgestellt?«

»Einzelhandel. Aber ich gehe auch putzen. Ich pflege ältere Leute.«

»Ach, Einzelhandel? Was Bestimmtes?«

»Das ist mir egal.«

»Da habe ich was für Sie. Im Einkaufszentrum ... hinter der Fleischtheke.«

Ich guckte ihn mit großen Augen an. »Wie bitte? Hören Sie mal ... für diese Arbeit müssen andere Leute drei Jahre lernen. Davon muss man was verstehen. Ich habe zufällig eine Pflegetochter gehabt, die drei Jahre lang Fleischereifachverkäuferin lernte. Sie kam jeden Tag mit eiskalten Füßen und Händen von der Arbeit, sie musste schwer schleppen, sie hatte Rückenschmerzen – mit 18 Jahren! Sie musste morgens um 4 anfangen, auch vor Weihnachten, Ostern und anderen Feiertagen, musste Überstunden machen, wenn Festplatten für Kunden angerichtet werden sollten. Hören Sie, ich bin 54, ich bin körperlich nicht mehr so fit, dass ich das kann. Ich will mich ganz gewiss nicht vor Arbeit drücken, aber das ist doch wohl ein bisschen viel verlangt von einer 54-Jährigen.«

Er überlegte. »Wissen Sie was? Sie haben recht, das kann ich Ihnen gar nicht zumuten.« Er schaute in seine Unterlagen. »Aber sonst habe ich nichts für Sie.« Er wartete noch einmal kurz. »Wissen Sie was? Wir lassen es jetzt einfach so weiterlaufen, wie es ist ... und in ein paar Jahren reichen Sie die Rente ein. Was sagen Sie dazu?«

Was sollte ich dazu noch sagen?

Mit meinen 800 Euro komme ich gerade so über die Runden. Alleine die Miete für meine Wohnung beträgt 300 Euro, plus 120 Euro Nebenkosten. 300 Euro für 60 Quadratmeter sind eigentlich nicht viel, sie sind sogar sehr günstig – für Ostseeverhältnisse. Den günstigen Preis verdanke ich meiner Cousine und ihrem Mann, denen das Haus gehört. Wenn die beiden das Haus aber mal verkaufen sollten, worüber sie in letzter Zeit immer häufiger sprechen, dann muss ich mir was Neues suchen – und so günstig kriege ich hier auf der Insel ganz sicher nichts mehr. Schon jetzt kann ich mir kaum Extras leisten. Zum Beispiel: Ich vermeide jeden Gang zum Arzt, der nicht unbedingt sein muss. Vorsorgeuntersuchungen kommen für mich nicht in Frage. Kürzlich stellte sich heraus, ich brauche dringend Zahnersatz. Ich habe einen maroden Schneidezahn ... wenn es ein Backenzahn wäre, würde ich ihn herausreißen lassen und fertig wäre der Fall. Aber weil es ein Schneidezahn ist, den ich mir nicht einfach ziehen lassen kann – das Loch würde doch jedem auffallen –, schiebe ich den Zahnarztbesuch schon seit anderthalb Jahren vor mir her. Obst kann ich inzwischen kaum noch essen, aus Angst, der Zahn würde drin stecken bleiben. Brötchen? Besser nicht.

Im Augenblick habe ich mir ein kleines Sparschwein ins Zimmer gestellt, in das ich ab und einige Euros schmeiße. Euros, die ich durch kleine Nebenjobs verdiene – davon braucht das Arbeitsamt ja nichts erfahren.

Ich kenne inzwischen viele Leute auf der Insel, und ich sage jedem, mit dem ich ein längeres Gespräch führe: »Ich suche einen Job. Ich muss Geld verdienen.«

Manchmal ergibt sich daraus was. Zum Beispiel machte ich mal 14 Tage Telefondienst bei einer Versicherungsagentur. Gegenüber bei unserem Schreiner, der auch kunstgewerblich arbeitet, half ich mal ein Wochenende aus. Am Strand putzte ich Ferienhäuser. Und dann wusch ich im örtlichen Friseursalon Haare. Der Salon gehört übrigens meiner Cousine. Für fünf Euro die Stunde durfte ich zwei Tage lang bei ihr Haare waschen, dann hieß es: »Es ist nichts mehr zu tun für dich.« Geld habe ich bis heute nicht gesehen.

Das sind natürlich alles nur Aushilfsjobs, viele davon nur einmalige Aktionen. Auf Dauer kann ich davon auch nicht leben. Aber zumindest kann ich mir was ansparen für den Fall, dass ich tatsächlich irgendwann einmal einen gescheiten Zahnersatz brauche. Ich will keinen billigen Zahnersatz haben, denn vor allem Zähne sind ja das, wohin die Leute gucken, wenn sie sich mit mir unterhalten.

Mit meiner alten Brille kann ich nicht mehr richtig lesen. Meine Augen werden immer schwächer, ich bin ja auch nicht mehr die Jüngste. Eigentlich brauche ich eine neue Brille. Diese verkneife ich mir auch schon seit geraumer Zeit. Stattdessen habe ich mir eine günstige Lesehilfe bei *Aldi* gekauft.

Was soll ich tun? Auf eine Bluse oder eine Hose kann ich ja verzichten. Wenn ich ein Paar neue Schuhe brauche, dann überlege ich mir dies reiflich und drei Monate. Danach gucke ich mir meine alten Schuhe noch mal an und sage mir: »Na komm, die kann ich doch noch tragen.«

Ich kann nicht einfach in die Stadt gehen und einkaufen, oder sogar einen ausgedehnten Bummel mit Lusteinkäufen, wie es andere machen, die sich dann für 200 oder 300 Euro mit Kleidung eindecken. Das ist für mich nicht drin. Das nervt, wenn ich ständig jeden Cent umdrehen muss. Manchmal würde ich am liebsten mal losgehen, das Portemonnaie voller Geld, und einfach nur einkaufen, worauf ich gerade Lust habe, egal ob Kleidung oder Nahrungsmittel … Essen gehen? Das kann ich mir nicht erlauben. Das mache ich nur, wenn mich jemand einlädt.

Ich versuche, mich an Spaziergängen auf dem Deich zu erfreuen. Die kosten nichts … Überhaupt lernt man in einer Situation wie der meinigen, sich an den Kleinigkeiten des Lebens zu erfreuen. Ich hatte viele Jahre einen Hund, und der Hund war meine ganze Freude. Ein Spaziergang im Wald war für mich wie ein Wochenendurlaub. Letztes Jahr ist der Hund gestorben. Er war alt. Ich vermisse ihn. Jeden Monat ein bisschen mehr.

Der einzige Luxus, den ich mir heute noch erlaube, sind meine zwei Katzen – und das Heimweh, das mich erfüllt.

Heute bereue ich die Entscheidung, auf die Insel gezogen zu sein. Es gab mal eine Zeit, da dachte ich, ich wäre ein Inselkind. Doch seit ich hier bin, weiß ich, ich bin es nicht. Mein Herz hängt an dem kleinen Dorf in der Pfalz. Ich hatte niemals Heimweh, selbst als kleines Kind hielt ich mich immer gut, wenn ich nicht zu Hause war. Mir war es egal, Hauptsache, ich war unterwegs. Doch wenn ich das gewusst hätte, was ich hier durchmachen muss, nein, ich hätte den Umzug nicht gemacht. Ich vermisse meine Freunde. Ich vermisse die Nachbarn. Hier auf der Insel fällt es mir so schwer, neue Freunde zu finden. Und meine Verwandtschaft? Na ja, die haben ja bewiesen, dass auf sie nicht wirklich Verlass ist. Wenn ich gewusst hätte, was das für Kanonen sind ... nein, ich wäre niemals auf die Insel gekommen.

Ich muss es ganz offen sagen: Die Jahre in der Pfalz waren die schönsten meines Lebens, so schön waren noch nicht einmal die ersten Jahre mit meinem Ehemann.

Aber in Pfalz zurückziehen? Das kann ich nicht. Dazu fehlt mir das Geld. Also bleibe ich hier auf der Insel und habe keine andere Wahl: Ich muss mich durchbeißen. Und irgendwie gebe ich die Hoffnung nicht auf. Ich denke mir: irgendwann ... Das ist zwar sehr schwierig und manchmal auch sehr nervend. Aber ich muss positiv denken. Ich muss es einfach.

Ich möchte mich nicht an dem Laden zerreiben.

Karin, 59, war Parfümerie-Besitzerin
Sie lebt bei Bingen. Sie besaß zwei Parfümerien.

Mit der Emanzipation hatte ich nichts am Hut; hatte keinerlei Bestreben, unbedingt auf eigenen Beinen stehen zu müssen. Mein Mann war berufstätig, hatte sein gutes Einkommen und sorgte für mich und unsere beiden Kinder, zwei Töchter – es gab also auch keinen Grund, noch mehr Geld verdienen zu müssen. Als allerdings die Kinder ins Grundschulalter kamen, verspürte ich den Wunsch, in meinen alten Beruf zurückzukehren. Ich bin gelernte Drogistin.

Der Zufall wollte es, dass meine einstige Chefin, in deren Drogerie ich gelernt hatte, eine Nachfolgerin für ihr Geschäft suchte. Der Gedanke, meine eigene Chefin zu sein, war verlockend. Trotzdem war es keine Entscheidung von heute auf morgen. Mein Mann und ich beratschlagten viele Wochen, kalkulierten viele Male, wurden bei der Bank vorstellig. Immer mehr Einzelheiten zeichneten sich ab. Ich glaube, was mich schließlich davon überzeugte, den Schritt in die Selbstständigkeit, mehr aber noch das finanzielle Risiko der Übernahme zu wagen, war das Wissen, dass ich nicht bei null beginnen musste: Der Laden verfügte bereits über eine treue Stammkundschaft, die sogar mich zum Großteil noch kannte.

Es gab keinerlei Komplikationen. Auch nicht in den 80er Jahren, als die Drogerieketten den Markt überschwemmten und ich vor der Wahl stand: Ordne ich mich den Discountern unter oder spezialisiere ich mich. Ich entschied mich in ganzer Konsequenz für Letzteres und aus meinem Laden wurde eine Parfümerie.

Ich würde behaupten, meine Entscheidung war goldrichtig. Damals zumindest. Weil es so gut lief, eröffnete ich schon bald in einer Nachbargemeinde eine Filiale. Ich fand auch eine zuverlässige Mitarbeiterin, der ich die Leitung in der Filiale übertragen konnte.

Nach einigen Jahren war der Kredit bei der Bank abgetragen; von da an gelang es mir und meinen Mann, einiges auf die hohe Kante zu legen. Was ein angenehmes Gefühl ist, wenn man weiß, dass man sich im Alter keine allzu großen Sorgen mehr machen muss. Auch für die Zukunft unserer beiden Töchter war im Prinzip gesorgt, hofften wir doch, dass sie die Parfümerien irgendwann mal übernehmen würden. Leider zeigten sie daran keinerlei Interesse. Eine der beiden machte eine Ausbildung zur Floristin, die andere wollte erst einmal studieren.

Es gab viele Unternehmer, die sich durch die Wende, Anfang der 90er, Aufträge in den neuen Bundesländern versprachen. Aber mich als Drogistin, die zwei kleine Parfümerien auf dem Lande unterhielt, berührten die Ereignisse in den Ländern der ehemaligen DDR nicht.

Erst Mitte der 90er, als drüben das erhoffte Wirtschaftswunder ausblieb, bekamen auch wir im Westen es zu spüren. Denn damals schwappte diese Negativstimmung, und als was anderes würde ich es nicht bezeichnen, zu uns herüber. Es war eine Stimmung, die die Leute verunsicherte, aber noch nicht wirklich Auswirkungen auf ihr Leben hatte. Eigentlich dachte jeder, dass die Arbeitslosigkeit ein Problem im Osten Deutschlands sei, aber hier im Westen alles weiterlaufen würde wie bisher.

Doch dann gab es immer mehr Schreckensmeldungen. Firmenpleiten hier, Entlassungen dort. Gewinnmaximierung. Kostenreduzierung. Es verging ja keine Woche, in der man nicht mit diesen Nachrichten konfrontiert wurde. Und die Arbeitslosenzahlen stiegen. Da merkten die Leute, dass es im Prinzip jeden treffen kann, wenn nicht heute, dann vielleicht morgen.

Eine Parfümerie auf dem Land bekommt dies zuallererst zu spüren. Auf dem Land, da hat man es nicht wie die Parfümerie in der Einkaufszone einer Großstadt mit Laufkundschaft zu tun. Also mit

Kunden, die bummeln oder shoppen gehen, ein bisschen in den Auslagen stöbern und sich kurzerhand entscheiden, eben weil sie bummeln und shoppen *wollen.*

Wir auf dem Dorf leben ganz klar von der Stammkundschaft. Die Leute kommen, wenn sie was brauchen. Wenn sie nichts brauchen oder glauben, dass sie es sich nicht leisten können, dass es vielleicht sogar besser ist, dass sie sich das Geld sparen, weil sie nicht wissen, was nächsten Monat sein wird, dann bleiben sie daheim. Zwei oder drei Kunden, die täglich wegbleiben, fallen nicht so sehr ins Gewicht. Sind es aber schon zehn oder zwölf Kunden, die am Tag nicht einkaufen kommen, dann wird es für mich als Einzelhändlerin eng.

Natürlich kaufen auch die Leute auf dem Dorf weiterhin Parfüm. Aber sie kaufen nicht mehr zwei Düfte im Monat, sondern zwei im Vierteljahr – und das ist dann schon viel.

Da mache ich mir nichts vor: Solange es den Leuten gut geht, kaufen sie gerne Luxuswaren ein, und dazu gehört ein teures Parfüm nun mal. Geht es ihnen schlecht, oder man redet ihnen ein, es würde ihnen schlecht gehen, womöglich auch, dass es ihnen in Zukunft noch schlechter gehen wird – die Mehrwertsteuererhöhung hat da ihr Übriges getan –, dann üben die Menschen sich in Verzicht. Sie geben weniger für Parfüm aus oder verzichten ganz. Oder sie gehen in die Discounter, wo es viele Parfüms oder Aftershaves billiger gibt. Das sind dann nicht immer Markennamen, aber sie sind günstiger.

Dabei glaube ich manchmal, dass es den Leuten gar nicht so schlecht geht: Man muss nur gucken, wie sie für andere Dinge Geld ausgeben: Elektronik zum Beispiel. MP3-Player. DVD-Player. Spielekonsolen. Computer. Dazu Software. Spielfilme. Musik. Oder jüngst zu Silvester: Als ich um Mitternacht das Geballer auf der Straße verfolgte, hatte ich das Gefühl, dass noch nie – nicht einmal zur Jahrtausendwende – so viel für Raketen ausgegeben worden war wie in 2006.

Anfangs konnte ich die Einbußen, die wir in den zwei Läden erlitten, kompensieren. Als eine der Mitarbeiterinnen in den Ruhestand ging, stellte ich einfach keine Nachfolgerin ein. Statt zwei Mitarbeiterinnen arbeitete nur noch eine in der Filiale. Stattdessen half eine meiner Töchter aus. Sie ist gelernte Floristin, hatte aber ihren Job verloren, weil man Personal hatte einsparen müssen.

Als die Einnahmen auch bei mir nicht mehr reichten, um die Kosten zu bestreiten, ich zum ersten Mal ans Ersparte musste, zog ich die Notbremse.

Das ist mir keineswegs leicht gefallen, und ich habe sehr lange mit mir gerungen, auch sehr viele Gespräche mit meinem Mann, meinen Freunden, meinen Angestellten geführt. Aber es brachte alles nichts. Wir schlossen die Filiale. Es tat mir leid um die Angestellten, die seit mehr als zwanzig Jahren, quasi von Anfang an, in der Filiale gearbeitet hatten und von denen ich wusste, in ihrem Alter würden sie vermutlich keine Anstellung mehr finden.

Doch Mitleid ist in einem solchen Fall leider fehl am Platze. Das klingt hart, aber es geht halt nichts anders. Es geht ja auch um unseren eigenen Kopf – und unsere Zukunft. Was brachte es, den Betrieb aufrechtzuerhalten, wenn er nur noch Verluste einzufahren drohte?

Jetzt habe ich nur noch eine einzige Parfümerie. Die, mit der alles begann. Mit ihr wird jetzt alles enden. Wir werden Anfang 2008 schließen. Es lohnt sich einfach nicht mehr. Und ich möchte mich ganz gewiss nicht an dem Laden zerreiben, nur weil mein Herz daran hängt. Ich habe über 30 Jahre für das Geschäft gelebt, es hat mir und meinem Mann ein angenehmes Polster für das Alter verschafft. Diese Sicherheit werden wir nicht aufs Spiel setzen, zumal wir jetzt in einem Alter sind, in dem wir ans Aufhören denken können.

Keine Entschuldigung, kein Wort des Dankes nach all den Jahren.

Susannne, 45, kaufmännische Angestellte
Sie lebt in Göttingen und arbeitete 20 Jahre für ein Autogeschäft.

Früher interessierten mich die Meldungen in der Tageszeitung nicht. Heute bin ich selbst betroffen. Jüngst wurde mir die Kündigung nach 20-jähriger Betriebszugehörigkeit ausgehändigt.

Mein beruflicher Werdegang ist wenig spektakulär. Von 1979 bis 1981 absolvierte ich eine Ausbildung zur Bürokauffrau bei Helco. Nach meiner Lehrzeit wurde ich übernommen, arbeitete fortan in der Finanzbuchhaltung. Als der Inhaber die Lebensmittelkette verkaufte, ging die Nachricht von den vielen Menschen, die sich um ihre Arbeitsplätze sorgten, durch die Medien.

Ein Autohändler kontaktierte meinen einstigen Arbeitgeber und fragte, ob denn jemand aus der Finanzbuchhaltung Interesse an einem neuen Job hätte. Direkt nach Feierabend marschierte ich zum Autohändler, dessen Gelände nur wenige Meter von der Helco-Zentrale entfernt lag, und wir besiegelten mündlich und ohne großes Wenn und Aber das neue Arbeitsverhältnis.

Ich war erleichtert, freute mich auf die neue Herausforderung und war nicht traurig um meinen Job bei Helco. Nie sollte man viele Jahre in dem Unternehmen arbeiten, in dem man gelernt hat. Im April 1986 trat ich meinen neuen Job im Autohaus an.

Seinerzeit waren wir zu dritt in der Finanzbuchhaltung. Die Chefin des Hauses hatte als Frau des Unternehmers immer ein Auge auf die korrekte Abwicklung aller Buchungsvorgänge, sie kontrollierte und checkte, entschied und delegierte. Ein weiterer Kollege war mit den umfangreicheren buchhalterischen Aufgaben betreut. Für mich gehörten zu dieser Zeit einfachere Arbeiten zum täglichen Pensum. Ich erledigte die Ablage aller schriftlichen Unterlagen, betreute die Debitoren und Kreditoren, also alles, was mit Kunden und Lieferanten zu tun hatte. Ich buchte anhand der Bankauszüge jede Kontobewegung. Alles musste seine Richtigkeit haben, dafür wollte ich sorgen – und nicht zuletzt wäre ein Fehler vor den Augen der Chefin unverzeihlich gewesen.

Die Zeit des Mauerfalls bescherte unserem Unternehmer einen wahren Geldsegen. Die Ostdeutschen kauften uns den Gebrauchtwagen-Hof und die Ausstellungshalle mit den Neufahrzeugen leer. Farbe, Preis, Motorleistung, Baujahr: egal. Jeder wollte ein westdeutsches Auto fahren, koste es, was es wolle.

Wir kamen mit der Bearbeitung der Fahrzeugverkäufe kaum nach. Die Geldscheine stapelten sich im Tresor, die Auslieferungen der Autos wurden nahezu im Minutentakt vorgenommen. Gutgelaunte Autoverkäufer, die im Kopf ihre Provision ausrechneten und überarbeitete Kollegen, die vor Belastung nicht mehr ein, nicht mehr aus wussten. Doch wir zogen alle an einem Strang. Wir hielten den Ansturm aus, verkauften, was wir zu bieten hatten.

Im Laufe der Jahre kamen immer weitere Herausforderungen für mich dazu. Als der Buchhalter 1992 unser Unternehmen verließ und zu einer anderen Firma wechselte, war ich mit der Verantwortung allein.

Glücklicherweile stand mir eine ehemalige Auszubildende, die von 1989 bis 1991 bei unserem Autohändler den Beruf der Groß- und Außenhandelskauffrau erlernt hatte und sich damals verpflichten musste, ausschließlich für die Buchhaltung zur Verfügung zu stehen, zur Seite. Zu zweit meisterten wir alle Aufgaben, erledigten alle Buchungsvorgänge und waren das Herz der Firma – eben die Buchhaltung.

Wir kontierten, buchten, bearbeiteten Vorgänge, die wir noch nie zuvor erledigt hatten. Die Aufgaben, die jahrelang unser Buchhalter übernommen hatte, waren uns jetzt vorbehalten. Es war schwierig, oftmals auch zäh, häufig war die Chefin nicht im Haus, um uns wichtige Fragen zur Bearbeitung zu beantworten. Die Angst vor Fehlern war groß, wollten wir doch immer perfekt sein. Verlässlich und gewissenhaft alle Aufgaben erledigen – für viele mag dies eine Charakterstärke sein, ich nehme es mittlerweile als Schwäche wahr.

Die Gedanken an die Firma ließen einen nicht los, nicht nach Feierabend, nicht in den Nachtstunden. Wie oft verbrachten meine Kollegin und ich die Abende nach der Arbeit im italienischen Restaurant, beim Chinesen, bei McDonald's, immer im Gespräch um die Firma, um die Kollegen, um die korrekte Arbeitsweise.

Endlich war Unterstützung in Sicht. Durch die Neueinstellung eines Kollegen hofften wir auf Entlastung. Der Kollege, der auch die Lohn- und Gehaltszahlungen der rund 50 Mitarbeiter bearbeiten musste – früher wurde dies von einem Steuerbüro abgewickelt – konnte von uns außerdem für alle einfachen anfallenden Arbeiten eingesetzt werden. Jetzt durfte er Werkstatt- und Fahrzeug- und Lieferantenrechnungen abheften, sich mit den Macken der EDV-Anlage herumschlagen. Leider erwies sich der Kollege bereits nach wenigen Monaten als faul und wenig hilfreich. Es verging noch einige Zeit, bis er seine Kündigung erhielt. Wir waren wieder allein.

Jedes Ersatzteil, das in unserer Reparaturwerkstatt verbaut oder im Teilelager verkauft wurde, musste im System erfasst werden. Die Rechnungen des Herstellers mussten gebucht und bezahlt werden. Diese Arbeit erledigten wir. Jede eingehende Fahrzeugrechnung musste gebucht und bezahlt werden. Jeder Verkauf wurde bearbeitet. Wie wird das Auto bezahlt? Durch die Fahrzeugbank finanziert? Die Finanzierungen wurden von uns bearbeitet, kontrolliert, abgeheftet. Oder wird das Auto geleast? Hier muss anders vorgegangen werden. Oder zahlt der Kunde gar bar? Die eingehenden Zahlungen für Fahrzeuge, Ersatzteile und Werkstattleistungen, aber auch alle Auszahlungen – sei es, dass bei einem Händlerkollegen dringend benötigte Ersatzteile gekauft wurden – waren in einem Kassenbuch festgehalten. Dieses Kassenbuch musste gebucht werden – von uns.

Wir erledigten das Mahnwesen, führten Schriftverkehr mit den Versicherungen, um Unfallschäden abzuwickeln. Ich zahlte Beiträge an die Berufsgenossenschaft, machte die Schecks für das Finanzamt zur Zahlung von Umsatz- und Lohnsteuer fertig, kümmerte mich um den Monatsabschluss, in dem ich monatlich Vorleistungen und Rückstellungen buchte und bereitete den Jahresabschluss für den Steueberater vor. Und uns oblag die Zahlung der Löhne und Gehälter.

In all den Jahren erhielt ich selten ein Dankeschön. Von der Chefin wurden meine Kollegin und ich zum Essen eingeladen. Dazu gab es einen Blumenstrauß und einen Händedruck für all die Überstunden, die wir bis dato geleistet hatten.

Das durch den Zusammenschluss von Ost und West schnell verdiente Geld musste angelegt werden. Unser Chef entschied, das Autohaus zu vergrößern und kaufte im Jahre 1994 ein Gebäude nur eine Querstraße von der eigentlichen Firma entfernt. Schräg gegenüber befand sich auf einem kleineren Grundstück die Lackiererei des Unternehmens, die bereits einige Jahre zuvor erworben wurde. Drei Standorte konnte wir jetzt unser Eigen nennen.

Allerdings änderten sich die Zeiten. Die Herstellerwerke setzten uns zunehmend das Messer an die Brust. Auflagen mussten erfüllt werden, wollte der Unternehmer seinen Haupthändlerstatus behalten.

So musste unser Chef in die Einrichtung einer Direkt-Fahrzeug-Annahme mit modernster Hebebühnen-Technik investieren. Vorgabe der Fahrzeugmarke. Werkstatt, Ersatzteillager und wir aus der Verwaltung zogen um. Während fortan im einstigen Hauptgebäude nur noch Neu- und Gebrauchtwagen verkauft wurden, fand das »wahre« Leben nun im neuen Gebäude statt.

Es dauerte, ehe sich die Kunden an die neuen Gegebenheiten gewöhnt hatten. Immer wieder standen sie kopfschüttelnd vor den Verkäufern und verstanden nicht, weshalb Werkstatt und Lager umgezogen waren. Die Besonderheit, die ein inhabergeführtes Unternehmen ausmacht, ist die familiäre Atmosphäre, der persönliche Kontakt zu einer Vielzahl der Angestellen, die kurzen Wege zwischen den einzelnen Abteilungen, bei uns zwischen Werkstatt, Verkauf und Verwaltung.

Wusste der Fahrzeugverkäufer keine Antwort auf eine technisch orientierte Frage, stand ihm umgehend ein Kfz-Meister beratend zur Seite. Und auch die Frage nach Außenständen konnte dank unserer Hilfe schnell und umkompliziert durch einen kurzen Blick auf das Kundenkonto binnen weniger Minuten geklärt werden.

Durch den Umzug büßten wir viel an Atmosphäre ein. Die Räume des einstigen Ladenbaubetriebes waren groß, kahl und kalt. Jeder von uns musste jetzt lange Wege zurücklegen, wenn er einen Kollegen persönlich zur Klärung eines Sachverhaltes sprechen wollte. War dieser dann zufällig mit einem Kundenfahrzeug zu einer Probefahrt unterwegs, war aller Weg umsonst gewesen. Zehn Minuten warten und man ging erneut los. Zurückblickend kann ich sagen, dass das Dilemma Ende der 90er Jahre begann. Die Werkstatt war nicht mehr ausgelastet. Vielleicht liefen die Motoren besser, so dass die Kunden nicht mehr so häufig wie früher den Kundendienst in Anspruch nehmen mussten, vielleicht war es auch nur die Mentalität der Bürger, die sich zum allgemeinen Sparen verpflichtet fühlten. Vielleicht haben die Hersteller auch Fehler in der Modell-Entwicklung der neuen Autos gemacht. Unsere Marke war nicht mehr gefragt. Vielleicht, vielleicht. Fakt jedoch war, dass die Nachfrage nach Neu- und Gebrauchtwagen nachließ. Die Umsatzzahlen gingen drastisch zurück.

Bemühungen meines Chefs, zwei weitere Fahrzeugmarken aufzunehmen, scheiterten. Die eine Marke erwies sich umgehend als großer Flop und auch die zweite war bei der Kundschaft nicht gewollt.

Engpässe in der Liquidität tauchten plötzlich auf. Ich erinnere mich, dass wir früher jeden Freitag Lieferantenrechnungen bezahlt haben. Freitag war Zahltag. Die Rechnungen waren eingebucht und über unser EDV-System erhielten wir eine Zahlungsvorschlagsliste ausgedruckt. Der Endsaldo wurde gezahlt. Hierbei war es egal, ob es sich um viertausend Mark oder vierzigtausend Mark handelte. Nach einigen Jahren saß das Geld nicht mehr so locker. Gezahlt wurde nur noch zur Fälligkeit, nach äußerster Fälligkeit. Tag für Tag kontrollierten wir, ob eine Rechnung bezahlt werden musste, oder ob es mit der Regulierung noch Zeit hatte.

Meine Chefin kapitulierte, sie wusste nicht mehr, wie sie alle Außenstände begleichen sollte. Die ersten Personaleinsparungen nahm mein Chef im Verwaltungsbereich vor. Beispielsweise löste er die Garantieabteilung auf und die Arbeit, die der bisherige Kollege erledigt hatte, wurde nach dessen Kündigung auf einen anderen Kollegen übertragen.

Das nächste Problem nahte: Unser EDV-System war nicht Jahr 2000-fähig. Und die Geschäftsleitung? Die interessierte sich wenig – und verabschiedete sich geschlossen in den Winterurlaub.

Anstatt vor dem Jahreswechsel das neue Programm unserer Softwarefirma zu erwerben, überredete der Junior unseres Unternehmens seine Eltern Geld zu sparen und in eine andere Lösung zu investieren. Er erhielt das Okay und beauftragte einen selbstständigen Software-Entwickler, der zu seinen beruflichen Bestzeiten beim Fahrzeughersteller angestellt war und sich angeblich bestens mit unserem System auskannte. Es kam, wie es kommen musste.

Der EDV-Crack erwies sich als Niete. Die Geschäftsführung verbrachte wunderbare, entspannte Weihnachts- und Neujahrstage im kniehohen Schnee, während wir uns mit Überstunden herumschlugen. Für uns gab es an den Tagen, an denen das Gros der Bevölkerung seine Weihnachtsstimmung am Kamin, oder auf dem Weihnachtsmarkt beim Glühweintrinken auslebte, nur die Arbeit. Das Jahr 2000 wurde mit einem riesigen Feuerwerk und unzähligen Silvesterknallern eingeläutet. Und wir? Wir hatten keinen Grund zu feiern – in unserer Firma funktionierte nichts. Ich weiß nicht mehr, aus welchem Grund ich mir in der Silvesternacht eine Flasche Sekt öffnete: Aus Verzweiflung oder um zu vergessen?

Ich glaube, wir waren bundesweit das einzige Autohaus, bei dem zum Start in das neue Jahr kein Computer richtig lief. Wir konnten zwar Rechnungen fakturieren und buchen, aber die Salden stimmten nicht überein. Die Moral von der Geschichte war, dass die Geschäftsleitung klein beigeben musste und nun doch die Software unserer EDV-Firma kaufte. Es dauerte bis Mitte März, bis wir Jahr 2000-tauglich waren, bis das System funktionierte. Und zu welchem Preis?

Wir hatten mehr oder weniger doppelt bezahlt: EDV-Crack und Softwarefirma forderten ihre Leistungen ein.

2001 wurde auf den Euro umgestellt. Die Verbraucher sparten noch mehr. Unser Jahresabschluss befand sich plötzlich nicht mehr in den schwarzen, sondern in den roten Zahlen.

Die Herstellerwerke reagierten auf die wirtschaftliche Lage, indem sie das Händlernetz strafften. Wir verloren unseren Status als Haupthändler. Kleinere Autofirmen wurden regelrecht ausgeblutet, nur die großen überlebten. Die Großen wurden mit Rabatten belohnt, bestraft, wenn sie unter den Verkaufserwartungen blieben. Nach all den Jahren mussten wir uns einem Händler-Kollegen, der jahrelang als Mitbewerber fungierte, unterordnen. Fortan waren wir gezwungen alle Fahrzeuge und alle Ersatzteile über ihn zu beziehen. Wir verloren in dieser Zeit überlebensnotwendige Rabatte der Werke.

Nach zwei Jahren stellte der Hersteller dieses System wieder um.

Um die wirtschaftliche Entwicklung voranzutreiben, entschied die Unternehmerfamilie, dass aus dem einstigen Gebäudekomplex, dem ersten Grundstück also, ein neues Autohaus mit einer komplett neuen Fahrzeugmarke entstehen sollte.

Während die erste Firma als KG, als Kommanditgesellschaft, geführt wurde, sollte jetzt eine GmbH mit dem Junior als Geschäftsführer gegründet werden. Lächeln – nicht nur von Seiten der Belegschaft, auch Kunden und Geschäftspartner teilten uns ihre Meinung mit: »Ob das mal gut geht?«

Auch jetzt hatte der Fahrzeughersteller das Sagen. Und so lautete die Anweisung, dass für das neue Autohaus eine eigene Werkstatt und ein eigenes Ersatzteillager eingerichtet werden müsste. Auf dem Gelände, auf dem sich Jahre zuvor bereits Lager und Werkstatt befanden, sich jetzt allerdings Neu- und Gebrauchtwagen präsentierten, durfte erneut ein Dienstleistungsbereich integriert werden. Unser Chef investierte und baute; Junior wurde Haupthändler. Die Geschäfte liefen gut an. Die Verwaltung der neuen GmbH war buchungstechnisch von der KG getrennt, wurde allerdings vom bestehenden Mitarbeiter-Team, also von uns, abgewickelt.

15 Monate später erhielt ein anderer Händler, der höhere Verkaufszahlen vorweisen konnte, den Haupthändler-Status.

Mit der Ankündigung eines neuen Gehaltstarifvertrages, entschied die Belegschaft, einen Betriebsrat zu gründen. Jahrelang hatten wir verzichtet. Seit jeher knauserte der Chef, wenn es um die Zahlung von tariflichen Erhöhungen sowie von Urlaubs- und Weihnachtsgeld ging. Legten wir ihm von Seiten der Buchhaltung die entsprechenden Summen vor, war er tagelang nicht ansprechbar, ignorierte unseren Wunsch nach Auszahlung. Jetzt sollte gehandelt werden.

Von der Wahl des Betriebsrates versprachen wir uns einen noch engeren Zusammenhalt unter den Kolleginnen und Kollegen und eine Möglichkeit, unsere Forderungen bei der Geschäftsführung durchzusetzen. Drei Jahre lang fungierte ich als stellvertretende Vorsitzende. Bei der nächsten Wahl ließ ich mich nicht wieder aufstellen. Meine Motivation war erloschen. Einen Betriebsrat in einem Unternehmen zu etablieren, das seit nahezu vierzig Jahren ohne ausgekommen war, war ein schier unmögliches Unterfangen. Wir hatten alle keine Ahnung und wussten nicht, wie wir vorgehen sollten. Bei jeder Frage schlugen wir in Unterlagen und Büchern nach oder riefen bei der Gewerkschaft an.

Unsere tariflich festgelegte Arbeitszeit von 36 Arbeitsstunden wöchentlich wurde unentgeltlich auf 38,5 Stunden, dann auf 40 Stunden angehoben. Die Belegschaft nickte, als der Chef ankündigte, nur noch fünfzig Prozent von Urlaubs- und Weihnachtsgeld zahlen zu können. Sonste müsse er schließen. Mit diesen Worten beendete er seine Botschaft.

»Chef, ich mache alles, Hauptsache, ich behalte meinen Job«, war während einer Betriebsversammlung von einem über fünfzig Jahre alten Mitarbeiter zu hören. Dieser Mitarbeiter hatte beim Chef gelernt.

Ich weiß nicht, wie oft ich in all den Jahren die Drohung von der Schließung der Firma gehört habe. Wir Mitarbeiter nahmen diese Worte schon lange nicht mehr ernst. Es war die Gleichgültigkeit, die unsere Gefühle mittlerweile dominierte. Sollte er doch, sollte er doch die Firma schließen. Mit dieser Meinung stand ich nicht allein.

Die IG Metall spornte uns mehrfach an, härter gegen den Chef vorzugehen, unsere Rechte und Wünsche massiver einzufordern: »Wenn ihr immer nickt, wird sich nichts ändern.« Es war die Gewerkschaft, die uns vorhersagte, dass uns diese wenig konsequente Vorgehensweise in die Insolvenz führen würde. Vielleicht hätten wir handeln sollen. Vielleicht.

Auf Anraten des Chefs und im Sinne der Einsparung eines Gehaltes, zog sich die Chefin 2003 aus der Firma zurück. Vielleicht wäre alles anders gekommen, hätte sie die Kontrollfunktion innebehalten. Vielleicht war es ein Fehler, drei Grundstücke aufrechtzuerhalten. Vielleicht hätte sich ein Unternehmen verkleinern sollen statt zu vergrößern. Vielleicht, vielleicht, vielleicht. Ich weiß, dass ein Fast-Food-Anbieter vor Jahren Interesse an unserem Sahnestück, dem ersten Firmensitz, auf dem jetzt die GmbH angesiedelt war, gehabt hat. Die Lage war für den Fast-Food-Riesen optimal, inmitten eines gut florierenden Industriegebietes, nahe am Autobahnzubringer zur Autobahn A7 gelegen. Doch der Chef lehnte ab. Der Fast-Food-Anbieter baute sein Restaurant auf einem anderen Grundstück.

Im Jahre 2006 entließ der Chef sechs Mitarbeiter, darunter einen qualifizierten Kraftfahrzeugmeister. Allein die Abfindungen an diese Kollegen kosteten den Betrieb horrende Summen. Die Philosophie des Chefs war seit jeher: Einstellen, wenn Arbeit da ist, kündigen, wenn keiner mehr gebraucht wird. In dieser Zeit forderte die Hausbank einen Nachfolger, der mit dem Sohn präsentiert wurde. Einem Sohn, der jahrelang viel begann, aber wenig zu Ende führte. Dennoch: Die Bank ließ uns noch gewähren.

Im Dezember des gleichen Jahres eröffnete der Chef der Belegschaft, dass Löhne und Gehälter nicht mehr gezahlt werden könnten. Immerhin erreichten wir durch den Betriebsrat, dass allen Mitarbeiterinnen und Mitarbeitern, die netto über 1.000 Euro verdienten, eine Pauschale von etwa 50 Prozent gezahlt wurde. Die Kollegen, die unter 1.000 Euro lagen, erhielten ihre Summe vollständig.

Im Januar 2007 zahlten wir kaum noch Lieferantenrechnungen. Es war das erste Mal in all den Jahren, dass ich erlebte, dass Mahnungen in die Buchhaltung eintrudelten. Erst eine höfliche Zahlungserinnerung, dann die erste Mahnung. Es folgte die zweite Mahnung.

Wie unangenehm. All die Jahre legten wir großen Wert darauf, Rechnungen zur Fälligkeit zu bezahlen. Dem Autohaus sollte kein schlechter Ruf vorauseilen.

Bargeld, das von Kunden eingenommen wurde – sei es durch die Bezahlung einer Werkstattleistung oder durch eine Fahrzeugauslieferung –, zahlte der Chef direkt an unsere Auto-Bank, um Verbindlichkeiten zu verringern.

Plötzlich hieß es aufatmen. Es sei ein Käufer für die GmbH gefunden. Ein Geschäftsmann wollte kaufen und uns 400.000 Euro zahlen. Wir wären liquide gewesen – wenigstens für kurze Zeit. Ich erinnere mich noch an den Tag, an dem uns der Chef die frohe Botschaft überbrachte. Für die Abwicklung fuhren Chef und Chefin zum Notar. Ich weiß bis heute nicht, weshalb dieses Geschäft nicht zustande kam. Angeblich war der Käufer kurzfristig abgesprungen.

Unser Mut wandelte sich in Frust. Das Chaos, das mittlerweile in der Buchhaltung herrschte, hatte es nie gegeben. Ich war gezwungen, eingehende Rechnungen und Mahnungen zu ignorieren. Ich brauchte mich nicht kümmern, konnte und durfte nicht bezahlen, sollte nur warten. Die Hände waren mir gebunden und das allein empfand ich als untragbare Situation, hatte ich in all den Jahren stets sorgsam und pflichtbewusst und vor allem schnell meine Arbeit erledigt. Plötzlich sollte alles egal sein.

»Du musst cooler werden«, riet mir eine Kollegin.

»Ja, aber wie denn?«

»Nimm deinen Resturlaub«, sagte ein Kollege.

»Ja, aber wann denn?«

Als ich das letzte Mal auf meine Personalkarte schaute, hatten sich über dreihundert Überstunden und 36 Urlaubstage angesammelt. Alter Urlaub aus dem Vorjahr wohlgemerkt. Den neuen Urlaub aus dem Jahr 2007 nicht mitgerechnet. Doch ich kam nicht mehr dazu, Urlaub einzureichen. Die Bank des Fahrzeugherstellers und unsere Hausbank waren nicht mehr bereit, uns weitere Kredite zu gewähren.

Anfang 2007 meldete der Chef beim Amtsgericht vorläufige Insolvenz an. Uns wurde ein Insolvenzverwalter aus dem Osten Deutschlands gestellt. Wir recherchierten und fanden heraus, dass dieser bislang die Insolvenz eines Sonnenstudios abgewickelt hatte. Und dieser junge Mann sollte ein Autohaus, das seit über 40 Jahren am Markt präsent war, aus der Pleite holen?

Das Ziel eines jeden Insolvenzverwalters ist, im Rahmen der vorläufigen Insolvenz festzustellen, ob das Unternehmen gerettet werden kann. Wohl fühlte ich mich von Beginn an nicht. Es gab nicht den Anschein, als würde sich der Verwalter wirklich in die umfangreiche Materie rund um ein Autohaus einfuchsen. Ich vermute, er wollte nur Kohle machen. Ihm war doch egal, was aus uns wird.

Am 28. Februar erhielten 33 Mitarbeiterinnen und Mitarbeiter des Autohauses ihre Kündigung, das Insolvenzverfahren war eröffnet. Ab 13 Uhr wurden wir freigestellt.

Die Kündigung war eine Farce. Aufgrund meiner langjährigen Zugehörigkeit zum Unternehmen stünde mir eine siebenmonatige Kündigungsfrist zu. Inmitten eines Insolvenzverfahrens verhält sich dies jedoch anders. Hier gelten für jeden Mitarbeiter drei Monate.

Jetzt bin ich arbeitslos. Die Mitarbeiter vom Arbeitsamt halfen uns beim Ausfüllen der Anträge. Wir haben vom Arbeitgeber ein Zwischenzeugnis überreicht bekommen und uns wurde eine Verdienstbescheinigung in die Hand gedrückt. So richtig nahm ich in diesem Moment nicht wahr, dass ich nach all den Jahren einen Antrag auf Insolvenzgeld ausfüllen musste, dass ich fortan als arbeitssuchend galt, dass ich demnächst mit weniger Geld auskommen müsste.

Bereits in den vergangenen Monaten kaufte ich mir überregionale Zeitungen, um mich über mögliche Stellenangebote zu informieren. Doch in anderen Städten sieht das Angebot an Jobs nicht besser aus als hier in meiner Heimatstadt. Ich bin 45 Jahre, habe über 20 Jahre lang im Autohaus gearbeitet. Ich kenne mich mit dem typenspezifischen Kontenplan aus, weiß, wie ein Fahrzeugkauf abgewickelt wird. Aber ich habe nie Serienbriefe mit Word geschrieben, brauchte nie eine Aufstellung in Excel erstellen.

Einfach einmal nichts tun, ausschlafen, die Seele baumeln lassen – jahrelang habe ich mir eine Auszeit gewünscht. Jetzt habe ich diese Zeit – und bin nicht froh und schon gar nicht entspannt. Sicher, die Stunden vergehen. Während ich die ersten freien Tage pünktlich um fünf Uhr aufwachte, kann ich mittlerweile länger schlafen und werde erst gegen 8.30 Uhr wach. Doch die Gedanken kreisen immer noch um den Job, um die Firma, um die Frage nach der Zukunft.

Ich vergesse die letzten Wochen an meinem Arbeitsplatz nicht, denke an die Türme an ungeordnetem Schriftverkehr, die Verzweiflung einiger Kolleginnen und Kollegen und auch die Reaktionen langjähriger Kunden. Tagelang saß die Ex-Chefin am Telefon und versuchte diejenigen Kunden zu erreichen, die ihre Reifen bei uns eingelagert hatten. Jetzt war die Zeit gekommen, das Eigentum abzuholen. Viele Kunden lasen keine Zeitung und wussten nicht, dass sich unser Autohaus in der Insolvenz befand. Es gab Kunden, die standen weinend vor dem Empfangstresen und konnten die wirtschaftliche Entwicklung nicht fassen.

An unserem letzten Tag in der Firma, am 28. Februar 2007, nahmen wir Abschied, indem wir die Trinkgeldkasse, in der sich im Laufe der Zeit rund 500 Euro von zufriedenen Kunden angespart hatten, in einer Göttinger Kneipe verprassten.

Neben dem Verlust des Arbeitsplatzes schmerzte das Verhalten des Chefs. Keine Entschuldigung, kein Wort des Dankes nach all den Jahren. Das tut weh.

Die ersten Tage nach dem Verlassen der Firma reagierte ich gereizt. Die Wochen und Monate, fast schon Jahre, zehrten an den Nerven, ich spürte Anspannung und Erschöpfung in allen Gliedern, eine schwere Erkältung kam dazu. Jeder, Familie, Bekannte, Nachbarn, fragten nach, ich erzählte immer die gleiche Geschichte und immer wieder und wieder.

Mittlerweile bin ich ruhiger geworden. Ich versuche, die freie Zeit effektiv für mich zu nutzen, erledige, was ich schon lange erledigen wollte. Und ich halte meine Termine beim Arbeitsamt ein. Demnächst bekomme ich einen Berufsbildungsgutschein ausgestellt, der mich bei der Weiterbildung unterstützt. Zwei Vorstellungsgespräche konnte ich durch die Vermittlung des Arbeitsamtes wahrnehmen, weitere Bewerbungen sind per Post verschickt.

Das Bewerbungsgespräch bei einem Göttinger Autohändler verlief sehr angenehm. Er kannte meinen einstigen Arbeitgeber. Als er von der Insolvenz des Unternehmens erfuhr, zögerte er nicht lange, rief in unserem Autohaus an und erkundigte sich, ob denn auch jemand aus der Finanzbuchhaltung unter den Gekündigten sei.

»Ja, aber hier passt keiner in Ihr Profil«, teilte unser Junior mit. Dieser Schlag in die Magengrube saß. Glücklicherweise ließ sich der Autohaus-Chef nicht beirren und lud mich zum Vorstellungsgespräch ein. Mittlerweile weiß ich, dass die Stelle anderweitig besetzt ist.

Was soll ich machen? Alle Autohäuser abklappern und Initiativbewerbungen verschicken, die sowieso in der Ablage landen? Oder sollte ich die Gunst der Stunde nutzen und mich in eine ganz andere Richtung orientieren? Gastronomie könnte mir gefallen. Vielleicht ist jetzt die Zeit für einen Neuanfang gekommen. Vielleicht.

Vom Tellerwäscher zum Millionär – nur andersherum.

Harald, 49, war Inhaber eines Modehauses
Er lebt mit Frau und Kindern in Göttingen.

Ich kenne mich mit den Körbchengrößen von Frauen aus. Ich weiß, dass Microfaser einen hohen Tragekomfort besitzt. Mein ganzes Leben drehte sich um Textilien. Jahrelang habe ich nichts anderes gemacht, als Bekleidung zu verkaufen.

Der Ausbildung zum Einzelhandelskaufmann schloss sich die Tätigkeit des Erstverkäufers an. Vom Erstverkäufer stieg ich zum Substituten auf, vom Substituten zum Abteilungsleiter. Ich kletterte die Erfolgsleiter empor und wurde Bereichsleiter.

Im Jahre 1990 kehrte ich meinem einstigen Arbeitgeber den Rücken. Auch ein Ortswechsel lag vor mir. Ich zog in die Drei-Flüsse-Stadt Hannoversch Münden, klein und beschaulich zwischen Kassel und Göttingen gelegen, dort nahm ich einen Posten als Geschäftsführer in einem 1.000 Quadratmeter großen Modehaus an. Ich unterschrieb einen Zehn-Jahres-Vertrag. Wir waren die Größten am Platz und mussten bedarfsdeckend anbieten.

Bei einer Einwohnerzahl von rund 20.000 für Hannoversch Münden konnte mit Avantgarde-Mode nicht gepunktet werden. Unser Sortiment umfasste Damen-, Herren- und Kinderkonfektion im mittleren Preissegment. Wir boten überwiegend Markenware an. Insbesondere der Service und die persönliche Beratung der Kunden lag mir und den 28 Mitarbeitern sehr am Herzen. Die Kunden kannten uns und kauften gern bei uns ein.

Als verantwortlicher Geschäftsführer ließ man mir freie Hand. Ich durfte schalten und walten, war für die Zahlen verantwortlich. Zu meinem Aufgabengebiet gehörten die Limit- und Einkaufsplanung. Bei der Limitplanung kalkulierte ich, wie viel Geld ich für eine Saison ausgeben konnte. Ich musste genau berechnen, welche Ware ich im Januar, im Februar, im März benötigte. Wann wurden Kindersöckchen gebraucht? Wann musste ich neue Damenblusen bestellen? Wann würde die Zeit für Wollpullover kommen? Hosen, Blusen, Röcke, Jacken – ich war Herr über 170 Sparten und der Lage. Die Einkaufsplanung gab außerdem Auskunft, bei welchem Anbieter die Ware gekauft wurde.

Werbeaktivitäten innerhalb der Saison zählten ebenfalls mit zu meinem Aufgabengebiet. Auch hier überlegte ich, welche Verkaufsstrategien ich zu Festen wie Ostern, Muttertag oder Weihnachten fahren wollte. Außer den festgelegten Werbemaßnahmen, die über das Jahr koordiniert werden wollten, musste ich flexibel agieren. Bei Dauerregen rief ich eine Regenschirm-Aktion auf den Plan, bei Sonnenschein wurden köstliche Cocktails ausgeschenkt – einfach, um den Kunden mit immer wieder neuen Ideen für unser Haus zu begeistern.

Das Einstellen und Entlassen, aber auch die Motivation und Schulung der Mitarbeiter oblag dem Geschäftsführer. Über Jahre hinweg bildete ich Lehrlinge aus, war auch im Prüfungsausschuss der Industrie- und Handelskammer vertreten, um Prüfungen für den Einzelhandel abzunehmen.

Ich liebte meinen Beruf.

Die Regionen Kassel, Göttingen und auch wir in Hannoversch Münden profitierten stark vom Fall der Mauer. Im Grenzgebiet schnellten die Umsätze in die Höhe. Wir boten an, worauf im Osten jahrelang verzichtet wurde. Wir kamen der erhöhten Nachfrage gerne nach und verdienten uns in dieser Zeit wirklich die sprichwörtliche goldene Nase. Wir verzeichneten Umsatzzuwächse von bis zu dreißig Prozent. Der Boom hielt etwa zwei Jahre an. Innerhalb dieser Zeit war mir stets bewusst, dass diese enormen Zuwächse außerhalb der Norm lagen. Ich wusste, dass dieser Zugewinn nicht von Dauer war.

Ich freute mich über die Summen, sah allerdings auch der Realität ins Auge. Nur die Grenzöffnung hatte uns diese Gewinne beschert.

Es dauerte nicht lange, da wurden aus den 30 Prozent plus 20, ein Jahr später waren es zehn und ein weiteres Jahr später standen wir auf dem Level von vor der Grenzöffnung. Schade, ich hatte mich an die hohen Umsätze gewöhnt.

Ende der 90er Jahre stand das Modehaus mit guten Zahlen da. Die Umsätze waren stabil, die Zuwächse lagen im normalen Rahmen. Ich war zufrieden, die Mitarbeiter waren es auch. Wir bemühten uns, berieten die Kundschaft kompetent und verkauften gut. Unser Sortiment war gefragt, wir gingen mit dem Trend, boten so manches Mode-Highlight an. Gute Qualität und freundlicher Service waren seit jeher das Aushängeschild des Hauses.

1999 suchte mich mein Chef auf, um mir mitzuteilen, dass er den Pachtvertrages des Geschäftes nicht verlängern würde. »Außerdem läuft Ihr Arbeitsvertrag aus. Die zehn Jahre sind um.«

Was sollte ich tun? Die Zeit war schnell vergangen, ich war nicht mehr jung und dynamisch wie einst. Sollte ich den Ort wechseln? Sollte ich die Branche wechseln? Ich nahm mir Zeit und überlegte, beriet mich mit meiner Frau. Ich kannte die Stadt, kannte das Modehaus, wusste über alle Geschäftsabläufe, die Einnahmen und die Ausgaben Bescheid. Und ich wusste, dass ich von den Erträgen leben und eine Familie ernähren konnte. Ich entschied, in Hannoversch Münden zu bleiben und das Modehaus in Eigenregie zu übernehmen.

In einer kleinen Stadt kennt jeder jeden. Man grüßt sich morgens beim Bäcker, trifft sich im Gasthaus der Stadt und trinkt ein Bier zusammen. Ich kenne auch die Mitarbeiter der örtlichen Bank. Jetzt war es an der Zeit, mit ihnen ins Geschäft zu kommen. Ich war sehr erstaunt, als ich erfuhr, wie viele Kriterien ich erfüllen musste, um einen Firmen-Kredit zu erhalten. So musste ich von der Summe, die ich für die Übernahme des Modehauses benötigte, erst einmal 20 Prozent in bar vorlegen. Ich schluckte und rechnete meine Ersparnisse durch. Dank meines fleißigen und sparsamen Lebens und dank meiner Lebensversicherung konnte ich die benötigte Summe flüssig machen.

Jetzt stand ich vor der zweiten Hürde: Ich benötigte eine Bürgschaft.

Es gab in Bonn eine Bank, die Bürgschaften für Unternehmer übernahm. Ich erkundigte mich nach den Regularien und es dauerte nicht lange, bis die Industrie- und Handelskammer einen Abgeordneten schickte, der mich und das Unternehmen eingehend prüfte.

Da saß ich nun wie ein junger Lehrling vor dem machthabenden Mann im grauen Anzug und beantwortete brav alle Fragen. Der Mann prüfte mein Konzept, checkte die Umsatzzahlen der vergangenen Jahre und fragte mein Fachwissen ab. Drei Tage war er in unserem Haus zu Gast, um sich einen Überblick über den Geschäftsbetrieb, meine Arbeitsweise und meine Kompetenz zu machen. Ich bestand. Der Mitarbeiter der IHK stellte ein Zeugnis aus, das mich als Unternehmer qualifizierte.

Es war geschafft. Ich bekam die Bürgschaft und somit auch das Geld der Bank. Am 1. September 1999 wurde aus dem einstigen Modehaus, in dem ich angestellt war, mein eigenes Geschäft. Für die Belegschaft änderte sich nichts.

Ich optimierte, indem ich lange geplante Maßnahmen in die Tat umsetzte. So löste ich beispielsweise die Kinderabteilung komplett auf. Dafür wurden andere Abteilungen verlegt und erweitert. Ich entschied, auch Dessous mit in das Sortiment aufzunehmen. Die Veränderungen trugen Früchte. Wir machten gute Umsätze. Ich arbeitete viel und war zufrieden.

Ich entschied, ein zweites Geschäft zu eröffnen. Das neue Ladenlokal lag gegenüber dem Rathaus in Hannoversch Münden. Keine 1-A-Lage, aber dennoch stark frequentiert. Die Verkaufsfläche betrug 85 Quadratmeter und wir boten junge Mode eines Mono-Labels an. Ich konnte das Geschäft ohne weitere Kredite der Bank finanzieren und stellte eine zusätzliche Mitarbeiterin fest ein. Die Umsätze waren so gut, dass ich wenige Monate später einen Laden mit identischem Konzept in Uslar eröffnete. Uslar erwies sich allerdings als träges Pflaster. Die Einnahmen deckten die Kosten, es blieben leider keine Gewinne übrig.

Die Terror-Anschläge auf das World Trade Center am 11. September 2001 in New York versetzten auch Deutschland in einen Schockzustand. Der Bürger realisierte, wie schnell das Leben vorbei sein konnte, wie schnell Hab und Gut weg waren. Und der Bürger sparte, mehr denn je. Der Schock ging an keiner Branche vorbei und vor allem der Einzelhandel war stark betroffen. Auch meine Läden. Die Umsätze gingen zurück.

Mit der Einführung des Euro im Januar 2002 veränderte sich das Kaufverhalten der Bürger. Die Leute waren verärgert, warfen dem Handel Abzocke und verdeckte Preiserhöhungen vor. Ich verstand die Kaufzurückhaltung der Gesellschaft, zeigte ich mich doch selbst auch verärgert, als ich für meine Standard-Pizza beim Lieblingsitaliener anstelle der einstigen acht Mark plötzlich acht Euro bezahlen sollte. Die Worte Teuro und gefühlte Inflation waren in aller Munde. Unsere Umsätze gingen weiter zurück. Der Einzelhandel musste kämpfen, dazu zählten auch wir.

Die Zeiten wurden immer schwieriger. Ereignisse, die nicht vorhersehbar waren, machten uns das Leben schwer. Doch es sollte noch schlimmer kommen.

Mit dem Wegfall des Rabattgesetzes lieferte sich der Wettbewerb einen harten und rücksichtslosen Preiskampf, bei dem nur der Große und Starke gewann. Der Handel glich einer Meute wilder Hunde, die kurz davor stand, ihre Beute zu zerfleischen. Ein jeder buhlte um die Gunst der Kunden, koste es, was es wolle. Die Zeit der Schlussverkäufe war vorbei, jeder reduzierte. Unser kleines und ach so beschauliches Hannoversch Münden musste sich gegen die Oberzentren Kassel in Hessen und Göttingen in Niedersachsen behaupten. Wie sollten wir uns gegen Kaufhof, Karstadt und Co. durchsetzen? Wie sollte ich argumentieren, wenn eine Kundin in mein Geschäft kam und mir unter die Nase rieb, dass sie bei mir für einen Blazer von Gerry Weber 198 Euro bezahlen sollte, den sie im wenige Kilometer entfernten Kassel für 130 Euro kaufen konnte?

Wir mussten reagieren und Rabatte gewähren. Eine andere Lösung gab es nicht. Dieses Reagieren kostete richtig viel Geld zu Lasten der

Kalkulation. Wie sollte ich all die Kosten decken und noch dazu Gewinn machen? Jeder Rabatt tat weh, jede Draufgabe war auch eine Draufzahlung. Jedes Kundenlächeln versetzte mir einen Stoß in die Magengrube.

Wir bissen uns durch die Flaute des Einzelhandels. Unser Vorteil war der langjährige Kontakt zu unseren Kunden, von denen uns glücklicherweise in diesen schwierigen Zeiten immer noch viele die Treue hielten. Nicht jeder Bürger aus Hannoversch Münden fuhr in die Großstadt, um einzukaufen. Viele Kunden legten Wert auf die Beratung der Verkäuferin ihres Vertrauens, einer Verkäuferin, die ihnen schon seit Jahren mit modischem Rat zur Seite stand.

Wir schlängelten uns durch die immer schlechter werdende Wirtschaftslage. Während Deutschland aufstöhnte, meine Freunde aus den Handwerksbetrieben manch unruhige Nacht verbrachten, weil sie nicht wussten, wann der nächste Auftrag kam, ging es mir noch relativ gut. Ich hatte immer noch Spaß an meinem Job, ging in meinem Beruf, der meine Berufung war, auf. Ich verhandelte mit den Vertretern und feilschte mit den Herstellern. Ich wog genauestens ab, ob die Slips des Herstellers Calida oder die von Schiesser besser in unser Sortiment passten.

Es dauerte nicht lange, da folgte der nächste Schock.

Durch die Flutkatastrophe in Ostdeutschland im Sommer 2002 erhöhten die Versicherungen die Beiträge für Gebäude in Westdeutschland um zehn Prozent. Wo blieb hier die Logik? Für ein Unglück im Osten wurde der Westen bestraft? Bei einem Versicherungsbeitrag von 7.000 Euro im Jahr waren das mal eben 700 Euro mehr.

Ich rechnete und rechnete, saß manche Nacht vor meinen Zahlen. Das Ergebnis war niederschmetternd. Die Umsätze sanken, die Kosten stiegen. Die Schere klaffte immer weiter auseinander.

Ich ließ mir zig neue Aktionen einfallen, um die Kunden an unser Haus zu binden. Ich trat der Werbegemeinschaft des Ortes bei, um bei Events und Veranstaltungen mitwirken zu können. Jedes Event, jede Aktion, jedes Kundenhighlight bedeutete aber auch in Werbung investieren. Handzettel, Plakate, Anzeigenschaltung – ich ließ nichts aus.

Die Energiekosten – Heizung, Wasser, Strom – stiegen. Da war sie wieder, die große Schere, die sich immer weiter spreizte. Die Kostenlawine geriet ins Rollen und wurde von Tag zu Tag, von Woche zu Woche, von Monat zu Monat größer und größer.

Ich begann, Kosten einzusparen. Wir bauten einen Bewegungsmelder bei den sanitären Anlagen ein, so dass das Licht auf den Toiletten nicht rund um die Uhr brannte. Wir drehten in den Verkaufsräumen einige Birnen aus dem Gewinde. Überall dort, wo eine ständige Anstrahlung der Ware nicht nötig war. Ich stellte keine neuen Leute ein, wenn ältere in den Ruhestand verabschiedet wurden.

Der größte Kostenfaktor war die Miete. Eine Richtlinie besagt, dass die Miete acht Prozent des Umsatzes betragen sollte. Diese Rechnung ging auf, als ich das Geschäft seinerzeit übernahm. Jetzt stimmte diese Rechnung aber hinten und vorne nicht mehr.

Ich musste handeln und suchte das Gespräch mit dem Vermieter des Hauses. Ich wies auf die wirtschaftliche Lage hin und bat, den Mietpreis wenigstens vorrübergehend zu reduzieren. Der Vermieter ließ nicht mit sich reden, er bestand auf die Erfüllung des Mietvertrages.

Ich war an einem Punkt angelangt, an dem ich mich offen und ehrlich fragte, für wen und für was ich dieses Arbeitspensum eigentlich auf mich nahm.

Ich schaffte täglich zwölf Stunden an sechs Tagen in der Woche. Doch wofür? Damit ich meinem Vermieter den Vertrag erfüllen und pünktlich die horrende Miete zahlen konnte? Damit ich meinen Mitarbeitern monatlich ihr Gehalt zahlen konnte? Damit ich die Forderungen der Banken erfüllte?

Nein, so hatte ich mir mein Leben nicht vorgestellt.

Ich setzte mich in mein Büro, schloss die Tür hinter mir und zog den Ordner mit dem gesammelten Zahlenmaterial aus dem Regal. Ich zwang mich, realistisch zu bleiben, denn ich wusste: Alles andere wäre Träumerei und Spinnerei gewesen. Ich erstellte eine Hochrechnung für die nächsten drei Jahre, stellte die Kosten den Einnahmen gegenüber.

Das Ergebnis besprach ich mit meinem Steuerberater. Er rechnete und rechnete, legte die Stirn in Falten und rechnete, bis er mit zusammengekniffenen Augen seine Meinung kundtat: »Wenn sich nicht massiv etwas an den Kosten ändert, wirst du kaputtgehen.«

Seine Worte taten weh, aber ich wusste, er hatte recht.

Schritt für Schritt in die Insolvenz. Eine schleichende Niederlage, ein nicht abzuwendender Ruin. Nein, das wollte ich nicht. Ich entschied, sauber aus dieser Geschichte herauszugehen. Ich entschied, meine Modehäuser zu schließen.

Mein Entschluss stand fest. Daran ließ sich nicht rütteln. Sicher, ich hätte mir die Umsätze schönreden können, ich hätte auch auf bessere Zeiten hoffen können. Doch: Wäre das realistisch gewesen? Diese Frage konnte ich mir selbst mit Nein beantworten. Wenn sich die Situation und somit die Umsätze nur zehn Prozent nach oben entwickelt hätten, hätte es bei dem Kostenvolumen, dem ich zur Zahlung ausgesetzt war, nicht gereicht, und schon gar nicht auf Dauer.

Den Entschluss zu treffen, die Läden zu schließen, war eine Sache, das Vorhaben in die Tat umzusetzen eine ganz andere. Ich musste meinen Mitarbeitern kündigen. Einige von ihnen waren seit über 15 Jahren im Modehaus beschäftigt. Wie sollte ich es ihnen sagen, wie sollte ich erklären, dass sie ihren Arbeitsplatz verlieren würden? Welche Worte konnte ich wählen? Durch diese lange Beschäftigungszeit stand ihnen eine Kündigungsfrist von sieben Monaten zu. Das hieß, dass ich sieben Monate vor Schließung des Geschäftes kündigen musste. Wie würde die Belegschaft reagieren? Würden sie noch mitarbeiten? Konnte ich mit Unterstützung rechnen? Unsere Lager waren voll mit Ware, die lange Herbstsaison stand bevor.

Ich erstellte einen Plan, der mir aufzeigte, wie ich in den nächsten Tagen vorgehen wollte. Der oberste Punkt war dick mit gelbem Textmarker unterstrichen: »Mitarbeiter informieren.«

Ich bat zu einer Betriebsversammlung nach Ladenschluss. 24 Kolleginnen und Kollegen waren pünktlich um 19 Uhr anwesend und nahmen ihre Kündigung zum 31. Dezember 2004 entgegen. Es gab Tränen und schockierte Gesichter. Damit hatte ich gerechnet. Doch: Mein Entschluss stand fest. Ich erklärte, dass ich nicht gezwungen war, das Geschäft aufzugeben, dass ich es aber aus wirtschaftlichen

Gründen für den besten Weg hielt. Die Rede vor der gesamten Belegschaft hielt ich bewusst sehr kurz und knapp. Im Anschluss an meine Worte bat ich jeden einzelnen aus dem Team zu einem persönlichen Gespräch in mein Büro. In diesem Gespräch unter vier Augen sagte ich, wie leid es mir täte, das Geschäft nach all den Jahren schließen zu müssen. Ich ging auf die persönliche Situation ein. Ich kannte sie alle seit vielen Jahren.

Von einer Mitarbeiterin wusste ich, dass sie gerade geheiratet hatte, von der anderen, dass der Mann krank war. Eine dritte musste ihre alte Mutter pflegen, die nächste sorgte sich um ihren arbeitslosen Sohn. Ich wusste, wie schwer es für alle sein würde. Ich beruhigte die Gemüter und bot Hilfe an. Vielleicht konnte ich bei Unternehmer-Kollegen ein gutes Wort einlegen, vielleicht bei Bewerbungen helfen. Ich unterbreitete Vorschläge, wir überlegten gemeinsam. An diesem Abend kam ich mir wie ein Vater vor, der tröstende Worte an sein Kind richtete.

Ich erinnere mich, dass die letzte Mitarbeiterin mein Büro gegen Mitternacht verließ.

Ich hatte ein gutes Gefühl und ich glaube, dass mir meine Mitarbeiter dieses persönliche Verabschieden sehr hoch angerechnet haben. Ich wollte bewusst nicht alle über einen Kamm scheren. Mich mit den Worten »Tschüss, das war's« davonschleichen, war nicht mein Anliegen. Ehrlichkeit und Offenheit lagen mir sehr am Herzen.

Die ersten drei Monate nach Bekanntgabe der Schließung erlebten wir einen wahren Boom. Die Nachricht der Geschäftsaufgabe verbreitete sich im kleinen Städtchen Hannoversch Münden wie ein Lauffeuer. Viele Bürgerinnen und Bürger kauften bei uns ein. Es schien fast so, als wollten sie mich durch ihre Anwesenheit zum Weitermachen bewegen.

Wir erzielten gute Umsätze und auch die Stimmung war mitunter richtig gelöst und munter. Mir schien, als verdrängten die Mitarbeiter die kommende Arbeitslosigkeit.

Je näher der Dezember rückte, desto mulmiger wurde mir. Als wir im Oktober die Damen- und Herren-Bekleidung als Abverkaufsware auszeichneten und auch in dicken roten Lettern die Worte »Wir schließen« am Schaufenster anbrachten, musste ich der Realität ins Auge schauen. Nur noch wenige Wochen, dann schloss unser Modehaus, das größte Bekleidungshaus im Ort, für immer seine Pforten.

Die Boutique in Uslar schloss ich im Dezember. Da wir im Modehaus noch auf kleinen Warenbeständen saßen, verlängerte ich den Abverkauf bis Ende Januar. Dann schlossen sich auch hier die Tore. Die Reststücke aus den Kollektionen brachte ich in die kleine Boutique am Rathaus, um von dort aus noch das ein oder andere Schnäppchen zu veräußern. Im Februar 2005 schlossen sich auch hier endgültig die Türen.

Ab dem 1. März 2005 war ich arbeitslos.

Beim Arbeitsamt erwartete mich eine niederschmetternde Auskunft. Durch meine Selbstständigkeit stand mir kein Arbeitslosengeld zu. Dabei hatte ich über 30 Jahre lang als Angestellter in die Arbeitslosenversicherung eingezahlt. Ich war nie arbeitslos, hatte Vater Staat nicht einen Cent gekostet.

Das Arbeitsamt teilte mir mit, dass ich Anspruch auf Unterstützung hätte, wenn ich nur einen Tag zwischen meinem Angestelltenverhältnis und meiner Selbstständigkeit arbeitslos gewesen wäre. In dem Fall hätte man gezahlt. Diesen einen Tag gab es allerdings nicht, mein Beschäftigungsverhältnis war direkt in die Selbstständigkeit übergegangen. Da bekam ein anständiger Bürger, der jahrelang in die Kassen eingezahlt hatte, keine Hilfe, weil ihm als Nachweis ein Tag Arbeitslosigkeit fehlte. Je mehr ich darüber nachdachte, desto wütender wurde ich. Doch ich konnte nichts an der Situation ändern. Die Sachbearbeiterin des Amtes riet mir, Hartz IV zu beantragen. Wunderbar. Vom Tellerwäscher zum Millionär – nur andersherum.

Ich bewohnte mit meiner Frau und unserem Sohn ein großes Haus zur Miete. Bei Hartz IV stünde mir solch ein »Domizil« nicht zu. Da meine Frau zu dieser Zeit ebenfalls arbeitslos war, wären wir wahrscheinlich in eine 70 Quadratmeter große Wohnung verfrachtet worden. Ich entschied mich gegen Hartz IV und unternahm – diesbezüglich erst einmal gar nichts.

Die ersten Monate nach der Schließung meines Modehauses konnte ich nicht arbeiten. Physisch und psychisch war ich kaputt. Ich fühlte mich ausgebrannt und brauchte eine Auszeit und nahm mir diese auch.

Die Schließung inklusive der ganzen Abwicklung mit den Banken und den Lieferanten, die Kündigungen der Mitarbeiter, der Abverkauf der Ware – das war alles nicht einfach zu bewältigen. Ein eigenes Geschäft zu besitzen war ein großer Traum von mir. Diesen Traum hatte ich realisiert. Und dennoch entschloss ich mich aus freien Stücken, diesen Traum aufzugeben, mich von ihm zu lösen. Mit der Schließung des Modehauses gab ich ein Stück Lebenswerk auf.

Die Wochen vergingen und ich genoss das Nichtstun. Ich saß auf der Terrasse unseres großen Hauses und kümmerte mich um meinen Sohn. Nach vier Wochen bemerkte ich selbst, dass ich gar nichts mehr tat, nicht einmal für mich selbst. Ich zog morgens meine Jogginghose an, zog sie abends vor dem Schlafengehen erst wieder aus. Ich rasierte mich nicht. Warum auch? Ich wollte doch das Haus nicht verlassen. Ein Hartz-IV-Empfänger war ich nicht, aber ich war auf dem besten Wege, mich zu einem zu entwickeln.

Meine Frau schimpfte und rügte mein loddriges Leben. Ich ignorierte die Seitenhiebe, zu dieser Zeit war mir alles egal. Ich versank im Selbstmitleid und nicht einmal von meinen besten Freunden ließ ich mir ins Gewissen reden. Meine Familie unterstützte mich finanziell, so dass ich mir auch hier keine großen Sorgen machen brauchte.

Rückblickend kann ich sagen, dass diese Zeit grausam war.

Nach sechs Monaten Nichtstun fand ich selbst, dass es mal wieder an der Zeit war, beruflich tätig zu werden. Ich buchte einen Urlaub und fuhr gemeinsam mit meinem Sohn nach Bayern. Nach der Reise sollte alles anders werden. Zuvor unterrichtete ich meine alten Kontakte – Lieferanten, Hersteller, Geschäftspartner – damit sie mir Bescheid gaben, wenn sich ein Job auftat.

Noch im Urlaub klingelte das Telefon und ein Vertreter gab mir den Tipp, dass ein Herrenausstatter in Versmold die Position des Geschäftsführers zu besetzen hätte.

Wieder daheim vereinbarte ich einen Termin zu einem persönlichen Gespräch. Ich fuhr nach Versmold – und bekam den Job. Mit meiner Arbeit war ich sehr zufrieden. Kurzzeitig stellten sich sogar kleine Glücksgefühle ein. Diese erstickten allerdings immer wieder, wenn ich daran dachte, dass meine Frau mit unserem Sohn in Hannoversch Münden lebte. Ich vermisste die beiden, sehnte mich nach meiner gewohnten Umgebung, nach dem gemeinsamen Alltag. Stattdessen lebte ich im Hotel. Versmold war nicht der Nabel der Welt. Ich arbeitete bis in die Abendstunden, schlief im Hotel, unternahm nichts. Jeder Tag spielte sich gleich ab. Mir war langweilig und je mehr ich in meinem Beruf aufging, desto unglücklicher wurde ich über die private Situation. Dennoch: Für einen guten Job mussten Opfer gebracht werden.

Es dauerte nicht lange, da unterbreitete mir eine bekannte Wäschefirma ein lukratives Angebot. Das Unternehmen kannte mich seit mehr als 30 Jahren. Sie wollten, dass ich als Außendienstmitarbeiter das Gebiet rund um Münster übernahm. In Versmold war nichts los, Münster hingegen war eine große Stadt. Außerdem gab es doch in Münster viele junge Leute. Nichts konnte mich davon abhalten, diesen neuen Job anzunehmen.

Ich trat meine neue Stelle in der Firma an und traf binnen weniger Wochen auf viele einstige Kollegen. Inhaber und Geschäftsführer von Modehäusern waren jetzt meine Kunden. Meine Umsätze entwickelten sich bombastisch. Und genau dieses wurde mir zum Verhängnis. Das Verkaufsgebiet teilte ich mit einem Kollegen, der bereits seit über 15 Jahren bei der Firma beschäftigt war. Er staunte, als er sah, dass ich als Neuer im Team aus dem alteingesessenen Gebiet zweistellige Pluszahlen herausholte. Natürlich war ich ihm ein Dorn im Auge. Er dachte, ich säge an seinem Stuhl. Und so ganz konnte ich ihm seine Ansicht und seine Meinung über mich nicht verdenken. Ich war neu, motiviert und ein eindeutig besserer Verkäufer.

Unsere Charaktere unterschieden sich derart, dass ich trotz ständiger Toleranz und eines guten Willens immer wieder mit ihm zusammenrasselte. Die Wellenlänge war einfach nicht vorhanden. Wir mochten uns nicht.

Ich fühlte mich zu alt, um jeden Tag zur Arbeit zu gehen und mich zu ärgern. Lange sprach ich mit meiner Frau über diese Situation. Ich war unglücklich und saß so manche Nacht einsam im Hotelzimmer und stellte mir die Frage: War das der Job, den ich wollte?

Nein. Ich traf den Entschluss, die Segel zu streichen, und ging. Nach sechs Monaten kündigte ich – ohne Aussicht auf einen neuen Job.

Wieder war ich arbeitslos.

Mein Weg führte mich zum Arbeitsamt nach Hannoversch Münden. Ich ging davon aus, dass ich als freundlicher und erfahrener, fachkompetenter Mann schnell wieder eine neue Anstellung finden würde. Dann warf ich einen Blick auf meinen Personalausweis. Schwarz auf weiß stand dort mein Geburtsjahr geschrieben. Ich ging auf die fünfzig zu. Ich war zwar erfahren, aber auch alt.

Bei all den Bewerbungen, die ich versandte, kam mir meine langjährige Berufserfahrung nicht zugute. Sicher glaubten viele Firmenbosse, dass ich als einstiger selbstständiger Unternehmer nicht mehr zu formen sei. Das mochte stimmen. Ich hatte meinen eigenen Kopf, kannte meinen Stil. Da gab es nicht mehr viel zu verändern. Aber: Wollte denn keiner von meiner Erfahrung profitieren?

Ich blätterte durch die »Textilwirtschaft«, die Fachzeitschrift des Textileinzelhandels, und suchte mir die Jobangebote heraus, die für mich in Frage kamen. Geschäftsführer, Filialleiter, diese Stellen gab es allerdings nicht wie Sand am Meer.

Eine Absage nach der anderen trudelte in meinem Briefkasten ein, insgesamt mochten es über 40 Bewerbungen gewesen sein, die ich bundesweit verschickte. Ich bewarb mich auf der Insel Rügen und in München, ich liebäugelte mit einer Stelle in Hannover und mit einem Job in Osnabrück.

Einige Vorstellungsgespräche verliefen in meinen Augen sehr positiv, jedes Mal dachte ich, jetzt müsste es geklappt haben. Einige Tage später erhielt ich die Absage. Ich verstand das nicht. Ich versuchte, mich in die Lage des Arbeitgebers hineinzuversetzen. Hätte ich jemanden wie mich eingestellt? Wahrscheinlich nicht. Ich hätte mich auch für einen jungen Mann entschieden.

Als im »Göttinger Tageblatt« die Stelle eines Mediaberaters, sprich Anzeigenverkäufers, ausgeschrieben war, wusste ich sofort, dass mir diese Aufgabe Spaß bereiten würde. Früher schon hatte ich die Anzeigen für mein Modehaus selbst am Computer layoutet, hatte mich mit Werbung auseinandergesetzt.

Ich verschickte meine Bewerbung und erhielt zwei Tage später einen Anruf aus dem Sekretariat des Geschäftsführers mit der Anfrage, ob ich weitere zwei Tage später Zeit für ein persönliches Gespräch hätte. Ich entgegnete: »Ich bin arbeitslos, ich kann auch gleich kommen!«

Wir verabredeten den nächsten Tag.

Ich saß auf der Terrasse, Aufregung stieg in mir empor. Das war ein Job, mit dem ich mich identifizieren könnte, obwohl er rein gar nichts mit dem einstigen in der Textilbranche zu tun hatte.

Ich führte ein sehr nettes Gespräch mit dem Anzeigenleiter und dem Geschäftsführer der Zeitung. Zwei Tage später kam die Nachricht, dass ich den Job bekäme, sofern ich ja sagen würde.

Ich sagte ja.

Auf die Frage, wann ich denn beginnen könnte, zeigte ich mich motiviert: »Heute nicht mehr, es ist schon ein bisschen spät, aber morgen um 8 Uhr könnte ich da sein.«

Wir einigten uns auf den folgenden Montag.

Am 13. Juni 2006 trat ich meinen neuen Job als Anzeigenberater an. Für welches Verkaufsgebiet ich zuständig bin? Für meinen Wohnort, für Hannoversch Münden. Ich bin am Markt zurück.

Am Ende stehen wir mittellos da.

Herbert, 57, Buchhändler
Er lebt mit seiner Frau in der Nähe von Krefeld.

Ich stamme aus einer Familie, in der Bücher eine große Bedeutung haben. Mein Vater war Jurist, war aber auch ausgebildeter Bibliothekar. Bücher hatten schon als Kind und Jugendlicher einen sehr hohen Stellenwert für mich. Später in der Schule war ich in der Redaktion der Schülerzeitung aktiv, organisierte und ordnete die Schulbibliothek. Schon damals war für mich klar, mein späterer Beruf musste etwas mit Büchern zu tun haben. Der Buchhändler war quasi vorgegeben.

Zuerst absolvierte ich eine Buchhändlerausbildung. Dann war ich bei der Bundeswehr, was nicht unbedingt üblich ist bei Leuten meines Alters und meiner Prägung. Ich war einige Jahre Fachbuchhändler, in einer Buchhandlung in Uni-Nähe mit vorwiegend geisteswissenschaftlicher Orientierung.

Ich schloss eine sechsmonatige Ausbildung an der Fachschule des Deutschen Buchhandels in Frankfurt am Main an, arbeitete wieder für ein Jahr in der Fachbuchhandlung, bevor ich für drei Jahre als Assistent der Schulleitung und Dozent an die deutsche Buchhändlerschule ging. Hiernach arbeitete ich 13 Jahre als Geschäftsleiter in der Düsseldorfer Buchhandlung Droste, vier Jahre als Geschäftsführer bei Spaethe in Moers.

Viele Jahre meines Berufslebens war ich Angestellter und Mitarbeiter und kam mit dieser Situation sehr gut zurecht. Als Buchhändler war ich nie einfach nur an stromlinienförmigen Projekten beteiligt. Gerade die Droste-Buchhandlung war einer großen Dynamik unterworfen, erneuerte sich immer wieder an den Erfordernissen des Marktes; Konzepte und Verkaufsräume wurden immer wieder modernisiert, später in Moers ging es um die Einführung eines Warenwirtschaftssystems. Trotzdem wurde mir irgendwann bewusst, dass eine berufliche Unabhängigkeit auch ihre Vorteile hat.

1998 ging ein Traum in Erfüllung: Es ergab sich die Gelegenheit, Eigentümer einer eigenen Buchhandlung zu werden. Ich kaufte die Buchhandlung Pütt in Tönisvorst im Ortsteil St. Tönis, einer kleinen Gemeinde, wenige Kilometer von der Stadt Krefeld entfernt. Die Buchhandlung, die ich in eine GmbH umwandelte, existierte bereits seit 20 Jahren sehr erfolgreich, umfasste 100 Quadratmeter Ladenfläche in einer Seitenstraße im Stadtzentrum. Meine Frau, die selbst Buchhändlerin ist, wurde Mit-Gesellschafterin und Mit-Geschäftsführerin. Keine Frage, wir beide waren Buchhändler, und ich war daher der Meinung, es sei geschickter, das Geschäft doppelt abzusichern. Gemeinsam investierten wir das Geld, schlossen zudem einen langfristigen Mietvertrag ab.

Weil sich das Geschäft gut entwickelte, machten wir im gleichen Jahr noch einen weiteren Laden in der Fußgängerzone von St. Tönis auf, ca. 350 Quadratmeter in Hauptlauflage, also einer 1-A-Lage.

Wir positionierten die Buchhandlungen mit zwei unterschiedlichen Ladenkonzepten: Während das erste Geschäft sich mit am Kunden orientiertem Service und Beratung, als – ich sage mal – traditionelle »Bildungsbürger-Bücherstube« präsentierte, richtete sich der zweite, größere Laden, der auch über einen Non-Book-Bereich verfügte, an die autonomen Kunden, die reinkamen, stöberten und spontan kauften.

Das war lange Zeit ein erfolgreiches Konzept und wir verzeichneten zweistellige Umsatzzuwachsraten.

Den ersten Dämpfer erlebte ich, als vor vier Jahren im nicht weit entfernten Krefeld, mitten in der Stadt, sowohl Thalia als auch Habel neue Läden aufmachten, zwei große Buchhäuser mit jeweils über 2.500 Quadratmetern Ladenfläche. Mit einem einzigen Buchhaus hätten wir vermutlich leben können, aber gleichzeitig zwei in unmittelbarer Nähe ... mit dem Auto oder der Straßenbahn in 15 Minuten zu erreichen ... das war zu viel. Zudem waren die Konzepte, mit denen Thalia und Habel an den Start gingen, meinen Marketingansätzen nicht unähnlich. Thalia war am Bildungsbürger orientiert, während Habel eher den Shopping-Charakter unterstrich.

Schon nach kurzer Zeit merkte ich: Unsere Umsätze stagnierten, waren kurz darauf rückläufig. Die einzige Chance, dieser Entwicklung entgegenzusteuern: Wir legten beide Geschäfte zusammen, unterhielten nur noch den großen Laden im Zentrum des Ortes. Leider hatten wir die Läden zu einer Zeit gemietet, in der all diese Probleme noch nicht erkennbar gewesen waren.

Wir waren durch die langen Mietverträge an die Räumlichkeiten gebunden und die Vermieter zeigten wenig Bereitschaft, uns entgegenzukommen. Zum Glück konnte ich den kleineren Laden vorübergehend untervermieten.

Allerdings musste ich nun die unterschiedlichen Marketingkonzepte, die ich zuvor für die beiden Läden entwickelt hatte, für einen Standort und in einem Geschäft mischen. Was wiederum zur Folge hatte, dass weitere Kunden auf der Strecke blieben. Die Bildungsbürger mochten den Non-Book-Bereich nicht, die Autonomen interessierten sich dagegen nicht so sehr für Bedienung und Beratung.

Aber ich dachte mir: Mit einem Laden, noch dazu in 1A-Lage, müsste die Krise zu bewältigen sein.

Doch schon kam ein neuerliches Problem auf mich zu, ein nicht untypisches Strukturproblem für Kleinstädte und Gemeinden: Bis dato waren drei Supermärkte und Discounter im Ortskern vorhanden, Penny, Lidl und Plus. Nacheinander verließen sie den Innenstadtbereich und siedelten an die Peripherie des Ortes. In der Mitte zwischen den Orten St. Tönis und Vorst entstand um einen Real-Markt ein neues Einkaufszentrum auf der grünen Wiese. Zwei der Discounter fanden sich in einer alten Industriebrache am Stadtrand wieder.

Erneut bekam ich einen deutlichen Kundenschwund zu spüren. Die Leute verlagerten den Einkauf ihres täglichen Bedarfs zwangsläufig an den Stadtrand. Dementsprechend fehlte die Motivation, noch in den Stadtkern zu fahren.

Wenn überhaupt fuhren die Leute noch ins Zentrum, wenn sie eine Bank aufsuchen mussten – sofern sie nicht sowieso schon Home-Banking betrieben. Wenn sie noch dazu aber nicht den Bankschalter in Anspruch nehmen mussten, wenn sie nur einen Kontoauszug zogen, eine Überweisung einwarfen oder Geld über den Automaten abhoben, dann konnten sie jederzeit zur Bank gehen, nachmittags, abends, spätabends, sogar nachts, außerhalb der Geschäftszeiten. Viele Leute erledigen ihre »Bankgeschäfte« samstagabends, bevor sie in die Kneipe gingen. Oder im Sommer sonntags, wenn sie mit der Familie ein Eis essen gehen. Aber dann hat eine Buchhandlung leider geschlossen.

Dass die Probleme sich verschärften, daran hatte auch die Stadtverwaltung keine geringe Schuld. Immer wieder bemühten sich die politischen Gremien, wieder einen Lebensmitteldiscounter im Stadtkern anzusiedeln. Dieses Ziel umzusetzen wäre wahrscheinlich eine Sache von zwei Jahren gewesen. Doch dieses Vorhaben wurde nie in die Tat umgesetzt und scheiterte bis heute immer wieder.

Ich war einige Jahre im Vorstand des Werberings und war dort vor allem für Marketing, Werbung und Pressearbeit verantwortlich, außerdem unterhielt ich einen regen Kontakt zu den Parteien und Fraktionen am Ort. Ich ging zu Ratssitzungen, äußerte mich zu den Problemen und schrieb Artikel. Aber ich stieß bei vielen Politikern auf Unverständnis darüber, welche Bedeutung ein Lebensmitteldiscounter oder Supermarkt für das Ortszentrum hat. Das heißt: Der Wille, einen politischen Rahmen zu schaffen, war nicht vorhanden. Im Gegenteil, ich musste mir sogar häufig sagen lassen, dass meine Beurteilungen so nicht stimmten und die Kunden doch auch ohne einen Supermarkt in die Innenstadt kämen. Denn im Ortskern seien doch noch Geschäfte wie Schlecker, Kodi und Rossmann oder einige Textilketten.

Ansonsten waren im Zentrum immer weniger individuelle Läden, für die es sich lohnte, hinzufahren. Die, die es gab, wurden meist von Alteingesessenen betrieben, denen die Läden und die Immobilien seit Generationen gehören. Diese können einen Strukturwandel besser durchstehen als ein Neubürger wie ich, der keine eigene Immobilie besitzt und nun Probleme mit den monatlichen Mietzahlungen bekommt.

Ich hatte erhebliche Schwierigkeiten, die Miete für den großen Laden zu bezahlen. Ich unterzeichnete einen Anwaltsvertrag. Mit diesem Vertrag übte man dann starken Druck auf mich aus. Heute weiß ich: Den Vertrag hätte ich niemals unterzeichnen dürfen. Aber damals tat ich es in einer Phase, in der ich hoffte, dass es noch eine Perspektive für mein Geschäft gibt. In der ich glaubte, ich könnte den Laden retten. Ich versuchte, eine private Immobilie, über die ich verfügte, zu verkaufen, um Liquidität zu gewinnen. Aber der Verkauf wollte mir nicht gelingen.

Zwischenzeitlich stellte sich mir ein drittes Problem, die Verlagerung vom stationären zum Internetbuchhandel. Ein wichtiger Gradmesser dafür war sicherlich »Harry Potter«. Ich kann mich noch daran erinnern: Von den früheren Harry-Potter-Bänden hatte ich Erstverkaufszahlen zwischen 500 und 600 Exemplaren innerhalb der ersten vier Wochen nach Erscheinen. Die schrumpften über die Jahre, während der Briefträger jedes Jahr mehr stöhnte unter der Last, die er von den Internetbuchhändlern des nachts noch ausliefern musste.

Zu Anfang hatte ich ebenso viele Fachbuchbestellungen. Doch inzwischen war es weitaus bequemer, gerade für jüngere Leute, die EDV-erfahren waren, sich entsprechende Fachbücher im Internet zu bestellen. Es ist nicht so, dass ich die Beweggründe nicht verstehen kann: Natürlich ist der Onlinehandel bequemer, zum Beispiel für einen Wissenschaftler, der abends um 23 Uhr an einem Projekt arbeitet, dabei feststellt, dass er Literatur benötigt. Er sucht das Buch im Internet, findet es, bestellt es mit einem Klick, kann den Vorgang vergessen und hat das Buch, ohne dass er noch einen Gedanken daran verschwenden, geschweige denn vor die Tür gehen muss, drei Tage später in seinem Briefkasten liegen.

Diese Annehmlichkeit haben mir sehr viele Kunden bestätigt, vor allem die, die nachts arbeiten, die Bestellvorgänge nicht bis zum nächsten Tag aufschieben, sondern gleich vom Tisch haben wollen.

Solche Kunden sagen natürlich: »Dann besorge ich es mir im Internet, weil es bequem ist.«

Wie will man als Einzelhändler darauf reagieren? Wir änderten in meiner Buchhandlung die Öffnungszeiten. Wir hatten bereits morgens ab 8 Uhr geöffnet. Auf diesem Wege wollten wir den Müttern und Vätern, die ihre Kinder in den Kindergarten oder zur Schule bringen – und wir hatten einen Kindergarten und zwei Grundschulen in unmittelbarer Nähe –, die Möglichkeit bieten, schon in der Frühe ihre Buchbesorgungen zu erledigen.

Das wurde leider nicht von den Kunden angenommen, weil außer einem Bäcker und einem Metzger ansonsten niemand seinen Laden geöffnet hatte.

Wir hielten das Geschäft abends länger auf, um jene Kunden zu mobilisieren, die tagsüber in den umliegenden Städten arbeiten, erst um 18 Uhr oder um 18.30 Uhr nach Hause kamen und dann vielleicht noch Besorgungen erledigen wollten. Wir ließen die Türen bis um 20 Uhr auf, aber auch das war nicht von Erfolg gekrönt. Denn leider fand ich kaum Verbündete, die ihre Geschäfte ebenfalls länger als bis 18.30 Uhr aufmachten. Meist war meine Buchhandlung der einzige Laden in der Innenstadt, der geöffnet war – von 8 Uhr morgens bis 20 Uhr abends, und zwar durchgehend. Dies ist in kleinen Orten nicht üblich, aber die Kunden ändern ja auch ihr Verhalten und ich wollte dem Rechnung tragen. Meist schließen die Einzelhändler ja über Mittag ihren Laden, in der Regel von 13 bis 15 Uhr. Ich hatte meine Buchhandlungen von Anfang an immer durchgehend geöffnet.

Und natürlich erfüllte ich meinen Kunden häufig Wünsche, die weit über »das Normale« hinausgingen. Aber ich war überzeugt, dass ein besonderer Service zum Angebot einer Buchhandlung in diesem Umfeld dazugehört. Genauso wie das kulturelle Angebot, das ich auf die Beine stellte: Ich organisierte Autorenlesungen im Laden. Gemeinsam mit Gleichgesinnten gründete ich ein Kulturprogramm, »Kultur im Rathaus«, bei dem einmal im Monat Kleinkünstler, Musiker, Kabarettisten und Schriftsteller auftreten. Ich organisierte auf Weihnachtsmärkten Lesezelte, in denen Weihnachtsgeschichten vorgetragen wurden. Eine meiner Mitarbeiterinnen erstellte ein Unterrichtsprogramm zum Thema »Wie entsteht ein Buch?«, das von Lehrern gerne angenommen wurde.

Wesentliche Stützen waren meine Mitarbeiter und meine Frau, die zwei Tage in der Woche in unserem Laden mitarbeitet; eine Buchhändlerin arbeitet ganztags, eine weitere Buchhändlerin halbtags, außerdem jobbten noch Studenten stundenweise, mittlerweile aber reduziert ... trotzdem war ich selbst ebenfalls rund um die Uhr in der Buchhandlung präsent, arbeitete teilweise bis zu 80 Stunden die Woche. Aber das war irgendwie Normalität. Ich kannte es kaum anders. Auch in den Jahren zuvor, als angestellter Geschäftsführer, war ich zeitlich sehr beansprucht. Und meine Frau hat diesen Einsatz dankenswerterweise immer mitgetragen.

Überhaupt braucht man, um so etwas durchzuhalten, eine stabile Beziehung. Meine Frau und ich, wir sind seit 30 Jahren verheiratet. Wir beide sind Buchhändler. Sie weiß also sehr gut, wie viel Zeit der Einzelhandel den Menschen abverlangt, von Montag bis Samstag, samstags auch länger, weil man alles das, was in der Woche liegen blieb, am Samstag abarbeiten musste. Die wirklich kreative Arbeit, die Perspektiven über den Tag hinaus schafft, blieb für den Sonntag.

Weniger erfreulich war es, dass ich so viel Zeit und Kraft investierte, aber am Ende des Monats nichts in der Kasse übrig blieb.

So habe ich meine Ersparnisse verbraucht, zahlte mir über Jahre kein Gehalt, weil es nicht mehr möglich war. Manchmal konnte ich den Angestellten am Monatsende nicht einmal den Lohn auf einen Schlag ausbezahlen.

Dann gab es gesperrte Konten. Es blieben Sendungen aus. Ich musste Lieferanten und Barsortimenter mit Vorkasse oder am gleichen Tag bezahlen ... Natürlich ist es nicht leicht, morgens aufzustehen und nicht zu wissen, wie es mittags ausschaut: Kann man dann eine Rechnung bezahlen oder nicht? Kriegt man am nächsten Tag noch Bücher vom Barsortimenter oder nicht? Diese Fragen haben wir uns zuletzt jeden Tag gestellt. Weil wir nicht wussten, wie viele Kunden kommen. Wie viel wir in der Kasse hatten.

Ich konnte dieser dramatischen Entwicklung nur mit einem neuerlichen Schrumpfungsprozess begegnen. Im April 2006 gab ich die große Buchhandlung auf, kehrte zurück in den kleineren Laden in der Seitenstraße.

Wie es das Pech so wollte, eröffnete auf den 350 Quadratmetern im Stadtkern eine weitere Buchhandlung, die Filiale einer kleineren Kette. Von da an wurde es richtig schwierig, obwohl wir alles versuchten. Aber letztlich gerieten wir nur weiter in die Defensive: Der Markt wurde noch kleiner, er wurde enger, wir konzentrierten uns, sparten Kosten, rationalisierten, versuchten trotzdem, so kundenorientiert wie möglich zu arbeiten, um die Kunden zu halten.

Wir setzen unsere Hoffnung auf Weihnachten, denn gerade der Dezember spielt im Buchhandel eine zentrale Rolle. Doch das Weihnachtsgeschäft brachte zu wenig, höchstens die Erkenntnis, dass die Buchhandlung mangels Frequenz keine Perspektive mehr hatte. Vielleicht hätten wir alles auch schon viel früher beenden müssen. Wer weiß. Aber die Hoffnung stirbt zuletzt …

Zwischen Weihnachten und Neujahr traf ich eine Entscheidung, eine sehr schnelle Entscheidung nach einem alles in allem doch sehr langen Prozess und einem sehr langen Kampf.

Im Januar meldete ich für meine Buchhandlung Insolvenz an. Vermutlich wird es auch auf eine private Insolvenz hinauslaufen. Dass meine Frau Mit-Gesellschafterin war, erweist sich nun juristisch als geringer Vorteil. Sie haftet wie ich. So dass wir am Ende, nach Abwicklung der Angelegenheit, wahrscheinlich mittellos dastehen werden.

Es bleibt letztlich die Frage, inwieweit wir uns mit unseren Gläubigern verständigen können. Wir haben vier Hauptgläubiger: Die beiden Vermieter sowie die beiden Barsortimenter, die uns beliefert haben. Ich hoffe, dass ich mit ihnen Lösungen finde, die uns halbwegs leben lassen. Es gab schließlich auch Jahre, in denen sie ganz gut von uns profitiert haben. Für Vermieter von Geschäftshäusern ist es sicher nicht einfach, Standortveränderungen wahrzunehmen. Eine schnellere Anpassung an die veränderte Frequenzsituation hätte mir sicher sehr geholfen. Jetzt hatte ich natürlich auch noch das Pech, dass es mir nicht gelungen ist, meine Immobilie zu verkaufen. Dann hätte ich schon viel früher über finanzielle Mittel verfügt, mit denen ich Bankkredite hätte abbezahlen können. Ich hätte noch Geld übrig behalten, mit dem ich mich anderweitig hätte stabilisieren können

Jetzt ist die Immobilie an die Bank verpfändet, auch die Lebensversicherungen, wie es in solchen Fällen ja meisten passiert.

Im Buchhandel hoffe ich wieder auf eine Anstellung, die es mir ermöglicht, meine Erfahrung einzubringen. Aber in meinem Alter wird das nicht ganz einfach sein, einen neuen Arbeitsplatz zu finden.

Aber ich mache mir nichts vor: Ein Großteil unseres Erwerbs wird zur Tilgung der Schulden notwendig sein. Es wird also nicht viel Geld übrig bleiben.

Jeder ist sich selbst der Nächste.

Lothar, 51, Geschäftsführer einer Werbeagentur
Er lebt bei Frankfurt. Er ist geschieden und hat drei Kinder.

Ich bin gelernter Schriftsetzer und arbeitete damals noch mit Bleiklötzchen, anschließend anderthalb Jahre an der Bleigießmaschine. Ich wollte unbedingt Fotosatz machen, das war damals das Modernste, was es gab. Heute nennt man es Desktop-Publishing. Das bereitete mir soviel Spaß, dass ich fünf Jahre in dem Bereich arbeitete, bevor ich Anstellung bei einem Hersteller für Hard- und Software für das grafische Gewerbe fand.

Für diese Firma war ich elf Jahre lang im Außendienst tätig, teilweise auch im Innendienst als Anwendungsberater, schulte Leute, machte Kundenvorführungen. Zuletzt zeichnete ich als Chef der Anwendungsberatung verantwortlich und hätte die Einführung einer komplett neuen Technologie begleiten sollen.

Nachdem das Projekt allerdings nicht so klappte, wie es hätte funktionieren sollen, trat der Geschäftsführer einer Werbeagentur, den ich im Rahmen des Projektes kennengelernt hatte, an mich heran. Er unterbreitete mir ein lukratives Angebot. Ich zog einige Informationen ein. Die Agentur bestand bereits seit über zwanzig Jahren, war zuverlässig und erfolgreich. Mit einer bundesweiten Handelsgruppe, ihren Lebensmitteleinzel-, Großhandels- und Fachmärkten betreute die Agentur einen potenten Kunden. Also nahm ich den Job an und fand 1991 als technischer Betriebsleiter in dieser Werbeagentur meine Heimat. Der Firma ging es gut. Wir erzielten gute Preise am Markt. Wir hatten eine Alleinstellung am Markt, auch bei der Handelsgruppe.

Wir lieferten hohe Qualität. Und wir lieferten jederzeit pünktlich, obwohl die Termine in der Werbebranche ständig bis zum Letzten ausgereizt werden. Keine Frage, es lief hervorragend. Wie die große Handelsgruppe wuchs auch die Agentur ständig an.

Neun Jahre nach meiner Einstellung bot mir der Chef die stille Teilhaberschaft an, nicht ohne Grund, wie sich zeigen sollte. Ich nahm das Angebot an, kurz darauf verkaufte er die Firma. Es war von Anfang an sein Plan gewesen, sich mit 55 Jahren aus dem Geschäft zurückzuziehen. Jetzt hatte er das Alter erreicht. Er verkaufte die Agentur an einen größeren Mitbewerber. Die Agentur blieb aber als eigenständige Einheit bestehen, ich wurde angestellter Geschäftsführer.

Wenn man so will: Ich hatte mich hochgedient. Hochgestrampelt. Ohne ein Strampler zu sein. Ich hatte durchaus auch viel Glück gehabt. Aber eben auch sehr viel dafür gearbeitet.

Das Glück blieb mir treu. Die Agentur bekam mehr Aufträge. Ich musste die Mitarbeiter aufstocken, vor vier Jahren erst stellte ich acht neue Leute ein. Wir bekamen Platzprobleme in unserem alten Agenturgebäude, zogen 2003 um. Wir waren guter Hoffnung, schlossen einen Mietvertrag über zehn Jahre ab. Ein Jahr später ließ ich im Gebäude ein komplett neues Netzwerk verlegen, schnell, modern, unglaublicher Hightech. Kostete ein halbes Vermögen. Aber es lief alles rund. Wir machten gut Kohle. Ich schickte die Mitarbeiter mit ihren Männer und Frauen auf Wellness-Reise. Ich dachte mir: Ich kann mich doch schlecht an den Schreibtisch setzen und mich gut fühlen – denn die Mitarbeiter sind diejenigen, die das Geld für die Firma verdienen. Sie sollen sich wohl fühlen. So habe ich das gedacht.

Vor drei Monaten verloren wir, quasi von heute auf morgen, unseren großen Kunden, den Handelsriesen. »Von heute auf morgen« ist übertrieben. Natürlich zeichnete sich das Ende unserer Zusammenarbeit ab. Der Handelsriese hatte in den letzten zwei Jahren eine Menge Vorstandsvorsitzende verschlissen. Es gab auch diverse Briefe, die zwischen uns und dem Unternehmen ausgetauscht wurden. Aber eigentlich dachten wir nie daran, dass der Ernstfall tatsächlich einmal eintreten würde. Wir sind als Agentur mit dem Unternehmen gewachsen. Wir waren, wenn man so will, eine Einheit. Aber am Ende waren wir nur eine externe Agentur. Ein Zulieferer. Sonst nichts.

Der letzte Vorstandsvorsitzende des Handelsunternehmens begann damit, den Betrieb zu zentralisieren. Hatten die regionalen Zweige des Unternehmens bis dahin noch Mitspracherecht, entschied fortan nur noch die Konzernzentrale. Vertriebsschienen wurden zusammengelegt, ganz einfach, um Geld zu sparen. Und dann wurde auch die Werbung einer firmeneigenen Tochter zugeschlagen.

Wir wurden nicht einmal gefragt. Zur Not hätten wir unsere Preise senken können, wenn das der Hauptgrund gewesen wäre. Aber letztlich wurden irgendwo von irgendjemandem irgendwelche Entscheidungen getroffen, und dabei zählten langjährige Beziehungen nicht mehr. Wir waren aus dem Geschäft.

Mittlerweile machte der Handelsriese allerdings knapp 80 Prozent unseres Umsatzes aus. Mit ihm zusammen machten wir bis zum Sommer 2006 einen Umsatz von 450.000 Euro im Monat. Ohne ihn machen wir nun einen Umsatz von gerade mal 80.000 Euro. Bei laufenden Kosten von knapp 120.000 Euro im Monat ...

Vielleicht war es ein Fehler gewesen, sich auf diesen einen Großkunden zu verlassen. Aber was hätten wir tun sollen? Die Mitarbeiter waren mit den Arbeiten für den Kunden völlig ausgelastet. Wir hatten weder Zeit noch Lust, andere Aufträge zu akquirieren. Wir hatten ja manchmal schon Probleme, alle Aufträge dieses einen Großkunden zu bewältigen. Es ist nicht so, dass wir keine anderen Kunden haben. Aber die machen in der Masse nicht das aus, was jetzt durch den Wegfall des einen notwendig ist.

Die ersten zwei Monate überbrückten wir mit dem Gewinn aus diesem Jahr, in der Hoffnung, dass wir einen oder zwei neue Großkunden für die Agentur finden. Aber mittlerweile ist es äußerst schwierig, an Neuaufträge zu kommen. Wir sind sehr rührig; aus eigenem Interesse – Überlebensinteresse – sind wir am Markt sehr aktiv. Wir haben auch ein gewisses Portfolio anzubieten, also mit Dingen, die wir anbieten können: Ein schnelles Netzwerk mit schnellen Servern, Datenbanken, wir sind wirklich gut aufgestellt.

Aber Fakt ist auch: Große Aufträge werden beinahe nur noch über internationale Ausschreibungen vergeben. Und da kommen wir gegen polnische oder tschechische Unternehmen einfach nicht an. Nein, wirklich, da haben wir keinerlei Chance. Die nehmen Preise für eine DIN-A4-Seite Handelswerbung mit 16 Abbildungen ... etwa 35 Euro ... da müsste ich 60.000 Seiten im Jahr kloppen, um nur die Miete zahlen zu können.

Woran es liegt? Ich weiß es nicht. Ich weiß allerdings, dass die Gehälter, die wir hier in Deutschland zahlen, auch nicht exorbitant hoch sind. Dennoch sie sind so hoch, dass wir als deutsche Agentur nicht gegen die Preise der polnischen oder tschechischen Unternehmen anstinken können.

Anfangs hatte ich ja die Hoffnung, dass unsere Gesellschafter in irgendeiner Form zur Hilfe springen. Aber als Kapitalgeber versuchen sie in diesen Tagen noch schnell die Gewinne aus dem ablaufenden Jahr aus der Agentur zu ziehen, bevor diese durch unsere Minusumsätze langsam aufgebraucht werden.

Ob ich enttäuscht darüber bin? Nein, ich sehe das nüchtern: Die Gesellschafter wollen ihre Kohle, bevor sie in der Agentur verbrannt wird. Das ist okay, würde ich an ihrer Stelle vermutlich genauso machen.

Also lag es an mir, die monatlich steigenden Verluste aufzufangen. Es gab nur eine Lösung: sparen! Ich begann nachzurechnen: Wir geben in der Firma 150 Euro im Monat fürs Internet aus. Das Internet brauchen wir, wir sind eine Werbeagentur. Ohne Internet und E-Mail geht gar nichts. 300 Euro gehen monatlich für Telefon drauf. Telefon ist ebenso unabdingbar.

Monatlich fallen außerdem 180 Euro Kosten für Kaffee an. Okay, das wäre ein Posten, den ich hätte einsparen können. Auch bezahlten wir 70 bis 80 Euro im Monat an Sprudelwasser für die Mitarbeiter. Ich hätte die Mitarbeiter also darum bitten müssen, zukünftig ihre Getränke von zu Hause mitzubringen. Auch könnten wir die Blumen in der Agentur fortan selber gießen, und nicht mehr die Putzfrau darum bitten.

Aber diese Kosten einzusparen, nein, das ist lachhaft bei monatlichen Fixkosten in Höhe von 120.000 Euro. Wenn also das Geld für Kaffee oder Wasser nicht mehr drin ist, dann hat es einfach keinen Sinn. Das ergibt weder für mich, den Geschäftsführer, noch für die Mitarbeiter Sinn, jeden Tag zig Kilometer zur Agentur zu fahren, zu arbeiten und zu sagen: »Ich verdiene noch nicht mal das Blumenwasser.«

Ich musste also an die anderen Kosten ran. Gehälter und Miete. Ich zahle 80.000 Euro an Gehälter. Und 17.000 Euro allein für die Miete.

Ein Umzug aus den teuren Räumlichkeiten wäre ein erster Ansatz gewesen. Ich suchte das Gespräch mit dem Vermieter – ein Immobilienunternehmen. Dort zeigte man keinerlei Bereitschaft, uns schon nach vier Jahren vorzeitig aus dem Mietvertrag zu entlassen. Für das Immobilienunternehmen war das Gebäude vermietet, der Rest interessierte sie nicht. Wir drohten: »Im Notfall machen wir Konkurs, dann kriegt ihr gar keine Miete mehr. Ansonsten sind wir bereit, innerhalb der Immobilie in kleinere, günstigere Räumlichkeiten umzuziehen.«

Denn in dem Hochhaus, in dem unsere Agentur untergebracht ist, ist durchaus noch anderweitig Platz. Der Umzug wäre also kein Problem, wenn man nur gewollt hätte. Wollte man aber nicht.

Mir blieb keine andere Wahl: Ich konnte nur noch durch Entlassung sparen. Sowieso war klar: Für die neue Auftragslage der Agentur besaß ich mit 30 Mitarbeitern definitiv zu viel Personal. Allenfalls mit einer kleineren Mannschaft hätte die Firma eine Überlebenschance.

Ich weiß nicht, wie viele Nächte ich daraufhin in der Agentur verbrachte. Das alles machte mich fertig; ich konnte nicht einfach Mitarbeitern kündigen, mit denen ich mir die letzten zehn Jahre die Nächte um die Ohren geschlagen hatte. Das waren Leute, mit denen ich mehr Zeit verbracht hatte als mit meiner Familie. Am Ende nahm ich Beruhigungstabletten.

Und baute Stellen ab. Drei Mitarbeiter gingen von alleine, weil sie spürten, dass es in der Agentur keine Zukunft mehr für sie gab. Ich mache ihnen keinen Vorwurf daraus; jeder muss zusehen, wie er seine Existenz sichert.

Ich entließ weitere 13 Mitarbeiter. Junge Mitarbeiter, die schnell zu kündigen waren, so wie es die Sozialauswahl in solchen Fällen vom Arbeitgeber verlangt: Betriebszugehörigkeit, Alter, Familienstand, Kinder … Es tat mir in der Seele weh. Denn die jüngeren Mitarbeiter waren die Leistungsträger der Firma. Sie waren flexibel, blieben abends auch mal bis um 22 Uhr am Schreibtisch. Mit ihrem Einsatz rissen sie schon mal das eine oder andere Problem heraus.

Bei zwei Mitarbeitern, eine junge Frau, ein junger Mann, fiel es mir richtig schwer, ihnen kündigen zu müssen; die beiden waren herbe Verluste für die Firma. Das Mädel war spitze. Aber so was von spitze. Sie machte mit 22 Jahren Kundenkontakt, war aufgeschlossen, sympathisch, redegewandt, bei den Kunden dermaßen beliebt … Sie musste ich als allererste Mitarbeiterin entlassen. Sie war von allen Mitarbeitern die kürzeste Zeit in der Firma, vor einem Jahr erst eingestellt, noch dazu ledig … Ich hatte gar keine andere Wahl, ich MUSSTE sie entlassen, obwohl ich ganz genau wusste: Die anderen Mitarbeiter, die blieben, würden ihren Job nie und nimmer übernehmen können. Der andere Mitarbeiter war ein Technik-As. Er kümmerte sich um die komplette Hard- und Software der Agentur, die Computer, die Drucker, das Netzwerk, die Server … Auch er musste gehen, weil er erst seit zweieinhalb Jahren für uns arbeitete. Und jetzt? Jetzt stehen die verbliebenen Mitarbeiter manchmal wie verloren vor den Rechnern, wissen nicht, was sie machen müssen, geschweige denn, welche Passwörter notwendig sind, um das komplexe System zu bedienen.

Mit den alten Mitarbeitern ist die Firma nicht zu retten, das sage ich ganz ehrlich. Aber ich weiß auch ganz genau: Jeder Arbeitsrichter würde mir, wenn ich ihm zu erklären versuchte, warum ich lieber die alten anstatt die jungen Leute feuern möchte, antworten: »Aber ich bitte Sie, nach einer gewissen Einarbeitungszeit wird jeder andere Mitarbeiter die Jobs auch übernehmen können.«

Nein, das wird er nicht!

Es gibt im grafischen Gewerbe mehr als eine Funktion, die man ausführen kann. Und muss. Wenn einer schöne Seiten basteln kann, ist das gut. Wenn der andere noch ein paar Bilder retuschieren und auch Grafiken entwerfen kann, wenn er überhaupt alles an einem Auftrag bearbeiten kann, dann nehme ich doch lieber ihn.

Aber wenn der Richter mir dann erzählt: »Das muss doch jemand anderes auch erlernen können.«

Was soll ich ihm dann antworten? Dass jemand, dem ich einen Pinsel in die Hand drücke, noch lange kein Maler ist? Ja, genau das ist es. Man kann es oder man kann es nicht. Entweder man hat das Gefühl oder man hat es nicht. Man kann jemandem die teuerste Kamera kaufen, aber er wird im Leben kein guter Fotograf sein.

Vor dem Arbeitsgericht zählen diese Argumente nicht. Dort geht es nur darum, wer von den Mitarbeitern am längsten im Betrieb ist.

Das hilft mir aber nicht, um den Betrieb fortführen zu können. Denn dann habe ich Leute in der Agentur sitzen, die die Arbeit nicht mehr machen können. Dann kann ich die Firma ebenfalls dicht machen.

Auch die verbliebenen 14 Mitarbeiter sind noch zu viel. Ich müsste noch weitere Stellen abbauen, mindestens fünf Stellen. Aber das Kündigungsschutzgesetz bindet mir die Hände. Die Übriggeblieben sind die altgedienten Mitarbeiter. Den 50-Jährigen, der fast 30 Jahre in der Firma ist, den kann ich nicht entlassen. Der verdient 4.500 Euro im Monat, der kriegt – wenn ich ihn entlasse – eine Abfindung von locker 160.000 Euro. Und die wird er bekommen. Klar ist doch: Wenn er beim Arbeitsamt sitzt und erzählt, ihm ist gekündigt worden, wird man ihn fragen, ob er gegen seinen Arbeitgeber klagen möchte. Falls er das nicht möchte, wird man ihn fragen, warum nicht. Wenn er keinen schlüssigen Grund angibt, streicht man ihm womöglich das Arbeitslosengeld. Tja, also wird er förmlich zur Klage gegen die Firma gezwungen. Aber ich kann mir eine Abfindung nicht leisten. Also kann ich ihm auch nicht kündigen.

Der andere Mitarbeiter ist 62 Jahre, der verdient um die 5.000 Euro im Monat, der will sogar gekündigt werden, dem würde das auch nichts ausmachen, in den Vorruhestand zu gehen. Aber dem müsste ich bis zu seinem 65. Geburtstag seine Renten- und Arbeitslosenversicherung weiterbezahlen. Also würde ich keinen Cent sparen. Also brauche ich ihn auch nicht entlassen.

Jetzt sitze ich mit den 14 Mitarbeitern und wünschte mir mehr Flexibilität in Deutschland. Flexibel sein, das bedeutet für mich: Jederzeit einen Mitarbeiter einstellen zu dürfen. Aber ihn auch jederzeit wieder entlassen zu dürfen. Nicht weil ich es will, sondern weil ich es muss. Ich muss jemanden einstellen dürfen, weil ich ihn brauche. Und ich muss ihn auch wieder entlassen dürfen, sobald ich ihn nicht mehr brauche. So ist es heute in Deutschland: Wenn man einen Mitarbeiter einstellt, klopft einem niemand auf die Schulter. Aber wenn man ihn entlässt, wird man vor Gericht gezerrt.

Dabei könnte ich mit einer kleineren Mannschaft durchaus die Agentur am Leben erhalten. Wenn ich die überschüssigen Mitarbeiter entlassen könnte, ohne dass immense Folgekosten entständen, wären die Agenturkosten so gering, dass wir weiterarbeiten könnten. So aber wird die Firma wohl oder übel in den Ruin getrieben.

Natürlich machen wir den Laden noch nicht dicht. Wir machen weiter. Wir wissen nur noch nicht wie lange. Es sind ja noch Aufträge da, auch sind Aufträge in Sicht. Kleine Aufträge. Wenn kein größerer Auftrag mehr kommt, der wenigstens die Firmenkosten auffängt, dann ist Feierabend, spätestens im März. Das ist schade um einen Traum, an dem ich viele Jahre gearbeitet habe. Es ist um die Agentur schade, es ist um die Menschen schade. Schade, dass so etwas passiert.

Dabei hätte es nicht wirklich passieren müssen. Es gab eine Überlegung, eine mögliche Lösung aus dem Dilemma: Wir hätten die Agentur gegen die Wand fahren können, dann wären wir sie los gewesen. Das heißt: Der Mietvertrag wäre obsolet gewesen, auch die Arbeitsverträge. Man hätte eine Auffanggesellschaft eingerichtet, hätte vom Konkursverwalter die Technik übernommen, die man braucht, die bestehenden Aufträge, jenen Teil der Belegschaft, den man gebraucht hätte, um die Aufträge zu übernehmen. Und irgendwo in kleinen, überschaubaren Räumen, einem kleinen Miethäuschen zum Beispiel – das kriegt man ja heute schon für 800 Euro Miete –, hätten wir die Agentur fortgeführt. Mein Gott, dann wären die Kabelstrippen erst einmal über den Boden verlegt worden. Warum nicht? Es wäre eine Lösung gewesen.

Ich gebe zu, der Plan wäre riskant gewesen. Im schlimmsten Falle hätte der Konkursverwalter uns die Firma nicht verkauft. Oder zu einem horrenden Preis, den wir einfach nicht hätten zahlen können. Aber dieses Risiko wäre ich eingegangen. Leider bin ich nicht der alleinige Geschäftsführer. Und bei den anderen fehlte wohl der Mut zum Risiko.

Dabei darf man eines nicht vergessen: Die Agentur macht nicht Konkurs, weil wir überschuldet sind. Wir werden Konkurs machen, weil wir irgendwann zahlungsunfähig sein werden.

Wann immer das jetzt sein wird, ich werde dann nicht mehr in der Agentur tätig sein. Ich habe – in letzter Konsequenz – den Absprung geschafft.

Durch mein Gehalt als Geschäftsführer war es mir möglich, all die Jahre was anzusparen – quasi für die alten Tage. Ich hatte das Geld in Fonds angelegt, ein bisschen beiseite geschafft für den Fall, dass mal meine Waschmaschine kaputtgeht, oder zwei oder drei Waschmaschinen ... An dieses Ersparte ging ich jetzt, durchaus mit einem mulmigen Gefühl – immerhin war das meine Altersvorsorge –, nahm zudem noch einen Kredit über 100.000 Euro auf.

Vielleicht hätte ich das alles nicht gemacht, wenn ich nicht geschieden, wenn meine Kinder nicht schon lange erwachsen und selbstständig wären. Aber so, ohne jegliche Verpflichtung, nur mit einer Verantwortung mir selbst gegenüber, setzte ich alles auf Risiko.

Mit diesem Geld, über das ich jetzt verfügte, kaufte ich einen kleinen Laden, eine kleine Werbeagentur mit fünf Mitarbeitern und weit gestreuten Kunden in mittelständischer Größe; der Geschäftsführer wollte sich aus dem Betrieb zurückziehen, mit seiner Frau reisen, die Welt entdecken.

Es tut mir zwar leid um die alten Kollegen, die ich quasi im Stich lasse. Mich plagt auch ein schlechtes Gewissen. Aber jeder ist sich selbst der Nächste. Ich habe eine eigene Existenz und muss selbst zusehen, wie ich diese sichere. Ich bin 51, ich muss leben, ich muss noch Geld verdienen, ich kann doch nicht arbeitslos und in einem Jahr Hartz-IV-Empfänger werden. Aber das wäre unweigerlich mein

Schicksal gewesen, und zugleich mein Ende. Mit 51 kriege ich doch nichts Neues mehr, vor allem nicht ich mit meiner Schulbildung. Heute bekommt man einen Posten als Geschäftsführer nicht mehr einfach so – so wie ich ihn mir über die Jahre durch die Praxis erarbeitet habe. Normalerweise muss man Betriebswirtschaft und was weiß ich alles studieren, um an so einen Job zu kommen. Ich würde ihn nicht mehr bekommen.

Außerdem: Ich hatte mir in den letzten Jahren was aufgebaut. Ich war bekannt. Ich hatte eine gewisse Reputation. Ich helfe in Afrika Menschen. Das ginge dann alles nicht mehr.

Wenn ich wüsste, dass meine alte Werbeagentur noch einen größeren Kunden an Land ziehen würde, keine Frage, ich würde bleiben. Denn natürlich fällt es mir in meinem Alter nicht mehr leicht, noch mal was Neues anzufangen. Ich wäre liebend gerne in der Agentur alt geworden. Hier kenne ich alles. Ich kenne die Abläufe. Die Kunden. Die Ecken. Die Kanten.

Aber die Wahrscheinlichkeit, dass die Agentur noch einen großen Kunden findet, ist gering. Nein, offen gestanden: Ich sehe überhaupt keine Chance mehr, noch einen größeren Kunden zu bekommen. Und letztlich ist es nicht tragisch, dass ich das Geschäft verlasse. Ich bin ja auch nur ein Kostenfaktor.

Es wird jetzt wohl gut und gerne vier, fünf Jahre dauern, bis ich in der neuen Agentur auf dem Stand von heute bin. Dass ich meinen Kredit zurückgezahlt habe, dass ich mein Erspartes, das ich in die Firma reingeschossen habe, wieder auf meinem Guthaben-Konto habe.

Doch im Augenblick verfüge ich über nichts mehr. Wenn mein Vorhaben in die Hose geht, habe ich keinen Job, kein Erspartes mehr, nur noch Schulden. Dann bin ich pleite.

Die Entwicklung unserer Firma tat psychisch weh.

Werner, 60, Autohändler
Er lebt mit seiner Familie in Göttingen.

Es war ein komisches Gefühl, als mir nach all den Jahren die Kündigung ausgehändigt wurde: Ich war seit 1982 im Unternehmen meiner Frau als Geschäftsführer beschäftigt. Jetzt befindet sich das Autohaus in der Insolvenz, mir wurde zum 31. Juli 2007 gekündigt. Doch: Soll ich den Kopf in den Sand stecken? Soll ich kapitulieren? Nein, ich muss sehen, wie es weitergeht. Nach der Schule verpflichtete ich mich für vier Jahre bei der Bundeswehr. Als Flugzeugmechaniker bei der Luftwaffe lernte ich die Technik mit allen Details kennen. In dieser Zeit begegnete ich meiner Frau. Wir verliebten uns.

Im Anschluss an die Bundeswehrzeit absolvierte ich in einem VW-Großbetrieb eine zweijährige Ausbildung zum Großhandelskaufmann. Ich stieg nach der Lehre und einem einjährigen Studium in der betriebswirtschaftlichen Fachschule für den Kraftfahrzeug-Handel in den Betrieb meines Schwiegervaters in spe ein.

Dieser hatte 1950 im östlichen Teil von Rosdorf den Grundstein zum heutigen Autohaus gelegt. Er begann mit der Reparatur von Landmaschinen. Elf Jahre später entschloss er sich, den Vertrag eines französischen Automobilherstellers zu übernehmen. Eine Werkstatt mit großem Ersatzteillager wurde gebaut. 1967 errichtete mein Schwiegervater einen Neuwagensalon mit Büroräumen im Erdgeschoss, mit Wohnräumen in den oberen Etagen.

Die Ausstellung mit Neuwagen zog die Kundschaft aus der ganzen Umgebung an. Durch weitere Investitionen konnten eine neue Werkstatt mit acht Arbeitsbühnen und Hebebühnen an den bestehenden Gebäudekomplex angebaut werden. Auch eine Lackieranlage war dringend notwendig, weil immer mehr Kunden die Dienste in Bezug auf Unfallinstandsetzung und Lackierarbeiten in Anspruch nehmen wollten.

1971 kaufe mein Schwiegervater auf der gegenüberliegenden Straßenseite ein mehr als 6.000 Quadratmeter großes Grundstück. Das neu erworbene Gelände diente fortan als Ausstellungsfläche für Gebrauchtwagen mit einem separat abgetrennten Neuwagenlager.

Die Wirtschaft florierte, die Geschäfte liefen gut. Grund genug, dass sich der Vater meiner Ehefrau Renate zu einer besonderen Art der Präsentation hinreißen ließ: Ein freitragendes Zelt mit einer Grundfläche von rund 600 Quadratmetern wurde errichte, das im gesamten Umkreis für großes Aufsehen sorgte. Es war seinerzeit das erste Zelt dieser Art im gesamten Landkreis, das zum Verkauf von Fahrzeugen diente.

Um der Nachfrage der Kundschaft Rechnung zu tragen, wurde fortan die Fahrzeug-Ausstellung zur freien Besichtigung auch an Sonn- und Feiertagen geöffnet.

1973 feierten Renate und ich Hochzeit. 1982 stellte mich mein Schwiegervater als Geschäftsführer des Unternehmens ein; diese Aufgabe fiel mir nicht schwer, kümmerte ich mich doch bereits in den Jahren zuvor um die Belange der Firma, war durch meine Frau im elterlichen Betrieb integriert.

Zur Imageaufbesserung wurde das Zelt durch eine feste Gebrauchtwagenhalle in Stahlkonstruktion mit großem Vordach mit einer Grundfläche von circa 800 Quadratmetern ersetzt. Ein Verkaufsbüro für den Gebrauchtwagenbereich folgte.

Auch im Neuwagenbereich tat sich einiges. So entschied die Familie, dass der Neuwagensalon um das Doppelte auf 300 Quadratmeter vergrößert werden sollte. 1995 bauten wir eine zusätzliche 150 Quadratmeter große Ausstellungshalle mit Unterkellerung. Der Keller diente als Kunden-Reifenlager, einem zusätzlichen Service unseres Hauses.

Zu guter Letzt verfügten wir über ein Grundstück von 7.300 Quadratmetern. Wir waren gewachsen und gewachsen und sind dabei unserer Marke und unserer Firmenphilosophie, der Erfüllung von Leistung und Qualität, treu geblieben.

Meine Frau war in und mit diesem Unternehmen groß geworden. Ich stieg in jungen Jahren in die Geschäftsführung ein, und auch unsere Töchter entschieden sich – aus freien Stücken wohlgemerkt – zur Arbeit in der Autobranche. Wir lebten und arbeiteten in unserem Familienbetrieb. Unsere Wohn- und Arbeitsstätte war Rosdorf – und das Jahr für Jahr, jahrzehntelang.

Die Qualität der Fahrzeuge ließ leider oftmals zu wünschen übrig. Es gab außergewöhnlich viele Kundenbeschwerden bezüglich der Anfälligkeit der Modelle. Es dauerte, ehe der Hersteller darauf reagierte. Erst in den vergangenen zehn Jahren besserten sich Leistung und Zustand der Fahrzeuge. Doch wir blieben der Marke treu. Treu blieben wir auch unserem Familienbetrieb, der mittlerweile meiner Frau und mir überschrieben worden war.

Dass die Konkurrenz nicht schlief, war uns stets bewusst. Unser großer Mitbewerber betreute die im Norden der Region lebenden Kunden. Dafür zeigten wir im Süden Präsenz. Wir tolerierten uns, ohne dass der eine dem anderen in das Handwerk pfuschte. Warum auch? Jeder besaß seinen Kundenstamm und hatte sein Auskommen.

Ende der 90er Jahre spürten wir jedoch, dass sich die wirtschaftliche Lage verschlechterte. Der Kunde sparte, nahm nicht mehr jeden Inspektionstermin wahr, zögerte den Neuwagenkauf heraus oder entschied sich gleich für einen preisgünstigeren Gebrauchtwagen.

Wir standen vor der Wahl: Sollten wir reagieren und kämpfen oder resignieren? Um unser Unternehmen für die Zukunft zu rüsten, dem Wettbewerb zu trotzen und unseren Status als Haupthändler zu behalten, kauften wir ein 13.000 Quadratmeter großes Grundstück vor den Toren Rosdorfs, direkt im Kreuzungsbereich im Süden Göttingens gelegen. Hier sollte ein moderndes, kundenorientiertes Autohaus mit Servicecharakter und familiärem Flair entstehen. Die Rechnung wäre aufgegangen, wenn untergeordnete Händler-Kollegen über uns ihre Fahrzeuge bestellt hätten. Wir hätten von höheren Rabatten profitieren können, wären mit Bonuszahlungen bedacht worden. Alles schien unter Dach und Fach, die Pläne der Architekten waren unterzeichnet, die Gespräche mit der Bank abgeschlossen und auch vom Fahrzeughersteller gab es grünes Licht. Wir zeigten uns optimistisch, und auch die Euro-Umstellung, unter der der Fahrzeughandel bundesweit litt, brachte uns nicht aus der Ruhe.

Die GVO, die Verordnung für Kraftfahrzeugvertrieb und -kundendienst in der Europäischen Union, die im Oktober 2002 in Kraft trat, ließ uns hoffen. Die neue Verordnung sollte den Wettbewerb stärken und spürbare Vorteile für den Verbraucher bringen. Sie sollte Möglichkeiten für den vermehrten Einsatz neuer Vertriebsmethoden aufzeigen und außerdem zu einem intensiveren Wettbewerb zwischen den Händlern führen, den grenzüberschreitenden Erwerb von neuen Kraftfahrzeugen erleichtern und den Preiswettbewerb verstärken.

Tja, als sich der Markt für Autohändler öffnete, signalisierten unsere Kollegen überraschenderweise, dass sie frei entscheiden wollten, Rabatte anderer Anbieter einfahren und sich somit doch nicht vertraglich an uns binden wollten.

In dieser Situation war es für uns unmöglich, den Status des Haupthändlers aufrechtzuerhalten. Die vom Hersteller vorgegebenen Auslieferungszahlen für Neuwagen hätten wir nie erreicht. Doch das Grundstück war gekauft, die Idee des Neubaus gestorben. Die Nicht-Umsetzung des geplanten Vorhabens tut mir bis heute leid.

Denn die neue Verordnung erleichterte unserem stärksten Konkurrenten ein Vordringen in unser Gebiet, eine Annäherung an den Markt und somit an unsere Kundschaft. Wir wussten, dass er vor den Toren unserer Stadt nicht Halt machen würde. Schon lange war es sein Ziel, durch aggressive Werbemaßnahmen und drastische Rabatte auf sich aufmerksam zu machen. Wir waren in der schwächeren Position, konnten als mittelständischer Familienbetrieb nicht gegen den Riesen agieren.

Der Abtrag des gekauften Grundstücks kostete uns jährlich einen Betrag von 100.000 Euro. Unser Kapital wurde durch diese immense finanzielle Belastung stark geschwächt. Die allgemeine wirtschaftliche Lage bescherte uns Umsatzeinbußen, der Konkurrent drängte uns in die Enge. Jede Aktion, die wir für unsere Kunden durchführten, um dem Mitbewerber Paroli zu bieten, kostete unser Geld.

Ich sah, dass es keinen Sinn mehr hatte, als kleiner Mann gegen große Windmühlen anzukämpfen. Ich gab klein bei. Wir verloren den Status des Haupthändlers und schlossen uns vor drei Jahren unserem ärgsten Konkurrenten an.

Jährlich gingen uns rund 90.000 Euro an Rabatten und Bonuszahlungen verloren, die wir vom Fahrzeughersteller gewährt bekämen, hätten wir unseren Haupthändler-Status behalten. Jetzt waren wir einer von vielen betreuten Händlern und dem Riesen untergeordnet.

Unsere Familie hielt zusammen und allein unser Name verpflichtete uns zu außerordentlicher Qualität. Das waren wir unseren nahezu 5.000 Kunden schuldig. Doch einfach war das Weiterarbeiten nicht. Die Abzahlung des erworbenen Grundstücks drückte, die Umsätze in Werkstatt und Verkauf gingen zurück. Es war kein Kapital mehr vorhanden, um die Verluste aufzufangen.

Ende 2005 war klar: Unsere Firma rutscht in die Insolvenz. Gab es keine andere Lösung? Nein. Die sozialen Verpflichtungen, die auf uns zugekommen wären, wenn wir den Mitarbeitern gekündigt hätten, ließen sich nie und nimmer erfüllen. Die Zahlungen der Abfindungen hätten unser Unternehmen kaputtgemacht. Viele Mitarbeiter, vor allem im Werkstattbereich, arbeiteten jahrzehntelang bei uns.

Schafften vor zehn Jahren noch 28 Mitarbeiter im Unternehmen, waren es zuletzt 22. Weniger durften es nicht sein, wollten wir unseren Service aufrechterhalten. Kunden fordern – heutzutage wartet niemand mehr 30 Minuten, bis er bedient wird.

Wir probierten, das teure neue Grundstück zu verkaufen. Ein problematisches Unterfangen. Hinzukam, dass sich der Immobilienmakler nicht ausreichend kümmerte. Wie wäre es sonst zu erklären, dass das Objekt nicht einmal im Internet präsent war? Es bestand kein Grund, wir zahlten den Abtrag ja pünktlich. Erst, als wir den Verkauf selbst forcierten, passierte etwas. Wir veräußerten das Grundstück 2006 an drei Investoren. Zu spät, wir konnten unser Autohaus nicht mehr retten.

Wäre das Grundstück zu einem früheren Zeitpunkt verkauft worden, würde unser Unternehmen heute noch bestehen.

Uns ging es in all den Jahren gut. Während andere Händler am Hungertuch nagten, gar schließen mussten, profitierten wir von unserem Kapital. Der Schwiegervater hatte gespart und wir hatten es genauso gehalten. Wir finanzierten unseren gesamten Gebrauchtwagenbestand durch unser eigenes Kapital. Unüblich für die Branche. Die meisten Händlerkollegen finanzierten ihre Bestände fremd.

Unser Fahrzeugbestand umfasste ständige 230 Fahrzeuge, darunter 130 Gebrauchtwagen, 100 Neuwagen. Als die Verkäufe und somit die Umsätze stagnierten, ließen wir zwangsläufig Neufahrzeuge als Tageszulassung zu. Im Autohandel war dieses Vorgehen üblich, denn nur so konnten vom Hersteller geforderte Vorgaben im Bereich des Verkaufs erzielt werden.

Hohe Verkäufe sicherten einen hohen Bonus, so war das Geschäft. Leider zahlte der Händler drauf. Ein Kunde, der eine Tageszulassung erwarb, forderte die gleiche Garantieleistung wie beim nagelneuen Modell. Die Garantie begann am Tage der Zulassung. Was also tun, wenn ein Fahrzeug bereits seit vier Monaten als zugelassenes Auto auf dem Hof stand? Wir mussten Garantie gewähren – und zahlten drauf.

Wir gaben uns sehr viel Mühe, unseren Fahrzeugbestand zu reduzieren. Besaßen wir im Jahr 2000 noch einen Bestand von über fünf Millionen Mark, gelang es uns, diesen bis 2006 auf 800.000 Euro zu verringern. Wir schafften den Abverkauf durch harte Arbeit und viele verkaufsfördernde Aktionen.

In der ganzen Zeit kamen wir den Forderungen des Herstellers nach. Er bestand auf eine Zertifizierung, wir ließen uns zertifizieren. Kosten, die vom Händler getragen werden mussten. In all den Jahren fragte übrigens nie ein Kunde nach unserem Zertifikat.

Ich wünschte mir mehr Unterstützung des Herstellers, vor allem in der schier aussichtslosen Zeit. Wir bekamen sie nicht.

Glücklicherweise hielt die Familie zusammen. Beide Töchter standen hinter dem Betrieb, arbeiteten fleißig mit. Während andere Jugendliche drei Wochen Sommerurlaub unter der Sonne Spaniens verlebten, saßen unsere Mädchen bis in die Abendstunden im Büro. Doch sie taten das gern. Unsere bodenständige Familie besaß nie eine Yacht in der Südsee, kein pompöses Wochenendhaus, meine Frau hatte keinen Freund, ich trieb mich nie in Kneipen herum und auch wenn meine Töchter nach der Markteinführung die neuen schicken Fahrzeuge hätten fahren können, haben sie nie danach gefragt.

Wir investierten unsere Zeit und Kraft in die Firma. Die Nachfolge war geregelt, dieses gaben wir auch gegenüber dem Fahrzeughersteller an. Für die Umsetzung des geplanten Neubaus mit Haupthändler-Charakter musste eine Nachfolgeregelung zu Grunde liegen.

Dass nun alles anders kam, traf unsere Familie sehr. Ich war 60 Jahre alt, meine Frau 58. In unserem Alter bekamen wir von keiner Bank mehr einen Kredit, um unsere Firma zu retten. Die Töchter hätten einen Finanzierungsvertrag unterschreiben können. Sie boten es sogar an. Sie lebten für das Unternehmen, vertrauten ihren Eltern. Doch Renate und ich entschieden rigoros dagegen. Die Mädchen waren 31 und 29 Jahre alt, früher oder später würden sie einen anderen Job finden. Die Übernahme des elterlichen Betriebes, auf dem Schulden lasteten, konnten und wollten wir nicht verantworten.

Was blieb von unserem Engagement? Zum 24. Januar 2007 meldeten wir beim Amtsgericht Insolvenz an. Alle Mitarbeiter, auch ich, erhielten die Kündigung. Die Kunden wurden informiert.

Schon im Vorfeld wies ich die Belegschaft in unseren regelmäßigen Besprechungen immer wieder auf die wirtschaftliche Entwicklung unseres Unternehmens hin. Ich riet ihnen, sich frühzeitig nach einem neuen Job umzusehen. Ich wusste, dass unser Konkurrent in unserer unmittelbaren Nähe einen Neubau plante und ahnte, dass gravierende Veränderungen auf uns zukommen würden. Ich kannte unsere Verkaufszahlen, wusste, dass die Auslastung der Werkstatt nicht vorhanden war.

Die Mitarbeiter nahmen meine Bedenken und Ratschläge nicht ernst. Was sollte ihnen passieren? Ein Unternehmen, das seit 1950 bestand, verschwand nicht einfach vom Markt. Eine Mannschaft, die vertrauenswürdig und gut war, wurde gebraucht, wird immer gebraucht. Pustekuchen.

Viele reagierten nicht einmal, als der Mitbewerber sein gigantisches gläsernes Autohaus 20 Kilometer von uns entfernt erbaute. Die Eröffnung wurde groß beworben, mit einem »Tag-und-Nacht-Verkauf« sollte die Kundschaft angelockt werden. Während der Riese immer größer wurde, verschwand unser Betrieb von der Bildfläche.

Ein mulmiges Gefühl überkam mich, als der Fahrzeughersteller mit Vertretern der Bank vor Ort war, um die Fahrzeugbriefe in Empfang zu nehmen und die Autos abzuholen.

In den Gesichtern der Anwesenden sah ich, wie unangenehm ihnen die Situation war. Seit Jahren arbeiteten wir eng zusammen, überstanden Höhen und Tiefen, hatten stets ein gutes und faires, sogar auch freundschaftliches Miteinander. Seltsam, wie sich die Welt veränderte.

Von der Misere war unsere ganze Familie betroffen. Die Kinder, meine Frau, ich, wir saßen alle im selben Boot. Das Geschehen drückte auf das Gemüt, doch wir mussten da durch. Hinterher weinen oder gar verkriechen ergab keinen Sinn. Gestern war gestern, ich zwang mich, an heute zu denken. Ich musste sehen, dass es weiterging. Wie ich mich jetzt – nach diesem Schlag ins Genick – einsetzen konnte. Was brachte es, die Schuldfrage zu diskutieren?

Viele langjährige Kunden und Freunde des Hauses teilten uns mit, wie leid ihnen die wirtschaftliche Entwicklung täte. Sie versprachen uns Treue und motivierten uns zum Durchhalten.

Zum Glück ließen sich die Schulden überschauen. Unsere beiden großen Schuldner waren die Bank und der Fahrzeughersteller. Die Offenheit, mit der wir die Bank in all den Jahren behandelten, kam jetzt zurück. Ich fühlte mich von der Bank fair beraten. Die Anweisungen gab jetzt der Insolvenzverwalter. Während ich früher entschied, galt die Macht jetzt ihm.

Meine drei Automobilverkäufer arbeiten mittlerweile im neuen Job. Neun Mitarbeiter halten den Werkstattbetrieb aufrecht, die anderen sind freigestellt. Als Geschäftsführer bin ich ab August arbeitslos.

Glücklicherweise bekomme ich als Angestellter Arbeitslosengeld. Und auch meine Töchter sind diesbezüglich abgesichert. Nur meine Frau geht leer aus. Sie nimmt die ganze Entwicklung sehr mit. Eine Operation vor einem Jahr und die falsche Nachbehandlung der Ärzte bereiteten ihr körperliche Schmerzen, die Entwicklung innerhalb unserer Firma tat psychisch weh. Sie verlor viel Körpergewicht, lag nachts schlaflos wach und ich wusste, dass sich all ihre Gedanken um die Firma drehten. Renate war immer die Mutter des Betriebes. Mittlerweile wird sie mit starken Medikamenten behandelt, ist stationär in der Klinik aufgenommen, um zur Ruhe zu kommen.

Ich hoffe, dass sich ihr Gesundheitszustand verbessert, wenn sie sieht, dass ein neuer Interessent den Betrieb wieder aufnimmt. Die ersten Gespräche sind diesbezüglich bereits gelaufen. Ein Unternehmer möchte die Firma weiterführen, gern auch einige der einstigen Mitarbeiter beschäftigen. Der Standort ist optimal, das Haus schnell und problemlos zu erreichen. Es gibt gute Fahrmöglichkeiten für Probefahrten, aber auch Park- und Einkaufsmöglichkeiten direkt vor der Tür.

Die Jahre, die Jahrzehnte, das Erlebte, das Gewesene – das kann nicht vergessen werden. Im Moment wünsche ich mir nur, dass wir alle mit der neuen Situation leben können.

Es regierte stattdessen das Prinzip Hoffnung.

Heiko, 37, Malermeister
Er lebt in der Nähe von Köln. Er ist verheiratet und Vater von zwei Kindern.

Vor 55 Jahren hat mein Vater die Malerfirma gegründet. Vor sieben Jahren habe ich den Betrieb von ihm übernommen. Schon damals schaute es nicht so gut aus, aber keiner von uns hat daran gedacht, dass einmal der Tag kommen würde, an dem der ganze Stolz unserer Familie vor dem Ende steht. Ausgerechnet im 55. Jahr des Firmenbestehens musste ich zum Amtsgericht gehen und den Insolvenzantrag stellen. Das war der schlimmste Tag in meinem Leben.

Vor 55 Jahren gründete mein Vater den Malerbetrieb. Es war ein kleines Unternehmen in einem Vorort von Köln. Damals bestand es nur aus meinem Vater, der Malermeister war, und einem weiteren Angestellten. Die ersten Jahre waren nicht einfach für die beiden und ihre Familien, das weiß ich von meinen Eltern, die mir immer wieder aus dieser Zeit erzählt haben. Immer wieder fehlte daheim, sozusagen, die Wurst auf dem Brot, weil einfach nicht genug Geld in der Kasse war. Es muss eine bittere Zeit gewesen sein. Wäre mein Großvater nicht gewesen, der uns finanziell unterstützte und als gelernter Handwerker ab und zu sogar in der Firma aushalf, hätte mein Vater vermutlich irgendwann aufgegeben.

So aber ließ er sich nicht entmutigen, bemühte sich um Aufträge, ging immer wieder Klinken putzen, wollte durch schnelle Arbeit, gute Leistung, faire Preise überzeugen. Selbst über Überstunden wurde nicht geklagt, sie wurden dem Kunden auch nur selten in Rechnung gestellt. »Kundenbindung« lautete die Devise meines Vaters. Am Ende ging es natürlich auch um die Firma. Wer sich etwas aufbauen will, so sagte mein Vater immer, muss nicht nur auf vieles verzichten, er muss auch viel mehr leisten als normalerweise üblich ist.

Der Erfolg gab ihm recht: Die Aufträge nahmen zu. Ende der 50er Jahre, Anfang der 60er war die Arbeit von zwei Personen nicht mehr zu bewältigen. Erste Mitarbeiter wurden eingestellt, auch der erste Lehrling.

Inzwischen brauchte mein Vater nicht mehr händeringend nach Arbeit Ausschau halten, jetzt kamen die Menschen auf ihn zu. So ließen sich nicht nur Privathaushalte Wohnung und Haus von Vaters Betrieb malern, auch Renovierungs- und Restaurierungsarbeiten in öffentlichen Gebäuden und Einrichtungen wurden häufig an meinen Vater vergeben. Die Geschäfte liefen glänzend in den Zeiten des Wiederaufbaus und Wirtschaftsbooms.

Unsere Firma wuchs und wuchs, und es wurde ein richtiger Familienbetrieb: Meine Mutter übernahm die Buchhaltung. Als sie während der Schwangerschaft pausieren musste, half anfangs ihre Schwägerin aus, später wurde sie ebenfalls eingestellt. Ein Cousin von meinem Vater, ein gelernter Bergmann, der durch eine Krankheit arbeitsunfähig geworden war, ließ sich zum Malermeister umschulen und kam ebenfalls bei uns zur Vollbeschäftigung. Sogar mein Großvater, längst im Ruhestand, half nach wie vor aus.

Später begann auch ich meine Ausbildung in der Firma. Schon als Junge habe ich mir gelegentlich, nach der Schule, ein kleines Taschengeld verdient. Die Arbeit machte mir Spaß, und so war es quasi eine Zwangsläufigkeit, dass ich meine Lehre im väterlichen Betrieb absolvierte. Natürlich verlangte der Betrieb uns allen viel ab, aber er warf auch einiges ab. Meine Eltern konnten sparen. Durch die Mitarbeit vieler vertrauter Verwandter konnten sie mit uns Kindern zwei Mal im Jahr ruhigen Gewissens in Urlaub fliegen, sich außerdem ein eigenes Haus und in dessen Nachbarschaft die Firmengeschäftsräume bauen.

Meine Eltern fuhren jeder ein eigenes Auto, ich bekam zum 18. Geburtstag den Führerschein und einen Kleinwagen geschenkt.

So gut es sich meine Eltern gehen ließen, sie wollten natürlich auch für ihre Mitarbeiter sorgen, inzwischen 19 an der Zahl, dazu vier Lehrlinge und ebenso viele Praktikanten.

Ein gutes Betriebsklima stand immer ganz oben auf der Prioritätenliste meines Vaters. Denn motivierte Mitarbeiter hängen sich gerne für die Firma rein, war eine weitere seiner Devisen. Deshalb bezahlte er stets pünktlich das Gehalt, gab regelmäßig eine Lohnerhöhung, und schon 1961 sorgte mein Großvater dafür, dass die betriebliche Altersversorgung für die Mitarbeiter eingeführt wurde. Damals war das eine tolle Sache, die die Angestellten noch einmal mehr motivierte. Welche Folgen Großvaters Initiative fast fünf Jahrzehnte später haben sollte, konnte damals natürlich noch niemand ahnen.

Irgendwann in den 80er Jahren begann die Krise. Ich kann nicht einmal sagen, wann genau es dazu kam. Vielleicht war es auch Anfang der 90er, als sich die erste Euphorie über die Wiedervereinigung legte.

Die Aufträge wurden weniger. Kunden versuchten, Preise zu drücken. Oder suchten gleich ganz andere, hilfreiche Geister. Anfang der 90er war es ganz schlimm mit Polen, die an den Autobahnraststätten oder Parkplätzen in Gruppen standen und nur darauf warteten, dass sie auf Arbeit angesprochen wurden.

Plötzlich gab es Monate, in denen die Einnahmen die Ausgaben nicht mehr deckten. Halb so wild, dachten wir uns, wir hatten ja genug auf der hohen Kante. Also gingen wir ans Angesparte, um weiterhin pünktlich die Gehälter zu bezahlen. Dabei haben wir uns nichts gedacht, denn die Mitarbeiter sind nun mal das A und O des Betriebs; sie haben geholfen, die Firma groß zu machen, also helfen wir ihnen, weiterhin ihre Familie zu ernähren, Miete zu zahlen und eigene Kredite zu tilgen. Für uns war das eine Selbstverständlichkeit: Wir wollten nicht, dass die Mitarbeiter beginnen, sich Sorgen zu machen. Dann sind sie womöglich nicht mehr motiviert und die Firma geht ganz den Bach runter.

Ich weiß nicht, ob wir die Augen davor verschlossen haben. Oder ob wir es wirklich nicht gemerkt haben: Wir stopften die Löcher, lösten aber nicht die Ursache. Wir trösteten uns mit dem Gedanken: Es kommen wieder bessere Zeiten. Ganz sicher. Bei uns in Köln gilt der Grundsatz: »Et is noch immer jot jejange« – bisher ist es immer gut gegangen.

Als ich 2000 die Firma von meinem Vater übernahm, war das ein Zeichen für den Neuaufbruch; für eine Verjüngung der Firma, für frischen Wind.

Aber im Prinzip war der Wechsel lange geplant, und mein Vater war stolz. Er hatte fast 50 Jahre für den Betrieb gelebt, fast nichts anderes gekannt. Die Firma war sein Lebenswerk, und jetzt wusste er es in guten Händen, bei seinem Sohn.

Klar, es gab einige Probleme, aber die hatte es in den vergangenen Jahrzehnten immer mal wieder gegeben. Außerdem konnte er sich nur zu gut daran erinnern, wie er selbst angefangen hatte. Damals hatte es ebenfalls Probleme satt gegeben. Wie hatte er sich hoch gearbeitet? Mit der Devise: Man muss sich nur reinhängen, sich in Verzicht üben, mehr leisten, dann wird das schon …

Aber die Zeiten hatten sich seitdem verändert, vor allem wirtschaftlich. Ende 2001 erwischte uns die Konjunkturkrise; Firmen und Privatleute legten Renovierungsprojekte auf Eis oder strichen sie ganz. Viele Großprojekte wurden nicht realisiert. Bauträger gingen in die Insolvenz. Die große Pleitewelle schwappte übers Land. Massenentlassungen drohten. Solche Nachrichten wurden wiederum von den Medien panikartig verbreitet. Hinzu kam – in Konsequenz aus den Firmenpleiten – die ständige Berichterstattung über die zunehmende Arbeitslosigkeit in Deutschland, die vor niemandem mehr Halt machte. Die Leute waren beunruhigt, begannen noch mehr zu sparen, erst recht, als der Euro eingeführt wurde. Der *Teuro*.

Die Leute sorgten lieber selbst für den Anstrich daheim, oder zahlten ihren Freunden oder Nachbarn schwarz unter der Hand. Wer sich trotzdem einen Maler kommen ließ, zahlte die Rechnung einfach nicht. Es war ein ganz deutlicher Wandel in der Zahlungsmoral festzustellen. Ein befreundeter Kollege nannte es »kriegsähnliche Zustände«. Irgendwie hatte er recht.

Jeder noch so kleine Mangel wurde von den Kunden genutzt, um die Rechnung nicht oder nur in reduziertem Umfang zu bezahlen. Obwohl wir korrekt, termintreu und sauber arbeiteten – daran hatte sich in all den 50 Jahren nie etwas geändert – mussten wir jetzt bis zu sechs Monate auf unser Geld warten. Verspätete Zahlungen und Forderungsausfälle brachten uns selbst in arge Zahlungsschwierigkeiten. Nicht nur die Lieferanten wollten bezahlt werden, wir mussten – und wir *wollten* – die Löhne und Sozialabgaben weiterhin pünktlich bezahlen, von der betrieblichen Altersversorgung ganz zu schweigen. Sie lastete jetzt wie ein schwerer Brocken auf uns. Doch anstatt sie zur Disposition zu stellen, gingen wir erneut an die eigene Substanz.

Nur leider war nicht mehr viel davon übrig geblieben. Es war ein schleichender Prozess, den keiner von uns wirklich wahrnahm. Natürlich, wir selbst traten seit Jahren kürzer: kein Urlaub. Kein neues Auto. Nur die allernötigsten Ausgaben für die Familie und die Kinder. Oder wichtige Anschaffungen im Betrieb. Die Firma hatte Priorität. Schließlich war die Firma ja so etwas wie eine Familie. Ein Familienbetrieb. Bis irgendwann das böse Erwachen kam. Als meine Frau mit dem zweiten Kind schwanger, unser eigenes Haus gerade mal angezahlt war und ... Nun, wir mussten uns dem Unausweichlichen endlich stellen. Wir standen vor dem finanziellen Ruin. Wir hatten in den vergangenen Jahren fast alles Geld in den Betrieb hineingepumpt.

Ich habe lange mit meinem Vater zusammengesessen, viele Male haben wir die Nächte drüber gebrütet. Dann kam der schwärzeste Tag in meinem Leben: der Gang zum Insolvenzgericht. Von einem Tag auf den anderen – ausgerechnet zum 55. Firmenbestehen – musste ich sein Lebenswerk zunichte machen. Was meinen Sie, wie ich mich dabei gefühlt habe? Ich weiß nicht, wie mein Vater sich dabei fühlte. Er hat nicht darüber gesprochen. Er hat gesagt: »Wenn es sein muss, dann muss es sein.«

Aber allein aus diesen wenigen Worten stach die große Schmach über die Pleite. Und darüber, dass ihm nichts geblieben ist. Nichts von dem, was er sich die vielen Jahrzehnte erarbeitet hat. Wahrscheinlich macht er sich selbst etliche Vorwürfe: Hätte ich doch ...! Warum habe ich nicht ...?

Dabei geht es ihm vermutlich weniger um seine eigene Altersruhe. Mein Vater war immer um die Angestellten besorgt. Ganz bestimmt nimmt es ihn noch viel mehr mit, dass jetzt die Kollegen, von denen einige mit der Firma groß geworden sind, auf der Straße sitzen. Er fühlt sich dafür verantwortlich. Ich weiß, wie er empfindet. Ich fühle mich ja selbst schuldig für die Pleite. Auch ich frage mich: Hätte ich bloß ...! Warum haben wir nicht ...?

Der Insolvenzverwalter brachte es auf den Punkt, und plötzlich sieht man die Angelegenheit mit ganz anderen Augen – nur leider zu spät: Unsere Insolvenz war der mangelnden Marktanpassung, dem falschen Kostenmanagement geschuldet. Vor allem aber der mentalen Blockade: Bis zum Schluss hatten wir nicht wahrhaben wollen, was mit unserer Firma geschah. Es regierte stattdessen das »Prinzip Hoffnung«. Et is noch immer jot jejange.

Um ein Haar hätten wir auch noch den Insolvenzantrag viel zu spät gestellt. Denn unter Umständen lohnt es sich, unsere Firma zu sanieren. Wie viele unserer Mitarbeiter dafür entlassen werden müssen, wird sich zeigen. Wenn es jedoch ganz schlimm kommt, wird die Firma abgewickelt. Das steht im Augenblick noch in den Sternen.

Was aus uns und meiner Familie wird, ist ebenso ungewiss. Wir sind finanziell am Ende, daran gibt es nichts zu beschönigen. Meine Frau bekommt ihr zweites Kind. Und wir müssen den Kredit fürs Haus bezahlen. Es ist schon kein angenehmes Gefühl, den Gürtel enger zu schnallen, wenn man all die Jahre gut gelebt hat. Ja, natürlich, die letzten Jahre waren von einem Sparwillen geprägt. Aber dass wir möglicherweise ausziehen und verkaufen müssen, so weit hat niemand von uns denken wollen. So was verdrängt man, haben wir viel zu lange verdrängt. Jetzt müssen wir uns dem stellen.

Manchmal ist es mir peinlich vor Freunden oder Bekannten. Oder vor Kunden. Die Pleite hat einen faden Beigeschmack. Als wären wir unfähig. Als hätten wir Dummheiten gemacht. Oder unsere Arbeit nicht richtig und ordentlich, so wie man es die letzten 50 Jahre von uns gewohnt war. So was denken die Leute ja recht schnell ... Obwohl sie ganz genau wissen, wie die wirtschaftliche Situation ist. Es fällt schwer, dagegen anzugehen, weil man ja selbst mit sich hadert, sich verantwortlich macht.

Zum Glück haben wir unsere Familie. Die hält zueinander, selbst jetzt in den schlechten Zeiten. Das ist ein tröstendes Gefühl.

Das Leben ist nicht mehr so lebenswert.

Roland, 54, Unternehmer
Er lebt in der Nähe von Leipzig. Er hat eine Familie.

Schon zu DDR-Zeiten hatte ich viel mit Blumen zu tun. Ich wuchs im Harz auf, mitten in der Natur. Dabei entstand die Liebe zu den Blumen. Ich bin ein Blumenliebhaber. Blumen sind etwas Einzigartiges. Sie sind lebendig. Blumen gehören zum Menschen hinzu. Wobei ich damals nie daran dachte, diese Leidenschaft beruflich zu nutzen.

Mein Traum war es, Schiffskoch zu werden. Allerdings machte ich den Fehler, mich direkt bei der Marine zu bewerben. Dort nahm man nur fertig ausgebildete Köche, Fleischer und Bäcker. Ich versuchte an eine Ausbildung zum Koch zu gelangen, doch das war in der DDR gar nicht so einfach. Meine Bemühungen schlugen allesamt fehl. Bewarb ich mich in Berlin, fehlte mir die Unterkunftsmöglichkeit. Wurde ich beim Kreisbetrieb vorstellig, suchte man nur eine Köchin.

Was tun?

Meine Eltern waren beide bei der Reichsbahn beschäftigt. Also überlegte ich mir: Geh ich doch auch zur Eisenbahn. Entweder als Lokführer oder Lokschlosser. Ich wählte letzteren Berufsweg. Die Arbeit war schön, machte Spaß, wurde gut bezahlt.

Dann kam die Wende. War zu DDR-Zeiten noch alles im Betrieb der Reichsbahn, wurden nach der Wende viele Bereiche vom Unternehmen getrennt beziehungsweise privatisiert. Überhaupt war der Bahnbetrieb viel zu groß. Eine Entlassungswelle nach der anderen schwappte über uns hinweg. Es war nur noch eine Frage der Zeit, bis auch mein Job dran glauben musste. Das war kein angenehmes

Gefühl. Ich war verheiratet, meine Frau und ich hatten zwei Kinder … Da will man nicht auf der Straße stehen und sich jeden Tag Sorgen machen müssen, wie man die Familie morgen noch ernähren kann.

Der Zufall wollte es, dass ich damals einen Freund hatte, der mit seiner Frau im Blumengroßhandel tätig war. Sie belieferten die Händler in Brandenburg, Sachsen und Sachsen-Anhalt. Blumen waren nach der Wende ziemlich gefragt.

Vor der Wende hatte es in der DDR kaum Blumen gegeben. Es gab Nelken, Fresien, Grünpflanzen … mehr gab die DDR-Produktion nicht her. Man war ja schon froh, wenn man zum Frauentag vier oder fünf Fresien ergattern konnte. Es war wirklich schwer, an Blumen zu gelangen, und wenn man manchmal nicht die Beziehungen gehabt hätte, dann hätte man, na ja, nichts gekriegt …

Nach der Wende erlebte das Blumengeschäft in der DDR einen Aufschwung sondergleichen. Lkw-Ladungen voller Pflanzen wurden aus den Niederlanden in die neuen Bundesländer geschafft, wo sie von den Blumenhändlern in großen Mengen gekauft wurden. Im wahrsten Sinne des Wortes waren die versprochenen, blühenden Landschaften wahr geworden.

Meine Freunde suchten einen Mitarbeiter für ihren Blumengroßhandel. Jemand, der Ahnung von Blumen hatte. Sie fragten mich. Ich sagte mir: »Warum nicht?« Warum nicht das Hobby, das mich bis dahin nie losgelassen hatte, zum einträglichen Beruf machen? Ich kündigte bei der Bahn, noch bevor man mich dort entließ, und begann eine Anstellung bei meinen Freunden.

Fortan reiste ich quer durch Deutschland und nach Holland. Als ich das erste Mal in Holland war, bei der Blumenversteigerung in Alsmeer – die größte überdachte Blumenversteigerung der Welt –, kriegte ich den Mund vor Staunen nicht mehr zu: Tausend Meter lang, hunderte Meter breit. Und nichts als Blumen. Blumen. Blumen. An diesem Tag ging ein Traum in Erfüllung.

Wir arbeiteten mit einem holländischen Partner zusammen, der für uns Blumen in großen Stückzahlen kaufte. Wir übernahmen die Ladung in Holland, fuhren diese mit den Lkws rüber nach Ostdeutschland, wo wir sie an die Geschäfte lieferten. Häufig waren wir tagelang unterwegs; kaum dass wir die Blumen ausgeliefert hatten, mussten wir schon wieder zurück nach Holland, um die neue Ware zu holen.

Diese viele Arbeit störte mich nicht. Erstens machte sie mir sehr viel Spaß. Zweitens bin ich die Sorte Mensch: Wenn ich was mache, dann mache ich es richtig. Ich bin nicht der Typ, der mal hier was ausprobiert, dann mal dort, und alles schnell wieder fortschmeißt. Nein, ich beiße mich fest. Dann investierte ich viel Zeit und Kraft. Wenn es zwanzig Stunden dauert, dauert es zwanzig Stunden. Wenn es zehn Stunden dauert, dauert es zehn. Und wenn es nur drei Stunden sind, sind es nur drei. Aber ich guck nicht auf die Uhr.

Das Blumengeschäft lief super. Wir verdienten eine Menge Geld. Leider konnte meine Chefin nicht damit umgehen. Sie lebte immer mehr über ihren Verhältnissen. Und nicht mehr fürs Geschäft. Das war ihr Untergang. Sie verlor zunehmend ihre Kundschaft, bis am Ende nur noch vier oder fünf Händler übrig blieben. Zu wenig, um den Betrieb weiter aufrechtzuerhalten. Sie musste den Großhandel schließen.

Ich überlegte nicht lange. Ich sagte mir: »Wenn drei Leute davon satt werden, dann müsste ich es alleine doch auch packen.«

Ich übernahm den Großhandel. Na ja, es war nicht mehr wirklich ein Großhandel. Es waren sechs oder sieben Kunden, die ich fürs erste mit dem kleinen Transportbus belieferte, den ich meinen Freunden abkaufte: ein alter B1000, hergestellt in Sachsen. Ich verkaufte meine Garage und kratzte alles, was ich an Geld hatte, zusammen und kam auf den stolzen Betrag von 25.000 D-Mark, das war mein »Startkapital«, nicht viel, aber ich war stolz darauf. Fördergelder bekam ich nicht, weil mir ein Fehler unterlaufen war. Fördergelder bekommt man als Existenzgründer nur dann, wenn man noch keinen Gewerbeschein hat. Ich hatte aber leider bereits einen beantragt. Niemand hatte mir gesagt, dass man erst den Förderantrag stellen muss und danach sein Gewerbe anmeldet. Das Nachsehen hatte ich.

Aber egal, ich glaubte an mein Unternehmen. Blumen waren nach wie vor gefragt, und man spürte, wie auch andere Geschäftsleute,

Großhändler aus den Niederlanden, auf den ostdeutschen Markt drängten. Damals gab es noch einen Markt …

Ich schuftete Tag und Nacht, fuhr nachts um 3 Uhr los und kam abends um 20 oder 21 Uhr heim. Mein Prinzip war: Der Kunde ist König. Wenn der Kunde anrief, konnte ich zwar denken: Du A…! Aber nach außen hin gab ich ihm das Gefühl, der wichtigste Kunde für mich zu sein. Man konnte mich auch sonnabends oder sonntags anrufen, wenn Not am Mann war, setzte ich mich in den Pkw und brachte dem Händler die gewünschten Blumen – und wenn es nur 40 rote Rosen waren.

Natürlich litt das Privatleben unter diesem Einsatz. Ich verdiente zwar den Unterhalt für die Familie, eigentlich ging es uns sogar ziemlich gut, aber es blieb uns wenig Zeit füreinander. Einstellen mochte ich niemanden, zumindest jetzt noch nicht. Es lag gar nicht so lange zurück, dass ich erlebt hatte, wie es ist, wenn man über den Verhältnissen lebt. Mein Unternehmen stand gerade erst am Anfang und ich wollte unnötige Investitionen vermeiden. Man kann ein Unternehmen nur zum Erfolg führen, wenn man zu Beginn viel Zeit und Kraft investiert. Dafür braucht man wiederum die Unterstützung der Familie. Zum Glück hatte ich sie.

Außerdem: Der Einsatz zahlte sich allmählich aus. Mein Service sprach sich herum. Mein Großhandel war sehr beliebt bei den Kunden. Es wurden immer mehr Kunden. Dementsprechend stieg auch das Transportvolumen.

Nach einem Vierteljahr reichte der kleine B1000 nicht mehr aus. Ich investierte in einen größeren Transporter. Doch auch der genügte meinen Anforderungen schon bald nicht mehr. Inzwischen fuhr ich nicht mehr selbst in die Niederlande zur Auktion, sondern ich ließ mir von meinem holländischen Partner, einem Großhändler, die Blumen in mein Lager liefern, drei Mal die Woche, mitten in der Nacht. Die Blumen wurden in Papier gedreht, eingepackt und ich fuhr sie mit meinem Transporter durch die Bundesländer, von Blumengeschäft zu Blumengeschäft. Häufig musste ich am Tag zwei Mal nach Hause fahren, nachladen, damit alle Kunden ihre Blumen bekamen. Wieder steckte ich das erarbeitete Geld in einen neuen, noch größeren Transporter.

Diesmal borgte ich mir Geld von meinen Eltern. Ich nahm einen Kredit auf. Das war gar nicht so einfach, das Geld zu bekommen – manche Bänker tun geradewegs so, als wäre es ihr eigenes Geld, das sie einem leihen …

Ende 1993 investierte ich in meinen ersten großen Lkw mit Ladebordwand, Kühlung und allem, was nur denkbar ist. Ein Jahr drauf übernahm ich von einem befreundeten Großhändler, der sein Geschäft aus familiären Gründen aufgeben wollte, die Route mitsamt Kunden. Ich erwarb einen zweiten Lkw und stellte meinen ersten Mitarbeiter ein. Später stellte ich noch meine Frau ein, die die Buchhaltung übernahm. Dafür hatte ich überhaupt keine Zeit mehr.

Leider forderten der Einsatz, die viele Arbeit, der Stress ihr Tribut. Ich bekam Diabetes und Bluthochdruck. Mir ging es nicht mehr so gut. Doch ich hatte keine andere Wahl: Der Betrieb musste weitergehen.

Mein holländischer Partner, der Großhändler, unterbreitete mir ein entlastendes Angebot: Er würde meinen Betrieb übernehmen und mich anstellen: »Du brauchst keinerlei Verantwortung mehr tragen, kannst Urlaub machen, dich ins Krankenhaus begeben, dich auskurieren, danach nur noch deine Tour fahren und du bekommst ein gutes Gehalt, weil die Firma ja hervorragend läuft. Ansonsten brauchst du dir überhaupt keine Sorgen mehr machen.«

Das klang sehr verlockend. Und es gab keinen Grund, nicht darauf einzugehen. Ich übergab die Firma, war mit einem Schlag alle meine Schulden los und unterschrieb den Arbeitsvertrag. Ich machte mir nicht einmal Sorgen darüber, dass der Vertrag eine Klausel hielt, die besagte: »Im Kündigungsfalle darf ich zwei Jahre lang nicht mehr im Blumengewerbe tätig sein.« Die Firma lief so gut, an eine Kündigung war doch gar nicht zu denken.

Ein halbes Jahr war ich angestellt, in meiner eigenen Firma sozusagen, als ich mich auf dem Rückweg befand, von Holland zurück in den Osten. Ich saß mit meinem Chef, meinem ehemaligen Partner, im Führerhaus des Lkws, der Koffer war voller Blumen, auf die die Blumengeschäfte bereits warteten. Er sagte: »Es tut mir leid. Es geht nicht mehr. Die Geschäfte laufen nicht mehr. Ich kann dich nicht mehr weiter beschäftigen.«

In dem Lkw herrschte Totenstille. Ich brachte keinen Ton heraus. Denn mir war klar: Die Begründung war ein Witz. Wer wusste besser als ich, dass die Geschäfte gut liefen. Aber jetzt hatte der Holländer meine Firma, meine Kunden, meine Aufträge, er hatte einen Fuß in meinem hart erarbeiteten Markt, ach, was rede ich, er hatte sich heimtückisch meinen Kundenkreis unter den Nagel gerissen – und ich war ein Opfer der Globalisierung, wenn man so will. Und das kurz vor meinem 50. Geburtstag. Das Ende meiner Blumenkarriere.

Mein Chef fragte mich: »Bist du mir böse?«

Ich sah ihn an: »Ach, weißt du, eigentlich gar nicht. Ich könnte vor Freude in die Luft springen.« Ich schwieg und meinte nach einer Weile: »Ist dir bewusst, was du mit mir machst? Zwei Wochen vor meinem 50. Geburtstag?«

Er sagte keinen Ton. Und ich hätte ihn am liebsten aus dem Lkw geschmissen. Aber das tat ich natürlich nicht.

Heute weiß ich, dass der Arbeitsvertrag nicht rechtens war und ich mich nicht daran hätte halten müssen. Damals allerdings war ich krank und überhaupt so geschockt über das Vorgehen meines einstigen Partners, dass ich nicht einen einzigen Gedanken daran verschwendete, weiterhin im Blumenhandel tätig zu sein.

Ich versuchte anderweitig eine Beschäftigung zu finden. Doch ich bekam nur Absagen auf meine Bewerbungen. Ich verschickte über 100 Bewerbungen. Vergebens. Das war die Zeit, als der Aufschwung Ost sich als hohle Phrase entpuppte. Die blühenden Landschaften waren verwelkt. Die wirtschaftliche Lage in den neuen Bundesländern war katastrophal. Immer wieder gab es Schreckensmeldungen in den Nachrichten. Und dazu die ständigen Erhöhungen, erst die Mineralölsteuer, dann die Euroeinführung …

Da war mir irgendwann sogar mein Arbeitsvertrag mit der Klausel egal, ich versuchte es wieder im Blumenhandel. Das war die Arbeit, die mir Spaß machte, dort hatte ich Erfahrungen gesammelt, mit denen mich sicherlich der eine oder andere Arbeitgeber nehmen würde.

Doch plötzlich brach auch der Blumenhandel ein. Die Leute begannen zu sparen. Oder sie hatten gar kein Geld mehr, um sich schöne Dinge zu kaufen. Natürlich, wenn es den Leuten schlecht geht, sparen sie zuerst an dem, was sie nicht unbedingt zum Leben brauchen. Blumen zum Beispiel.

Erstaunlicherweise stimmte der Umsatz der Blumenhändler nach wie vor, das war das Erstaunliche daran. Mancherorts waren sogar noch Umsatzsteigerungen zu verzeichnen. Aber das hatte weniger mit dem herkömmlichen Handel zu tun. Denn es wurden nicht zweitausend statt eintausend Nelken verkauft. Nein, die Nelke kostete jetzt statt 50 Pfennig 50 Cent. Der Euro hatte dafür gesorgt, dass die Umsätze trotz einbrechender Verkaufszahlen vorerst gehalten werden konnten. Gleichwohl wurde die Gewinnspanne geringer. Es wurde schwerer, davon zu leben.

Wer jetzt eine Anstellung im Blumenhandel besaß, konnte sich glücklich schätzen. Wer eine Anstellung suchte, suchte vergeblich. Ich fuhr durch ganz Deutschland, auf der Suche nach einer offenen Stelle, versuchte es sogar in Goslar, Braunschweig, Hannover. Vergeblich. Ich schrieb Bewerbungen bis nach Bayern ... Ich wäre für einen Job sogar mit der Familie umgezogen. Aber es war nichts zu machen.

Für mich und meine Familie begann eine ganz schlimme Zeit. Ich musste mich arbeitslos melden. Die ersten Probleme tauchten auf: Der Holländer, mein ehemaliger Partner und späterer Chef, war sehr schludrig mit den Arbeitspapieren umgegangen. Manche Unterlagen fehlten mir daher. Wie sollte ich mich arbeitslos melden, wenn ich meine Unterlagen nicht einmal komplett hatte?

Nicht dass mir die Meldung etwas brachte. Ich als Selbstständiger bekam ohnehin kein Arbeitslosengeld. Das war bitter, wenn man zuvor viele Jahre ... viele Jahrzehnte ... seine Familie ernähren konnte ... sehr gut ernähren konnte ... und dann von einem Tag auf den anderen ohne einen Cent in der Tasche dasteht. Was denkt man dann? Man fühlt sich beschissen. Einfach nur nichtsnutzig.

Mir ging es richtig schlecht. Richtig dreckig. Ich war unzufrieden. Frustriert. Enttäuscht. Ich war den ganzen Tag zu Hause. Was sollte ich machen? Staub saugen? Nach einem Monat konnte ich blindlings durch unsere Wohnung saugen, weil ich jede Ecke auswendig kannte. Es gab Situationen, da störte mich selbst eine Fliege an der Wand. Dass darunter auch das Familienleben leidet, brauche ich wohl nicht besonders erwähnen.

Ich zögerte es lange hinaus. Wir sparten an allem. Aber irgendwann ließ es sich nicht mehr vermeiden und ich musste zum Sozialamt: Wohngeld beantragen.

Um diesen Antrag allerdings auf dem Sozialamt abgeben zu können, brauchte ich vom Arbeitsamt eine Bescheinigung, ein kurzer, knapper Dreizeiler darüber, dass ich kein Leistungsempfänger war. Diese Bescheinigung wollte man mir allerdings nicht ausstellen, solange ich nicht meinen Antrag auf Arbeitslosigkeit abgegeben hätte. Das konnte ich aber nicht, weil ich meine Unterlagen nicht komplett hatte.

Ohnmächtig fühlte ich mich der Willkür der Sachbearbeiter ausgesetzt. Diese schienen meine Situation förmlich auszukosten. Sie bestellten mich morgens um 8 Uhr zum Termin und riefen mich um 11 Uhr ins Zimmer, nach dem Motto: »Die Arbeitslosen haben ja Zeit.« Da kam ich mir abgestempelt vor, wie der letzte Dreck. Manchmal kam ich mir vor wie ein Schwerverbrecher, der es nicht anders verdient hat.

Irgendwann platzte mir der Kragen. Es war nicht nur die Wut über die Behördenwillkür. Es war auch die Verzweiflung. Und die Angst vor der Zukunft. Um meine Existenz, um die meiner Familie. Wovon sollten wir noch leben?

Ich stapfte rein ins Zimmer der Sachbearbeiterin, hob ihren Schreibtisch an und drohte: »Wenn ich die Bescheinigung jetzt nicht kriege, schmeiße ich den Tisch samt Computer aus dem Fenster!«

Augenblicklich war's draußen auf dem Gang mucksmäuschenstill. Alle warteten, was jetzt passierte. Ich bekam die Bescheinigung.

Ich fuhr zum Sozialamt, eine alte Villa mitten in der Stadt. Ich kam rein ... sah das Papier und den Dreck und die leeren Flaschen ... ein unglaublicher Anblick ... auf der Treppe saßen ... verzeihen Sie mir den Ausdruck ... Assis ... dreckig und speckig ... die eine Fahne verströmten. Fassungslos guckte ich mir an, womit ich konfrontiert wurde. So ein Elend hatte ich noch nie gesehen. Ich sagte mir: »Nein, das halte ich nicht aus.«

Ich machte kehrt. Es war so schlimm. Es war ... nein, da schauert es mich noch heute, wenn ich daran denke. Mit diesem Elend wollte ich nichts zu tun haben. So tief waren wir einfach noch nicht gesunken. Da verzichtete ich lieber auf das Geld.

Wäre meine Frau nicht gewesen, die eine Anstellung als Verkäuferin fand – wir und unsere Kinder wären nicht über die Runden gekommen. Wir haben großes Glück, dass meine Schwiegereltern noch leben. Beide haben ihr Leben lang gearbeitet, bekommen gute Rente. Ein ums andere Mal reichten sie uns 100 Euro ... Erhebend ist dieses Gefühl nicht: Man ist erwachsen, hat seine eigene Familie und kann nicht einmal für deren Unterhalt sorgen. Natürlich, wir haben nicht gebettelt; unsere Eltern gaben gerne. Und wir waren froh und dankbar, dass sie gaben. Denn das Geld hat uns geholfen. Ohne das Geld hätten wir es ganz bestimmt noch schwerer gehabt. Aber angenehm ist das Gefühl trotzdem nicht.

Umso erleichterter war ich, als ich einen Job als Verkaufsfahrer für Lebensmittel fand. Im Osten Deutschlands gibt es auf dem Land noch so viele kleine Dörfer, die weit entfernt von der Stadt liegen, in denen es aber trotzdem keine Lebensmittelgeschäfte mehr gibt.

Ich arbeitete ein Jahr, bis mich ein alter Bekannter anrief und fragte, ob ich nicht Lust hätte, wieder mit Blumen zu arbeiten. Natürlich hatte ich. Nichts lieber als das.

Seit zwei Jahren arbeite ich dort. 70 bis 80 Stunden die Woche. Ich fange montags früh um 5 Uhr an, gehe bis 13 Uhr arbeiten. Komme nach Hause, fange abends um 22 Uhr an und arbeite bis Dienstagmittag um 13 Uhr. Bevor ich tatsächlich den Betrieb verlasse, ist es 14 oder 15 Uhr. Ab nach Hause, ins Bett, schlafen, denn am Mittwochmorgen um 5 fängt der nächste Arbeitstag an. Er geht bis 13 Uhr. Schlafen. Um 22 Uhr raus und bis zum Donnerstag um 13 Uhr. Zurück nach Hause, schlafen, denn am Freitagmorgen um 5 beginnt der nächste Arbeitstag bis um 13 Uhr; heimkehren, schlafen, denn um 22 Uhr fängt die letzte Schicht dieser Woche an – bis zum Samstagmorgen um 9 oder 10 Uhr. Tja, dann kehre ich heim, habe die ganze Woche nur gearbeitet, bin erledigt und erschöpft, schlafe mich erst einmal aus und es bleibt, effektiv, nur noch der Sonntag für die Familie. Und zum Erholen.

Bis vor Kurzem verdiente ich für diese Mühen 1.200 Euro im Monat. Das war schon viel zu wenig. Aber es war ein gutes Gehalt – wenn man ein ganzes Jahr lang keinen einzigen Pfennig in der Tasche hatte. Doch dann sagte mein Chef, er könne nicht mehr so viel zahlen, das Geschäft würde einfach nicht mehr so viel abwerfen. Der Blumenbranche ging es nicht mehr so gut. Ich kann das verstehen. Ich wäre der Letzte, der darauf besteht, volles Gehalt zu bekommen, nur damit die Firma dann in einigen Monaten dichtmacht und ich wieder auf der Straße stehe.

Jetzt verdiene ich 900 Euro brutto im Monat. Ja, Sie haben richtig hört ... 900 Euro! Das sind etwa 4 Euro die Stunde. Von diesem Geld muss ich Kleidung, Essen, Trinken, Miete ... einfach alles bestreiten. Natürlich bleibt uns nichts anderes übrig, wir müssen uns wieder einschränken. Früher bin ich gerne in die Kneipe gegangen, schön mit Kumpels ein Bierchen trinken, unter Menschen sein, erzählen. Das fällt alles flach. Das sind Dinge, die ich mir nicht leisten kann. Also muss ich es sein lassen. Das ist schwer ... Das Leben ist nicht mehr so lebenswert, wie es mir eigentlich vorschwebt. Ich stehe auf, gehe arbeiten, komme heim, lege mich schlafen und alles beginnt von vorne. An Urlaub ist gar nicht zu denken. Ich bin froh, die Familie über die Runden zu kriegen mit dem Geld, was ich kriege. Und das ist schon schwer.

Erst recht, wenn man noch drei Autos unterhalten muss. Wir *brauchen* drei Autos, weil ich sonst nicht zur Arbeit käme. Weil meine Frau nicht zur Arbeit käme. Im Augenblick ist sie zwar arbeitslos; man hat ihr gekündigt, weil es in dem Laden, in dem sie als Verkäuferin arbeitete, kaum Kundschaft gab, die Filiale deshalb geschlossen wurde.

Aber sie muss ja zum Arbeitsamt, sich bewerben ... Und ihre Chefin hat meiner Frau versprochen, dass es ab März weitergeht. Das dritte Auto braucht unser Sohn, weil er sonst nicht zur Ausbildungsstätte käme. Der öffentliche Nahverkehr fährt auf dem Land nur spärlich beziehungsweise manche Orte sind mit öffentlichen Verkehrsmitteln gar nicht zu erreichen.

Aber ich möchte mich nicht beklagen: Ich habe noch eine Arbeit und bekomme ein Gehalt. Das ist mehr als viele andere in meiner Umgebung. Leider kommt das Gehalt manchmal am Ersten eines Monats, manchmal kommt es später. Noch ein Zeichen, dass es im Blumenhandel nicht mehr so gut läuft wie einst. In meinen Augen ist ein Unternehmen, das nicht pünktlich seine Löhne zahlt, nicht mehr gesund. Inzwischen sind Großhändler pleite gegangen, holländische Unternehmer mit einem Fuhrpark von bis zu 20 Lkws, von denen ich dachte: »Nie und nimmer erwischt es die!«

Und dann hat es sie doch erwischt. Jetzt mache ich mir wieder Sorgen um meinen Arbeitsplatz. Natürlich auch um meine Zukunft. Eine Kündigung kann heutzutage so schnell kommen. Und ob ich dann noch einen neuen Job finde? Ich brauche nur den Fernseher anmachen, mir anschauen, was alles in Deutschland passiert ... Da kann einem ganz schön mulmig werden. Vor allem, wenn ich der Alleinverdiener der Familie bin.

Ich wünschte mir in Deutschland ein bisschen mehr Gerechtigkeit für alle, die hier leben. Sollen doch die Damen und Herren von Politik und Wirtschaft, angefangen vom Bundeskanzler, über die Minister bis hin zu den »Volksvertretern«, die Manager und all die Menschen, die vom Volk immer mehr Sparsamkeit verlangen, sollen diese Leute mal bei sich anfangen zu sparen, und ich wünschte mir, dass sie nur mal ein Vierteljahr mit dem Geld eines Hartz-IV-Empfängers, bzw. mit einem Einkommen von 900 Euro brutto eine Familie ernähren müssten. Ich bin davon überzeugt, dass sie dann nicht mehr solche teilweise menschenunwürdigen Gesetze verabschieden würden.

Ich möchte das alles, was ich schon einmal auf dem Amt erlebt habe, nicht noch einmal erleben. Eigentlich möchte ich die letzten zehn Jahre, die ich noch arbeiten muss, nur noch in Ruhe arbeiten. Ein bisschen mehr verdienen. Aber auch ein bisschen mehr Freizeit haben. Aber ob mir das gelingt? Heute muss man so viel in Kauf nehmen für ein bisschen Arbeit ... Was weiß ich. Die Hoffnung stirbt zuletzt. Das ist meine Devise. Zumindest habe ich das beschlossen.

Ich bin stolz, dass ich durchgehalten habe.

Tristan, 50, Imbiss-Betreiber
Er lebt bei Göttingen, ist verheiratet und Familienvater.

Ich stamme aus der Gastronomie, meine Eltern führten acht Jahre lang einen eigenen Gasthof. Dort arbeitete ich immer schon mit. Der Wunsch meines Vaters war, dass ich eine Ausbildung als Koch absolvierte. Ich tat ihm den Gefallen und erlernte den Beruf des Koches. Diese Ausbildung brach ich allerdings nach mehr als zwei Jahren ab.

Mein Job als Berufskraftfahrer bereitete mir viel mehr Spaß. Über zehn Jahre saß ich auf dem »Bock«. Leider rissen mich ein schwerer Bandscheibenvorfall und mehrere kleinere Unfälle immer wieder aus der Tätigkeit heraus. Meine Wirbelsäule war geschädigt, der Arzt riet mir, diesen Job an den Nagel zu hängen. Meine körperlichen Einschränkungen zwangen mich zur Umorientierung.

Ich arbeitete bei einem Sicherheitsunternehmen und übernahm sieben Jahre lang für ein Autohaus den Abschleppdienst sowie Fahrzeugüberführungen. Diese Verbindung zwischen meinem einstigen Beruf als Kraftfahrer und dem jetzigen machte mir sehr viel Spaß, auch wenn es häufig stressig für mich war: 1994 wurde ich geschieden, ich musste den Unterhalt für meine beiden Kinder bezahlen.

Ich spürte, wie die Arbeit an meinen Kräften zehrte. Um Geld zu verdienen, nahm ich ständig Bereitschaftsdienste an. Ich war kaputt, arbeitete aber weiter. Es gab kaum eine Nacht, in der ich nicht »in Bereitschaft« war. Als ich eines Tages völlig übernächtigt mit Kunden im Auto über eine rote Ampel fuhr, zog ich meine eigene Notbremse. Der Job bedeutete mir viel, aber ich wollte nicht kaputtgehen und schon gar nicht meine Gesundheit, gar mein Leben gefährden. Obwohl ich gut verdiente, merkte ich, dass ich nicht durchhalten konnte. Ich schmiss den Job hin. Seitdem war ich arbeitslos.

Auf Flohmärkten verdiente ich ein Zubrot für meinen Lebensunterhalt. Ich verkaufte Trödel, aber auch eigene abgetragene Kleidung. Mit dem Verkauf von Ausgedientem machte ich ein paar Mark nebenbei. Gemeinsam mit meinem Sohn fuhr ich nach Borken in Hessen, nach Braunschweig in Niedersachsen, aber auch weitere Strecken, um meine Waren zu veräußern.

Auf dem Flohmarkt in Braunschweig stand ein Unternehmer neben uns, der Erbsensuppe verkaufte. Er kam um 11 Uhr – da waren wir schon seit drei Stunden geschäftstüchtig – baute auf und schenkte eine Portion Suppe nach der anderen aus. Um 15 Uhr packte er zusammen, schloss seinen Stand und hatte mal eben 500 Mark mit Suppe verdient. Wir staunten und zählten unsere eigenen Einnahmen. 80 Mark – das war nicht viel.

»Mensch, das können wir doch auch«, sagte ich abends zu meinem Sohn, und gemeinsam überlegten wir, wie wir dieses Vorhaben realisieren könnten.

Gemeinsam ersteigerten wir im Jahre 2001 bei *ebay* für 3.700 Mark einen alten Anhänger, der einst als Bäckereiwagen genutzt worden war. Die Idee mit dem Verkauf der Erbsensuppe spukte immer noch in meinem Kopf herum. Ich informierte mich über nötige Auflagen, melde ein Gewerbe an und fuhr mit dem Anhänger los. Bei mir gab es Erbsen-, Bihun- und Gulaschsuppe. Der Verkauf funktionierte nicht. Die Umsätze waren zu gering, der Aufwand zu groß.

Ich entschloss mich, wieder Lkw zu fahren. Ich zog zu meiner Freundin, die in der Nähe von Göttingen ein großes Haus bewohnte. Noch am Abend des Umzugs stellte ich mich bei einer örtlichen Spedition vor – und konnte am nächsten Tag mit der Arbeit beginnen. Ich saß also wieder auf dem »Bock« und fuhr und fuhr und fuhr.

Nach 18 Monaten wurde mir bei einem schweren Rangierunfall mit dem Lkw beinahe das Bein abgetrennt. Mehrere Operationen, dreimonatiges Laufen mit Krücken, Krankengymnastik und eine zwölfmonatige Arbeitspause halfen mir über den Schock hinweg und ermöglichten, dass ich heute nahezu schmerzfrei laufen kann.

Ich hatte kein Geld, ich hatte keine Arbeit und wusste, dass ich meinen Beruf als Lastwagenfahrer nie wieder ausüben könnte. Ich war unglücklich, brauchte Kohle und sah keinen anderen Weg, als den seinerzeit ersteigerten Anhänger zu verkaufen. Mein Sohn André überredete mich, ihn zu behalten. Heute bin ich froh, dass ich auf ihn gehört habe.

Ich erfuhr von der Ich-AG, die Arbeitslose beim Schritt in die Selbstständigkeit unterstützte. André absolvierte zu dieser Zeit sein Studium in Kassel, bot aber sofort seine Hilfe an, als ich ihm erzählte, wie ich mir meine berufliche Zukunft weiter vorstellte. Ich gab nicht auf.

Mittlerweile konnte ich wieder gut laufen, die Gedanken an die schwere Zeit nach dem Unfall verflüchtigten sich immer mehr. Ich steckte voller Tatendrang und immer noch spukte die Idee mit dem Suppenwagen in meinen Gedanken herum.

Ich steckte die 5.000 Euro, die mir meine Unfallversicherung ausbezahlte, und geborgtes Geld von André in mein neues Geschäft. André, der sich gut mit kaufmännischer Abwicklung und Werbung auskennt, half mir bei den Behörden, beim Ausfüllen von Anträgen, bei der Gestaltung von Plakaten, Handzetteln und Zeitungsanzeigen.

Ich zog die schwere Plane vom Anhänger ab, putzte ihn in mühevoller Handarbeit und war ab dem 1. November 2003 mit »Wagners Imbiss« mein eigener Chef.

Ich befuhr Parkplätze großer Supermärkte und bot meine Suppe an. Ich stand auf dem Wochenmarkt und am nächsten Tag auf dem Gelände eines Baumarktes. In den Wintermonaten war ich beim Weihnachtsmarkt präsent, fuhr im Frühling auf eine Baustelle in Friedland, um die mehr als einhundert Bauarbeiter mit Essen zu versorgen. Leider verwies mich der Bauführer des Platzes, da er nicht wollte, dass seine Arbeiter bei mir Alkohol tranken. Alkohol gab es bei mir nicht – dennoch zwang den Bauführer eine schlechte Erfahrung in der Vergangenheit zu dieser Maßnahme. Ich schloss den Hänger und fuhr fort. Ich verkaufte beim Rewe-Markt in Witzenhausen, stand auf dem Parkplatz des Extra-Marktes, ich war in Reckershausen und Hannoversch Münden, überall bot ich meinen Eintopf an.

Der Verkaufswagen sah wie eine Bratwurstbude aus, deshalb dauerte es auch nicht lange, bis die ersten hungrigen Kunden nach Bratwurst fragten. Die Nachfrage regelt das Angebot. Ich kaufte einen Grill und bot fortan auch Bratwurst an. Es vergingen nur wenige Tage, da wurde ich nach Currywurst gefragt. Ich bot Currywurst an. Sie können sich sicher denken, wie es weiterging.

Die Kunden fragten nach Pommes frites. Ich kaufte eine Friteuse, die ich ebenfalls günstig und gebraucht bei *ebay* ersteigerte, und ergänzte mein Speisenangebot. Ich verkaufte Pommes, Bratwurst mit Pommes, Currywurst mit Pommes.

Bei meiner Ware achtete ich von vornherein auf Qualität. Es gibt in der Nähe einen Schlachter, der über die Grenzen hinaus einen guten Ruf genießt. Seine Wurst schmeckt ausgezeichnet und die Bürger kennen und lieben sie. So war mir von Beginn an klar, dass für mein Angebot nur diese Wurst in Frage kam. Zum günstigen Preis. Qualität und günstiger Preis sind das Aushängeschild von »Wagners Imbiss«.

Jeden Tag baute ich den Anhänger an einem anderen Standort auf. Durch den Reisegewerbeschein durfte ich nicht länger als einen Tag an einem Platz stehen. So lautet die Bedingung. Ich baute morgens auf, verkaufte den ganzen Tag meine Speisen und baute abends oder am nächsten Morgen um 6 Uhr wieder ab. Dazu fuhr ich jeden Morgen zum Schlachter und zum Großhandel, um die Waren einzukaufen.

Meine Knochen schmerzten, meine Gelenke taten weh, das ständige Auf- und Abbauen war mühsam und nervte. Doch was sollte ich tun? Ich musste Geld verdienen, ich hatte viel in mein Geschäft investiert.

Wenn ich täglich 20 Würstchen grillte, war das schon viel. Dazu kamen einige Portionen Pommes, drei Portionen Suppe und das eine oder andere Getränk. Die Umsätze steigerten sich nur langsam, sehr langsam. Ich entschied, mich auf zwei Standorte zu konzentrieren.

So tingelte ich zwischen meinem Standplatz an einer Durchfahrtsstraße und dem Wochenmarkt hin und her. Die optimale Lösung war dies nicht. Es gab Kunden, die montagmittags an der Durchfahrtstraße eine Bratwurst bei mir essen wollten. Am Montag stand ich allerdings auf dem Wochenmarkt.

Vom ständigen Standortwechseln und dem damit verbundenen Auf- und Abbau tat mir der Rücken weh. Dazu das ganztägige Verkaufen von Bratwurst und Co. im Wagen und das Einkaufen in der Früh.

Ich war kaputt, schlief abends nach wenigen Minuten auf dem Sofa ein. So konnte es nicht weitergehen, ich wollte alles hinschmeißen. Ich war fertig, ausgelaugt, völlig am Ende.

Und auch hier redete mir André ins Gewissen und half mir über die schlimme Zeit hinweg. Wir nahmen das Angebot des Grundstückeigentümers an, fortan fest an der Durchfahrtsstraße zu stehen. Ein eigener ständiger Standort, den hatte ich mir immer gewünscht. Für den Standplatz musste ich einen Bauantrag stellen. Ich musste einen Architekten beschäftigen und Hygiene-Auflagen erfüllen. André rechnete die Kosten durch. Von meinen Umsätzen her gab er für diese Vorhaben ein klares Nein, vom Gefühl her sagte er Ja: »Mensch Papa, jetzt hast du es so weit geschafft, jetzt machst du weiter.«

Die Worte meines Sohnes gaben mir Kraft. Ich investierte 1.000 Euro. Durch die Ausgaben für den Bauantrag und die umsatzschwachen Wintermonate war ich fast pleite.

Erst im Frühjahr ging es bergauf, die Sonne schien und die Kunden kamen, um bei mir zu essen. Die Tageszeitung war auf meinen Imbiss aufmerksam geworden, als sie für eine Serie Betreiber von Ich-AGs interviewte, die ihren beruflichen Werdegang beschrieben. Die Veröffentlichung des Berichtes brachte mein Geschäft ins Rollen.

Bald darauf feierte ich mit meinem Imbiss einjähriges Bestehen. Jetzt rannten mir die Kunden förmlich die Bude ein. Das einstige drei Meter lange und drei Meter breite Zelt wich und ich investierte in ein sechs Meter mal drei Meter Zelt, das die Kunden vor Wind und Regen schützte. Ich grillte Wurst im Akkord, Kaffeemaschine und Friteuse powerten ohne Unterbrechung. Ich stellte eine Aushilfe für die Mittagszeit ein, allein konnte ich den Andrang nicht mehr bewältigen. Diese Aushilfe wurde einige Monate später übrigens als erste Mitarbeiterin fest von mir eingestellt. Zum Imbiss an der Durchfahrtsstraße kamen viele Hungrige aus den umliegenden Ortschaften. Auch viele, die in der Gegend arbeiteten und pendelten, hielten an, um eine Wurst zu essen. Immer mehr Beschäftigte sprachen mich an, ob ich nicht Interesse hätte, einen Imbiss bei ihnen vor der Tür zu eröffnen. Sie wollten in ihrer Stadt auch gut und günstig essen. Je öfter ich diese Forderung hörte, desto mehr überlegte ich, wie sich das Vorhaben in die Tat umsetzen ließ. Allein konnte ich ein zweites Standbein nicht realisieren, das wusste ich. Ich dachte an André, fragte mich, ob er wohl mit in das Geschäft einsteigen würde.

Mein Sohn hatte sein Studium beendet und suchte nach einer neuen Herausforderung, wieder selbstständig arbeiten zu können. Er freute sich, mich unterstützen zu können und stieg mit ein.

Einen geeigneten Standort zu finden, war nicht schwer. Der Inhaber eines großen Elektrofachmarktes suchte schon lange nach einem geeigneten Imbiss-Betreiber. Unterschiedliche Anbieter stellten sich vor, doch keiner überzeugte. Jetzt war ich an der Reihe. Ich zeigte ihm meinen ersten Betrieb, ließ ihn meine Wurst probieren. Als er mich beim Gespräch in seinem Büro nach dem Konzept meines Imbisses fragte, begann ich, meinen beruflichen Werdegang zu erzählen.

Zum Glück war André mit dabei. Er zog einen USB-Stick aus der Tasche, steckte diesen in den Computer ein und präsentierte unsere Historie, fachmännisch und kompetent.

Der Geschäftsmann wollte nicht an mir verdienen, ihm ging es vielmehr um den Kundenaustausch. Service lautete die Devise. Wer bei ihm einen Fernseher kaufen wollte, aß bei mir eine Wurst. Wer bei mir einen Kaffee trank, kaufte bei ihm eine DVD. Eine zweimonatige Testphase sollte uns Aufschluss geben. Zeigte sich der Verpächter zufrieden? Wurde dieser Standort angenommen?

Die Rechnung ging auf, wir waren im Geschäft.

Als sich André entschied, mit in das Unternehmen einzusteigen, musste ich ihn anlernen. Er besaß keinerlei gastronomische Erfahrung, musste die Zubereitung der Speisen lernen und sollte fortan für den neuen Imbiss zuständig sein.

Ich arbeitete im alten Imbiss, betreute den neuen und kaufte ein. Wieder einmal spürte ich, wie der Job an meinen Kräften zehrte. Und das Schlimmste: Ich verlor binnen weniger Wochen viel Gewicht. Die Kilos purzelten, ich konnte nicht essen. Immerzu sah ich, wie Leute wenig Zeit hatten und schnell aßen, sie verschlangen Wurst und Pommes, Kaffee und Cola. Der eine ging, der Nächste kam. Stundenlang, tagelang spielte sich das gleiche Bild vor meinen Augen ab. Leute aßen und aßen und aßen. Das führte dazu, dass ich selbst nichts mehr runter bekam. Ich bemühte mich, doch auch der gute Wille half nicht. Ich kam nicht zur Ruhe, hatte keinen Appetit. Erst als ich abends zu Hause war und wusste, dass ich nicht gestört werden würde, konnte ich Nahrung zu mir nehmen.

Ich freute mich, wenn meine Freundin kochte oder wir gemeinsam im Restaurant aßen. Hier hatte ich Hunger, trank auch gern mal ein Bier, doch tagsüber konnte ich nicht essen.

Mittlerweile habe ich meine »Nahrungsaufnahme« im Griff. Ich achte bewusst darauf, mir Auszeiten zu nehmen, verhindere, dass der Stress überhand nimmt.

Beide Imbiss-Standorte waren inzwischen fest etabliert und liefen gut. Die Qualität sprach sich in der Region herum und da auch immer wieder Geschäftsleute zu meinen Kunden zählten, dauerte es nicht lange, bis ich Anfragen erhielt, meinen Imbiss bei Sonderveranstaltungen aufzubauen. Ich verkaufte mein Essen beim Oktoberfest eines Getränkehandels, beim Osterfeuer, auf einer Messe für Caravan und Camping, war bei einem Aktionstag eines Autohauses und auf einem Stadtteilfest präsent.

Der Anhänger, der ursprünglich für Sonderveranstaltungen angeschafft wurde, steht mittlerweile an einem festen Standort – vor einem Getränkehandel.

Warum ich erfolgreich bin?

Mein Erfolg ist mein Wille. Und mein Konzept ist stimmig und geht auf. Mit den kleinsten Mitteln möchte ich das Größte erreichen und so versuche ich auch im Alltag zu agieren. Zur Eröffnung eines jeden Standortes haben wir eigenhändig preiswert gedruckte Handzettel verteilt und machten durch grellgelbe Plakate auf uns aufmerksam. In ein neues Zelt und in die Heizstrahler investierte ich erst, als ich wieder Geld verdient hatte und auch heute versuche ich, sparsam zu handeln. Sicher, das Geld in der Kasse klimpert, aber davon müssen auch Löhne und Steuern bezahlt werden.

Jeder Kunde weiß, dass ich ihn gern sehe – egal, ob er nur einen Kaffee für 50 Cent trinkt oder Wurst und Pommes für drei Euro isst. Ich kämpfe um jeden Kunden, nur so kann ein Geschäft in der heutigen Zeit bestehen.

Zig Jahre saß ich auf dem »Bock« und fuhr durch die Lande. Ich wurde mal gut, andernorts schlecht bedient. Ich weiß, wie Gastronomie funktioniert, weil ich durch meine Eltern geprägt bin und außerdem jahrelang selbst Gast unzähliger Imbisse und Restaurants war.

Meinen Betrieb sehe ich von außen, ich schaue nicht als Unternehmer, sondern mit den Augen des Kunden auf Ware und Service. Und ich bezog meine Kunden immer in meine Entscheidungen mit ein, hoffte vor allem zum Start des Geschäftes auf volle Unterstützung. Immer wieder fragte ich nach ihrer Meinung. Welcher Kaffee schmeckt am besten? Welche Soße eignet sich für die Currywurst? Zig Sorten testete ich im Vorfeld aus, eh sich die perfekte im Bestand befand.

Ketchup, Mayonnaise und Senf gibt es bei mir gratis dazu. Jeder Kunde kann sich so viel nehmen, wie er möchte – und freut sich darüber. Wer sich in der Gastronomie umschaut, stellt fest, dass die wenigsten Leistungen heute noch kostenlos sind. Da werden 30 Cent für Ketchup berechnet und der Kollege aus dem Imbiss holt mit einem dicken Löffel einen Klecks der roten Soße aus dem Glas, an dessen Rand die Reste vom Vortag angetrocknet sind. Oder der Kunde bekommt für sein Geld ein kleines Plastiktütchen Ketchup zum Aufreißen über den Tresen gereicht.

Meine Mischkalkulation geht auf. Jeder soll sich bedienen. So spare ich Zeit und darüber hinaus auch Geld. Das mag komisch klingen, ist aber so. Der eine Kunde nimmt gar nichts, der andere dafür ein bisschen mehr. Ich selbst würde weitaus großzügiger Ketchup, Mayo und Senf verteilen. Zur Wurst gibt es bei mir ein ganzes Brötchen und nicht nur eine halbe Scheibe Toast wie bei vielen meiner Kollegen.

Eine Bratwurst kostet 1,50 Euro, die Currywurst auch. Die bekannte »Sommer-Wurst« für diesen Preis ist einmalig in der Region. »Wagners Imbiss« ist mittlerweile Kult. Die Preise sind niedrig, der Service hoch. Aller Anfang war schwer, das Geschäft musste anlaufen, da konnte ich nicht teurer sein. Und jetzt, wo der Laden brummt, kann und will ich die Preise nicht erhöhen.

Soll ich noch etwas verraten? Da ich anfangs alleine hinter dem Tresen stand, wollte ich mich nicht mit den unterschiedlichen Preisen verzetteln. Ich wollte zügig rechnen und schnell abkassieren, dafür mussten die Summen einfach und rund sein. Mit krummen Summen wäre ich durcheinander gekommen. Da standen zehn Arbeiter vor mir und bestellten Currywust mit Pommes. Mir blieb keine Zeit, um komplizierte Rechnungen zu erstellen. Deshalb kosten Bratwurst, Currywurst und Pommes mit Mayo und Ketchup jeweils 1,50 Euro.

Den Kaffeepreis senkte ich von einem Euro auf 50 Cent. Die Arbeiter trinken morgens, mittags, an manchen Tage auch noch zum Feierabend zwei Kaffee. Kleinvieh macht den Mist. Ich verkaufe lieber sechs Kaffee für 50 Cent, anstelle einen Pott für einen Euro.

Mit dem Verkauf der Würstchen verdiene ich nicht viel. Es ist auch hier die Mischkalkulation, die sich rechnet. Wer zur Wurst noch eine Cola trinkt, zahlt schon gleich etwas mehr. An den Getränken verdiene ich und außerdem summiert sich die Masse. Alkoholische Getränke stehen nicht auf der Speisekarte. Ich möchte mein Geld mit Wurst verdienen und nicht mit Bier. Der Imbiss soll sauber bleiben, Trinker zählen nicht zur Zielgruppe.

Ich bin sehr preiswert, das schreckt viele Mitbewerber auf. Kollegen werfen mir vor, ich mache die Preise kaputt. Manchmal gibt es in unmittelbarer Nachbarschaft zu meinem Wagen drei weitere Imbisse.

Zu »Wagners Imbiss« kommen Arbeiter ebenso wie Geschäftsleute, Hausfrauen und Studenten. Sie fahren mit dem Fahrrad, dem Mofa oder dem Mercedes vor. Und auch ein Ferrari-Fahrer hält regelmäßig am Zelt, um bei mir seine Wurst zu verspeisen. Dass Kinder meine Pommes lieben, zeigt ein äußerst niedliches Beispiel. Das Sohn einer Kundin lehnte es ab, zum Pommes Essen zu McDonald's zu fahren. Das Kind wollte zu mir, denn es wusste: Bei mir bekommt jeder kleine Gast zu seinem Essen eine Tüte Gummibärchen dazu.

Leider legen Behörden und Nachbarn immer wieder Steine in den Weg. Anträge müssen ausgefüllt, Auflagen erfüllt werden. Und auch die Anwohner geben keine Ruhe. Einmal musste ich meinen einstigen Standort verlegen, weil sich Bewohner durch die Geruchsentwicklung gestört fühlten. Und auch eine angrenzende Boutique beschwerte sich, weil die Gerüche angeblich in die Verkaufsräume zogen. In solchen Fällen rät das Ordnungsamt zur Einigung. Sollte es keine einvernehmliche Regelung geben, fährt ein Messwagen vor und prüft die Geruchsintensität. Dieser Messwagen kostet Geld. Ich gab klein bei und zog mit meinem Wagen einige Meter um.

Ein anderes Mal sah der Verpächter, dass unser Geschäft floriert und erhöhte die Pacht. Sicher, in der Mittagszeit ist das Zelt gut gefüllt. Aber: Wenn zehn Arbeiter eine Currywurst essen, habe ich nur 15 Euro in der Tasche. So soll ich reich werden?

Seit dem 15. Januar 2007 betreiben wir einen weiteren Imbiss in der Innenstadt. Der Verpächter hatte schlechte Erfahrung mit ausländischen Gastronomen gemacht, wollte weder einen Döner-Grill noch die asiatische Küche in seinen Räumen – und ist auf mich zugekommen. Das fest angemietete Ladenlokal mit großem Lagerraum ermöglicht uns endlich die Einlagerung diverser Waren. Endlich haben wir Platz, um Servietten in den Regalen, Ketchup und Wurst im Kühlhaus zu verstauen. Wir müssen nicht mehr jeden Tag einkaufen, können von Mengenrabatten profitieren. Das Geschäft dient uns als Zentrale.

Autohäuser, Kulturvereine, Möbelhäuser wollen meine Wurst. Sogar der Inhaber eines Sonderpostenmarktes bot mir einen Stellplatz ohne die Zahlung einer Pacht an. Ich sagte überall ab. André und ich entschieden konsequent, keine Sonderveranstaltungen mehr zu besuchen. Wenn wir uns verzetteln, leidet die Qualität und wir verlieren den Überblick über Service und Personal. Die Sonderveranstaltungen, die häufig am Wochenende stattfinden, rauben uns die Freizeit, verpflichten unsere Mitarbeiter zu Sonderschichten. Die Erholung fehlt.

Obwohl wir Mitarbeiter eingestellt haben, ist der Stress nicht weniger geworden. Ich fahre täglich die Imbisse ab, sammele die Bestellzettel ein, bringe Wasser, entsorge den Müll. Ich liefere Ware, muss mich kümmern, wenn Grill oder Friteuse nicht funktionieren, wenn an einem Standort Brötchen fehlen. Ich kaufe ein, rechne das Geld ab. Und stehe täglich in der Mittagszeit in meinem Wagen und verkaufe selbst. Seit vier Wochen liefert der Schlachter. Ich bin erleichtert, kann diese Zeit anderweitig verplanen.

Größer wollen wir nicht werden, vielmehr arbeiten wir jetzt daran, den Geschäftsbetrieb zu optimieren. Sollte es funktionieren, dass wir nur noch jeden zweiten Tag einkaufen müssen, wäre ein großer Schritt in Richtung Entlastung getan. Bilden unsere Mitarbeiter an den jeweiligen Standorten kleine Teams und organisieren sich weitgehend selbst, wäre dies der zweite Schritt.

Es gibt bei uns Betriebsversammlungen, wir erklären den Mitarbeitern unser Konzept, haben ein Leitbild definiert, in dem aufgeführt ist, welche Kriterien unseren Betrieb ausmachen. André und ich sehen uns nicht als Chefs, vielmehr als Teamleiter. Wir fordern viel, loben aber auch, wenn es gut läuft.

Wir erklären, wie wichtig es ist, jeden Kunden zufriedenzustellen. Ärgert sich der Kunde über kalte Pommes oder eine zu dunkel gegrillte Wurst, so spricht sich das herum. Und es ist erwiesen, dass negative Erlebnisse schneller erzählt werden als positive Erfahrungen. Und übertrieben wird auch. Der Erste erzählt, beim Wagner war die Bratwurst braun, der Letzte erfährt, dass ein Stück Holzkohle serviert wurde.

Ich achte sehr auf die Qualität und schmeiße auch nach den Jahren immer noch Ware weg, wenn ich mit der Zubereitung nicht einhundertprozentig zufrieden bin. Eine Bratwurst muss braun und durchgebraten sein, nicht nur von jeder Seite etwas angegrillt. In der heutigen Zeit kann ein schlechter Ruf in den Ruin führen – und zwar ganz schnell. Der Kunde überlegt genau, wo er was isst und wie viel Geld er ausgibt. Dieses Know-how gebe ich an mein Team weiter. Jeder Mitarbeiter soll so servieren, wie er selbst essen möchte.

Ohne die Ich-AG hätte der Imbiss nicht überlebt. Als Unterstützung erhielt ich im ersten Jahr monatlich 600 Euro, im zweiten Jahr 360 Euro und im dritten 240 Euro monatlich. Die drei Jahre sind seit November 2006 um. Jetzt stehe ich auf eigenen Füßen. Heute bin ich stolz, dass ich es geschafft habe.

Ich bin meinem Sohn dankbar, dass er mir immer wieder gut zugeredet hat, mich immer wieder motiviert hat, nicht aufzugeben, auch, wenn ich an manchen Tagen nach harter Arbeit abends nur 50 Euro in der Kasse vorfand. Dieses Geld gab ich aus, um neue Ware einzukaufen, um das Fahrzeug zu betanken und um meinen Lebensunterhalt zu sichern.

Es gab etliche Tage, an denen ich mir von meiner Freundin Geld leihen musste. Heute sind wir, Vater und Sohn, Unternehmer und beschäftigen neun feste Mitarbeiter und einige Aushilfen. Wir betreiben vier Standorte, bewirten rund 500 Kunden am Tag und viele Kollegen aus der Gastronomie zollen mir Respekt. Ich habe Arbeitsplätze geschaffen und bin mir der sozialen Verantwortung bewusst. Ich bin stolz, dass ich durchgehalten habe. Und ich bin stolz, dass ich erfolgreicher bin, als mein Vater es je war.

Der Weg war hart, aber ich bin ihn gegangen.

Ich bin arbeitslos. Na und?

Peter, 34, Wissenschaftler
Er lebt in Berlin. Peter hat einen Doktortitel, mag es aber gerne beschaulich.

Ich bin arbeitslos. Na und? Ich kann mir vorstellen, was viele Menschen denken, wenn sie eine solche Aussage hören. Ich setze sogar noch einen drauf: Ich bin aus eigenem Willen arbeitslos geworden.

Vermutlich lässt diese Aussage die meisten Berufstätigen vor Wut schäumen. »Sozialschmarotzer« werden sie jetzt sagen, vor allem jene Arbeitnehmer, die täglich um den Fortbestand ihrer Firma fürchten müssen. Also all jene, die nicht wissen, ob sie morgen noch ihr Geld verdienen werden, die aber sehr wohl wissen, dass sie weder mit dem Arbeitslosengeld noch mit Hartz IV ihre Familie ernähren können.

Doch bei mir verhält sich die Sache ein bisschen anders.

Ich habe mein Abitur gemacht, mein Studium begonnen, mein Diplom absolviert, in einem renommierten, mit öffentlichen Geldern geförderten, wissenschaftlichen Institut in Berlin gearbeitet, nebenher meinen Doktor gemacht. Am wissenschaftlichen Institut verpflichtete man mich als frisch gebackenen Doktor prompt mit einem Arbeitsvertrag über drei Jahre. Schon damals handelte ich eine Vier-Tage-Woche aus. Der eine Tag Freizeit mehr in der Woche war mir wichtig. Arbeit ist nämlich nicht alles. Damit Sie mich nicht missverstehen: Meine Arbeit bereitete mir Freude. Sonst hätte ich mir nicht in den ganzen Jahren so viel Mühe gegeben und – egal wo – mit den besten Noten abgeschnitten. Vermutlich lag es aber auch daran, dass die Arbeit mir leichtfiel.

Trotzdem war ich schon damals der Auffassung, dass Arbeit und Geldverdienen nicht das Maß aller Dinge sind. Wenn das wiederum bedeutete, dass ich im Alltag etwas kürzer treten musste, bitte schön, kein Problem: Meine Ansprüche an mich selbst beziehungsweise mein Umfeld sind ohnehin gering.

Ich lebe seit Jahren in einer kleinen Wohnung in Friedrichshain. Eigentlich besteht die Wohnung nur aus einem Zimmer, 30 Quadratmeter, offene Küche, Badezimmer. Ich habe nicht einmal ein Bett, sondern nur eine Matratze. Meine Kleidung bewahre ich in einer Kommode auf. Einen Fernseher besitze ich schon lange nicht mehr und ein Handy hatte ich noch nie. Meine Musik-CDs habe ich alle als MP3s auf meinen Laptop gespeichert und danach verkauft. Bücher, die mich interessieren, kaufe und lese ich, anschließend verkaufe ich sie bei Booklooker weiter. Mein weltlicher Besitz passt vermutlich in einen Autokofferraum.

Das klingt nicht nach einem Wissenschaftler? Vermutlich bin ich kein typischer Doktor, der sich eine protzige Wohnung oder Villa kauft. Oder der zerstreut in seinem Labor sitzt und vor lauter Grübelei über seine Formeln und Experimente die Tag- und Nachtstunden vergisst. Aber ich bin auch kein typischer Arbeitsloser.

Schon in der Zeit während meiner Arbeit war es mir wichtig, dass ich Zeit für mich finde. Ein verlängertes Wochenende daheim im Bett, ausschlafen, faulenzen, in der Kneipe einen Kaffee schlürfen, Menschen beobachten, mit Freunden plaudern, ein gutes Buch lesen – gibt es was Schöneres? Ich möchte etwas vom Leben mitbekommen, gerade in einer Stadt wie Berlin, in der Kultur und gesellschaftliches Leben so vielfältig sind wie nirgendwo anders. Von dem Geld, das ich verdient und an Wohnungsmiete und Einrichtung gespart habe, bin ich ins Theater, Kabarett und in Museen gegangen, ich ging gerne ausgedehnt essen und genehmigte mir regelmäßig ein Bierchen mit Freunden in den Berliner Bars und Kneipen. Oder ich unternahm eine Reise.

Ich war schon in Amerika, in Afrika, habe die Großstädte Europas erkundet. Ich übernachte dabei nicht in irgendwelchen teuren Hotels.

Ich suche mir Jugendherbergen aus. Die wenigsten von ihnen erinnern an den Mief der Vergangenheit, sind nicht mehr bieder und spießig. Viele dieser Einrichtungen haben sich in moderne Pensionen verwandelt. Natürlich, man hat nie ein Zimmer für sich alleine – aber ist das schlimm? So lernt man viele nette Menschen kennen. Mir macht das Spaß, und ich habe auf diesem Wege eine Menge Freundschaften rund um die Welt geschlossen. Dank E-Mail bleibt man heutzutage auch regelmäßig in Kontakt. Und wenn man dann mal in der Nähe ist, hat man direkt eine Übernachtungsmöglichkeit. Das ist nicht nur praktisch, sondern auch günstig.

Als ich dem Chef von meinen Kündigungsabsichten erzählte, wollte er mich unbedingt in der Firma behalten. »Geht es um mehr Geld?«, fragte er und versprach, mit der Geschäftsführung über eine Lohnerhöhung zu reden.

Aber um Geld ging es mir nicht. Zu dem Zeitpunkt hatte ich über 15 Jahre lang studiert, gearbeitet, meinen Doktor gemacht, Erfahrungen gesammelt. Irgendwie hatte ich das Gefühl, dass nicht mehr viel passieren konnte. Ich war an einem Punkt angelangt, an dem es Zeit war für etwas anderes.

Also hängte ich meinen Job an den Nagel. Von meiner Freundin, mit der ich seit anderthalb Jahren zusammen bin, kam kein Widerspruch. Sie ist mir sehr ähnlich, vielleicht nicht ganz so konsequent, aber eben doch auf einer Wellenlänge: gemütlich im Café sitzen, einen Kaffee trinken, plaudern, dummes Zeug reden, die Menschen beobachten, ein gutes Buch lesen …

Deshalb möchten wir demnächst mal mit dem Zug quer durch Russland oder Asien fahren. Oder eine Backpacker-Tour durch die Negev-Wüste unternehmen. So was schwebt mir vor. Oder einfach ein paar Wochen lang nur faulenzen. Nichts mehr tun. Nicht morgens um 7 Uhr aufstehen und zur Arbeit fahren. Sich nicht um wichtige Projekte kümmern müssen. Sich überhaupt keine Gedanken über irgendetwas machen. Einfach nur die Seele baumeln lassen.

Klar, ich bekomme als Arbeitsloser nicht mehr so viel Geld wie zuvor. Aber damit kann ich leben. Ich bin ein genügsamer Mensch. Das fällt in Berlin ohnehin nicht schwer. In der Hauptstadt kann man sehr gut ohne viel Geld leben. Es gibt kaum eine Stadt, in der es Arbeitslose oder sozial Benachteiligte so gut haben wie in Berlin. Jeder kann am gesellschaftlichen Leben der Stadt teilhaben. Auch ich nutze die Ermäßigungen in den Museen, Theatern oder Kabaretts. Warum auch nicht? Ich bin ja arbeitslos. Dafür sind die Ermäßigungen ja da.

Irgendwann möchte ich wieder in meinen Job einsteigen. Wann das sein wird, wird sich zeigen. In einem Jahr. Vielleicht aber auch erst in zwei Jahren. Noch mache ich mir darüber keinen Kopf. Aber ich bin fest davon überzeugt, dass ein Mann mit meiner Qualifikation und Erfahrung ohne Probleme eine Anstellung finden wird. Sollte es wider Erwarten dennoch Schwierigkeiten bei der Jobsuche geben – auch nicht so schlimm. Wie gesagt: Ich bin ein genügsamer Mensch. Ich kann gut verzichten.

Ich wollte nur eine Ausbildung. Aber ich bekam nichts.

Beatrice, 23, Friseuse
Sie lebt in einem Dorf bei Gießen.
Beatrice ist die Freundin von Ralph.

Mein Traum war eine Ausbildung zur Hotelfachfrau. Für mich bedeutete der Beruf Kontakt mit vielen Menschen, ich verknüpfte ihn mit Reisen, anderen Ländern. Ich dachte schon daran, irgendwann auch in Hotels außerhalb Deutschlands zu arbeiten. Das war mein Traum. Leider gab es bei uns in der Gegend keine Möglichkeit, den Beruf zu erlernen. Ich wohnte in Butzbach, einem Dorf in der Nähe von Gießen. Überhaupt sah die Auswahl an Ausbildungsplätzen in der Umgebung eher mau aus.

Deshalb begann ich vor sechs Jahren eine Friseurlehre. Ich war froh, dass ich überhaupt eine Lehrstelle bekommen hatte. Ich wollte ja schließlich nicht ewig meinen Eltern auf der Tasche hängen. Okay, Friseuse war kein Traumberuf. Aber wenigstens war es überhaupt ein Beruf, mit dem ich mir eine kleine Bude leisten konnte. Einige meiner Freundinnen hatten nicht einmal dieses Glück; sie wurden nach Abschluss der Schule erst einmal arbeitslos.

Nach einigen Monaten reagierte ich auf die chemischen Inhaltsstoffe der Sprays und Gels, Färbe- und Bleichmittel, was weiß ich … Die allergischen Reaktionen wurden immer schlimmer, so dass ich nach einem Jahr keine andere Möglichkeit mehr sah: Ich brach die Ausbildung ab.

Natürlich war es mein festes Ziel, irgendwo anders eine neue Lehre zu beginnen. Ich wollte nicht auf der Straße sitzen. Ich begriff die

Allergie ein Stück weit auch als ein Zeichen – es war der falsche Beruf, den ich ausgewählt hatte. Also konzentrierte ich mich wieder auf mein ursprüngliches Ziel, nämlich auf die Ausbildung zur Hotelfachfrau. Diesmal nahm ich auch einen Umzug in Kauf. Was aber nicht viel brachte: Da ich in der Schule kein Französisch gelernt hatte, waren meine Chancen, die begehrte Lehrstelle zu bekommen, gleich null. Auf dem Arbeitsamt erklärte man mir, mir stünde alternativ die Ausbildung zur Restaurantfachfrau offen. Doch egal wie oft ich mich bewarb, es hagelte nur Absagen. Es gab einfach viel zu viele Bewerber auf die Stellen.

Daraufhin bot mir das Butzbacher Arbeitsamt einen Fortbildungskurs in Marburg an. Ich schöpfte Hoffnung. Doch ich war schnell ernüchtert, als ich erfuhr, was ich dort lernen sollte: Mathe, Deutsch, ganz normale Schulfächer, 08/15-Unterricht. Und ich lernte, wie man eine Bewerbung schreibt. Als wenn ich das nicht schon wüsste!

Danach folgte ein Bewerbungstraining, das mir ebenfalls nicht sehr viel brachte. In den Kursen wurden die Bewerbungsunterlagen zusammengestellt. Das war's. Geholfen wurde mir nicht wirklich.

Das ließ ich auch die entsprechende Sachbearbeiterin beim Arbeitsamt wissen. Es entbrannte eine heftige Diskussion zwischen uns, in deren Verlauf ich ziemlich wütend wurde. Aber ich bin auch heute noch davon überzeugt, dass ich im Recht war. Denn es war ja alles schön und gut, was das Arbeitsamt mir vermittelte – aber es war nichts, was ich nicht schon wusste oder was mir irgendwie weiterhalf.

Ich bekam kein einziges Angebot für eine Lehrstelle. Und herrje, ich wäre flexibel gewesen. Ich wollte nur eine neue Ausbildung. Aber ich bekam nichts. Also drängte ich auf einen Job, irgendeine Festanstellung. Mir egal, welche. Ich hätte sogar nachts gearbeitet. Hauptsache, arbeiten und Geld verdienen, ein geregeltes Einkommen.

Tja, und dann bot mir das Arbeitsamt 1-Euro-Jobs an. Natürlich, ein kleiner Zuverdienst zu Hartz IV war sicherlich nicht verkehrt. Denn mit dem Arbeitslosengeld II alleine kann ich mir kaum was leisten, mit Ach und Krach meine kleinen Bude. Aber ein Euro die Stunde, 40 Stunden die Woche, das wären 40 Euro die Woche gewesen …

damit hätte ich auch nicht wirklich große Sprünge wagen können. Ich war mir nicht einmal sicher, ob ich noch lange meine Wohnung würde unterhalten können. Keine angenehme Vorstellung.

Alles andere als angenehm war auch die Zusammenarbeit mit der Fallmanagerin beim Arbeitsamt. Es war ausgerechnet jene Sachbearbeiterin, mit der ich mich wenige Monate zuvor in die Haare gekriegt hatte. Ich glaube, sie war nicht sehr gut auf mich zu sprechen. Denn obwohl sie wusste, dass mein linkes Knie beschädigt ist, dass meine Bandscheiben kaputt sind – ich hatte bereits mit 18 den ersten Bandscheibenvorfall –, vermittelte sie mich in eine Großküche, in der ich schwer hätte schleppen müssen.

Ich arbeitete einen Tag in der Großküche, einen Tag später musste ich mich bereits krank melden. Ich blieb drei Wochen krank geschrieben, so heftig waren die Schmerzen.

Ich fasste einen Entschluss: Ich wollte mich selbstständig machen. Das schien mir der einzige Ausweg aus meiner Situation. Ich hatte sogar eine Idee: Ich interessiere mich für Kartenspiele, Sammelkartenspiele, Trading Cards. Das ist ein Markt, der ziemlich boomt, gerade auch in der Gothic- und Dark-Wave-Szene, der ich mich angehörig fühle. Ich stellte mir vor, dass es doch eine gute Idee wäre, einen kleinen Laden für diese Art von Spielen einzurichten, wenn ich auch noch nicht genau wusste, wie ich ihn in die Tat umsetzen konnte. Als ich meiner Fallmanagerin davon erzählte und sie um Informationen bat, auch in Sachen Ich-AG, sagte sie nur: »Sie sind nicht der Typ dazu.«

Was nicht gerade sehr motivierend war. Leider war die Fallmanagerin meine direkte Ansprechpartnerin, die mir unmissverständlich zu verstehen gab: »Eine Ich-AG gilt nur für Arbeitslosengeld I. Sie als Hartz-IV-Empfängerin bekommen allenfalls Überbrückungsgeld. Das sind 600 Euro im Monat und zwar für genau sechs Monate.«

Da machte ich mir keinerlei Illusionen: Damit würde ich nie und nimmer die Selbstständigkeit erreichen können. Keine Ahnung, ob es noch andere Möglichkeiten der Förderung gab? Wenn meine Fallmanagerin mir nicht helfen mochte, diese zu finden, was sollte ich tun?

Ich kehrte zurück in die Großküche. Hatte ich eine andere Wahl? Hätte ich mich dagegen gesträubt, hätte man mir wahrscheinlich mein Hartz IV gestrichen.

Immerhin wollte man mich in der Großküche nicht mehr für die schweren Arbeiten einsetzen. Jetzt sollte ich den ganzen Tag Gemüse schälen, schneiden, schnetzeln. Weil man befürchtete, dass Kleinteile ins Essen fielen, verlangte man von mir, dass ich meine Piercings rausnehme. Inzwischen war ich nämlich stolze Besitzerin einiger Ringe – in beiden Ohren, drei an der Lippe.

Ich weigerte mich, diese Piercings herauszunehmen. Damit wir uns richtig verstehen: Es war keine grundsätzliche Weigerung. Für einen anständigen Job, gut bezahlt, mit festem Arbeitsvertrag, wäre ich jederzeit bereit, die Ringe rauszunehmen. Aber für einen Euro die Stunde? Nein!

Also verfrachtete man mich in die Spülküche, wo ich seither arbeite. Und warte. Darauf, dass etwas passiert. Was? Weiß ich nicht. Vielleicht, dass das Arbeitsamt mir etwas vermittelt. Aber von meiner Fallmanagerin verspreche ich mir nicht viel. Gut möglich, dass ich mit einem anderen Betreuer mehr Chancen auf einen Beruf hätte. Ich weiß von anderen Arbeitslosen, für die die Fallmanager sich wesentlich mehr einsetzen.

Sie sagte es zwar zu keiner Zeit explizit, aber ich glaube, meine Fallmanagerin ging davon aus, dass die Großküche mir irgendwann einen Arbeitsvertrag anbot. Aber das war lachhaft. Dort gab es unzählige Mitarbeiter. Aber nur der Küchenchef war fest angestellt. Warum sollten sie also ausgerechnet mich, eine Spülhilfe, anstellen?

Mir fiel es schwer, über die Runden zu kommen. Mit dem Geld, was ich durch Hartz IV erhielt, gelang es mir zumindest nicht. Also musste ich schwarz arbeiten. Ziemlich viel sogar. In den besten Zeiten hatte ich drei Jobs am Tag. Wenn ich dann alle drei Tage mal zwei Stunden Schlaf fand, dann war das viel. Freizeit? Hatte ich nicht. Klingt absurd, da ich doch arbeitslos war.

Natürlich machte mein Körper die Anstrengung nicht lange mit. Ich wurde wieder krank geschrieben. In dieser Zeit lernte ich meinen

Schatzi kennen. Meinen Freund Ralph. Er lebte in einem kleinen Appartement in der Nachbargemeinde, weswegen ich öfter mal bei ihm übernachtete. Sobald man aber länger als einen Tag von zu Hause weg bleibt, muss man sich beim Arbeitsamt abmelden. Was ich natürlich nicht tat. Ich meine, mein Freund wohnte nur ein paar Kilometer weiter entfernt. Wo lag das Problem? Ich war doch nicht aus der Welt.

Nach Ansicht der Außendienstmitarbeiter, die meine Fallmanagerin zu mir schickte, offenbar doch. Vier Mal stand sie vergeblich vor meiner Tür. Beim letzten Mal hinterließ sie eine Nachricht, dass sie in fünf Tagen noch einmal vorbeischaut und ich doch bitte anwesend bin. Weil ich aber bis dahin gar nicht nach Hause kam, fand ich den Brief zu spät. Da hatte man mir schon mein Geld gestrichen.

Ich ging zur Leistungsstelle im Amt. Die gute Frau wollte von mir eine Aufstellung haben, wann ich an welchem Tag um wie viel Uhr wo war. Nein, ehrlich, das klang für mich nach Schikane. Dass sie nicht auch noch gleich danach fragte, wann ich geschlafen, gefrühstückt und mir die Zähne geputzt hatte, war alles … Und überhaupt glaube ich, dass es das Amt überhaupt nichts anging, wann ich wo war. Aber versuchen Sie mal mit dem Arbeitsamt zu diskutieren …

Von diesem Tag an erhielt ich keine Bezüge mehr, ich war nicht einmal mehr krankenversichert. Mein Schatzi machte mir das Angebot, ich zog zu ihm. Neue Gemeinde, neues Arbeitsamt, neues Glück. Sollte man meinen. Doch in einer eheähnlichen Gemeinschaft, die wir jetzt bildeten – und daran gab es in dem Ein-Raum-Apartment nichts zu deuten, in dem wir lebten –, muss der eine Partner für den anderen aufkommen. Seitdem bezahlt er meine Krankenversicherung.

Zwei Monate später sprach seine Firma ihm die Kündigung aus.

Ich hätte wechseln, mir mal was anderes angucken sollen.

Ralph, 32, Fachinformatiker
Er lebt in einem Dorf bei Gießen.
Ralph ist der Freund von Beatrice.

Ich machte mein Abitur, döste ein Jahr lang vor mich hin, absolvierte meinen Zivildienst. Ich wartete eine Weile, während der ich Rettungsdienst fuhr, stand vor der Wahl: Studiere ich oder nimmt jemand meine Bewerbungen an?

So oder so, ich wollte Programmierer werden. Es war mein Traumjob. Ich programmiere, seit ich zehn Jahre alt bin. Schon damals wusste ich: Diesem Beruf gehört die Zukunft.

Ich bekam eine Lehrstelle, ausgerechnet in der Firma, in der mein Vater schon viele Jahre arbeitete, schon seit meiner Geburt. Schon als Achtjähriger rannte ich, an der Seite meines Vaters, durch die Firma. Im August 1997 begann ich meine Ausbildung zum Fachinformatiker für Anwendungsentwicklung. 2000 war ich fertig. Die Firma übernahm mich, seitdem schrieb ich Programme für die Steuerung von Produktionen, zum Beispiel wie man einen Betriebsauftrag anlegt. Alles das, was auch SAP macht.

Sechs Jahren vergingen, in denen ich zufrieden war. Es ging locker zu in der Firma. Ich hatte mich keinen großen Einschränkungen zu unterwerfen, auch nicht, was meine Klamotten betraf. Ich konnte tragen, was ich wollte. Wenn ich kurzfristig sagte, »Ich mache einen Tag Urlaub!«, und es gab keine dringenden termingebundenen Aufgaben, war das überhaupt kein Thema. Also machte ich Urlaub, fuhr an die

See oder sonst wohin, einfach, worauf ich Lust hatte. Außerdem verdiente ich gut, konnte mir Luxus leisten, ich habe gern ein bisschen Luxus. Ich habe mir ein Volvo Cabrio gekauft, mein Traumauto.

Kurzum: Der Wechsel in eine andere Firma stand außer Frage. Ich hatte in der Firma die Programmiersprache Cobol gelernt. Früher wurde damit Bankensoftware geschrieben, zum Teil noch heute, zumindest die Hintergrundprogramme, während die Benutzeroberfläche meist auf eine moderne, grafische Software angepasst ist.

Die Programmiersprache ist uralt und es gibt nicht mehr viele Firmen, die in dieser Sprache programmieren. Meine Firma war eine der wenigen. Wenn man so will: Ich fühlte mich sicher an meinem Platz, denn meine Firma brauchte ja Programmierer, die die Sprache beherrschten. Also fehlte mir auch der Elan, noch mal mit was Neuem zu beginnen.

Deshalb machte ich mir nie einen größeren Kopf über einen Firmenwechsel. Ich hätte es machen solle, definitiv. Ich hätte wechseln, mir mal was anderes angucken sollen ... Aber die Vorteile in meiner Firma waren verlockend. Vorteile, die man eben nicht in jedem Unternehmen genießt.

Die Firma lief gut. Eigentlich. Ab 2000, als es generell mit der IT-Branche bergab ging, begann es schwierig zu werden. Obwohl ich davon lange Zeit nichts mitbekam.

Klar, irgendwie zeichnete es sich ab, dass es Einsparungen geben würde. Wir waren bereits seit 2003 auf Nullrunde. Vielleicht hätte ich mir spätestens da einen Kopf machen müssen. Aber ich hätte nicht gedacht, dass es mich so schnell erwischt. Die ganze Zeit gelang es der Firma, die finanziellen Ausfälle durch die normale Fluktuation in der Belegschaft aufzufangen. Also Mitarbeiter, die in Rente gingen, wurden nicht mehr ersetzt. Was enorm viele waren; in der Firma waren verdammt viele alte Leute. In zehn bis 15 Jahren ist die Hälfte der Belegschaft in Rente.

Auch das war ein Grund, warum ich mich eigentlich all die Jahre sicher an meinen Platz fühlte, auch als es immer weniger Angestellte wurden: Die alten Mitarbeiter gingen, also würden junge Programmierer wie ich in der Zukunft umso mehr gebraucht werden, die die für die Firma so wichtige Programmiersprache noch beherrschten.

Tja, zuletzt waren wir noch 180 Leute in der Firma. Immer noch zu viel. Zehn Leute mussten gehen. Natürlich traf die Sozialauswahl die jüngsten Mitarbeiter. Ich gehörte dazu. Zum 31. Oktober 2006 kündigte man mir, eine Stunde vor Feierabend. Direkt und mit Freistellung.

Sofort löschte ich meinen persönlichen Ordner auf dem PC. War mir doch egal, ob da noch wichtige Dokumente gespeichert waren oder nicht. Wie gesagt, im Grunde hätte ich die Kündigung erahnen können. Deshalb nahm ich meinen Rausschmiss auch erst einmal ruhig hin. Geärgert haben mich allerdings die Aussagen, die die Geschäftsführer bei der Kündigung tätigten, die sie sich hätten sparen können: Sie mokierten sich plötzlich über meine Kleidung, bemängelten meine Arbeitsmoral und meine Art, Urlaub zu machen. Sie beschwerten sich, sie könnten nicht mit mir planen, da ich so häufig und so lange krank sei – dabei lag die knapp neunzigtägige Borreliose-Erkrankung, eingefangen durch einen Zeckenbiss, bereits über drei Jahre zurück. Sie kritisierten sogar, sie hätten nicht wirklich viel davon gesehen, was ich in der Firma geleistet hätte.

Ich gebe zu, ich machte nichts nach außen hin Produktives. Ich übernahm sehr viele interne Jobs. Die sonst keine Sau in der Firma machen wollte. Okay, ich band sie mir freiwillig auf die Nase, weil ich sie konnte. Aber ich arbeitete gewissenhaft und gut. Jetzt, mit meiner Kündigung, stellte man genau das in Zweifel. Da wurde ich sauer, weil ich spürte, dass es eben nicht darum ging, der Kündigung noch eine untermauernde Argumentation zu verschaffen. In der Chefetage wollte man tatsächlich nicht sehen, was ich all die Jahre geleistet hatte.

Aber das ist nicht zu ändern. Ebenso wenig wie die Tatsache, dass ich wohl kaum noch eine Firma finde, in der man die Programmiersprache Cobol verwendet. Ich unternahm einige Versuche, eine neue Stelle in Sachen Programmierung zu bekommen. Aber alles, was ich an Stellenbeschreibungen fand, hatte mit Internetprogrammierung zu tun. Davon habe ich überhaupt keine Ahnung, damit hatte ich noch nie etwas zu tun. Es hätte also für mich bedeutet: Noch einmal bei null beginnen, eine ganze Programmiersprache neu erlernen. Ob ich darauf Lust habe?

Selbst wenn ich die Lust hätte, die Firmen, die Programmierer suchten, wollten keine Anfänger, sondern möglichst fertig ausgebildete Arbeitskräfte mit umfassenden Kenntnissen in allen Details.

Was also tun?

Ich will nicht lange arbeitslos sein. Das ist etwas, worauf ich nur wenig Wert lege. Ich bin ein bisschen Luxus gewöhnt. Klar, wenn es mir ganz dreckig geht, verkaufe ich erst einmal mein Auto und gut ist. Aber so weit soll es nicht kommen. Ich will auch nicht faul herumliegen. Ich habe zwar nach meinem Abitur ebenfalls für ein Jahr den faulen Lenz gemacht, aber das war damals was anderes. Inzwischen bin ich 32, und es geht um ein bisschen was anderes im Leben. Was kann ich überhaupt noch aus meinem Leben machen?

Dank meiner Freundin Beatrice hatte ich eine Idee: Ich wollte ein Trading-Card-Geschäft aufmachen. Wie ich es hätte bewirken können, war unklar, aber natürlich hätte ich mit diesem Laden auch Beatrice – ob als Teilhaberin, ob als Angestellter – einen Weg aus der Arbeitslosigkeit verschafft. Doch dann machte in der Nähe von Butzbach, wo ich den Laden eröffnen wollte, ein Comic-Shop auf, der auch Sammelkarten verkaufte. Damit hatte sich unsere Idee zerschlagen.

Allerdings brachte mich eine Bekannte auf eine neue Idee: Sie betrieb in einer Einkaufspassage einen florierenden Laden für Gothic- und Erotikklamotten. Immer wieder fragten die Kunden bei ihr an, ob sie nicht auch ausgefallene Schuhe verkaufen würde. Doch sie konnte ihr Sortiment nicht erweitern, die 45 Quadratmeter ihres Ladens waren bereits hoffnungslos überfüllt.

Direkt neben ihrem Laden standen Räumlichkeiten leer. Noch einmal 45 Quadratmeter. Sie schlug vor, doch ein Schuhgeschäft zu eröffnen. Natürlich nicht nur ein einfaches Schuhgeschäft. Wir sollten Markenware in Sachen Gothic, Dark Wave, Fetish und Erotik anbieten. Boots, High Heels, solche Sachen eben. Ihr überzeugendes Argument war: »Ihr profitiert von meiner Stammkundschaft.«

Ich weiß, dass sie eine Stammkundschaft hat. Im Umfeld Gießen und Marburg gibt es eine große, sehr lebendige Gothic- und Dark Metal-Szene. Ich selbst bin Teil dieser Szene. In Gießen findet außerdem alle zwei Monate eine riesige Fetish-Party statt, mit jeweils 400 bis 500 Besuchern. Ich gehöre regelmäßig zu den Gästen dieser Partys. Was ich damit sagen will: Es gibt einen Markt für diese Produkte.

Ich durfte allerdings nicht lange zögern, denn niemand wusste, wie lange die Räume noch leer stehen.

Als ich das erste Mal zum Arbeitsamt ging, stellte ich klar, ich möchte mich selbstständig machen. Im Gegensatz zu Beatrice hatte ich sehr viel Glück. Mein Arbeitsberater ließ sich ohne zu Zögern auf meine Idee ein. Sofort händigte er mir eine Menge bunter Zettel aus, genehmigte mir 300 Euro für ein Existenzgründerseminar, für Marketing- und Beratungsstunden.

Inzwischen kenne ich die Behörden und Ämter in- und auswendig. Das Arbeitsamt. Die IHK. Ich bekam einen Gründungszuschuss bewilligt, für neun Monate in der Höhe meines Arbeitslosengeldes, plus 300 Euro für die Sozialleistungen. Letzteres kann ich sogar noch für sechs Monate verlängern lassen.

Natürlich lässt sich mit diesem Geld alleine kein Geschäft eröffnen. Ich muss bei der Sparkasse und über die Sparkasse bei der Kreditanstalt für Wiederaufbau vorstellig werden. Die KfW bietet ein Existenzförderungsprogramm an, bei dem man Mikrokredite in Höhe von 25.000 Euro beantragen kann. Diese erhält man von seiner Hausbank, aber die KfW übernimmt 80 Prozent der Summe als Ausfallssicherung. Dazu muss ich natürlich ein Gründungskonzept und einen dreijährigen Investitionsplan vorlegen, nach Möglichkeit auch einen Nachweis darüber, dass ich überhaupt so einen Laden aufziehen kann. Dazu werde ich Seminare der IHK besuchen.

Natürlich, das alles hat freilich wenig mit dem zu tun, was ich zuvor fast 20 Jahre meines Lebens gemacht habe. Aber es macht mir Spaß, trotz des ganzen Chaos und des Stresses, mit dem ich konfrontiert werde. Es ist was Neues. Es ist was eigenes. Es ist was für meine Zukunft.

In gewisser Weise hat es auch sehr viel mit Programmierung zu tun. Man muss auf jedes noch so kleine Detail achten, damit man eine Struktur in das Projekt bekommt, damit es am Ende flüssig läuft.

So lauern immer mal wieder Stolperstein bei der Einrichtung eines Geschäftes: zum Beispiel der Gewerbeschein. Wenn man nämlich schon ein Gewerbe beantragt hat, kriegt man den Kredit nicht bewilligt. Doch da ich den Laden eröffnen will, muss ich den Mietvertrag unterschreiben. Zudem muss ich damit beginnen, Produkte bei den Händlern zu sichten und zu ordern. Großhandelspreise indes bekommt man nur, wenn man einen Gewerbeschein besitzt. Was tun? Ich weiß ja nicht einmal, ob ich den Laden eröffne. Zumindest nicht, wenn ich den Kredit nicht bekomme. Ein Teufelskreis.

Trotzdem bin ich frohen Mutes, dass alles klappt. Ich muss ein bisschen voraus planen. Natürlich gehört auch ein Risiko dazu. Aber Selbstständigkeit bedeutet immer Risiko. Heutzutage arbeiten ist ebenfalls ein Risiko. Niemand weiß, ob er morgen noch seinen Job hat.

Jetzt bleibt nur noch die Frage, was aus Beatrice wird. Ursprünglich war vorgesehen, einen Teil des Schuhladens abzutrennen und dort ein Piercing-Studio zu eröffnen. Diese Idee legten wir vorerst auf Eis. Wir bekamen das Angebot unserer Bekannten, den benachbarten Gothic- und Fetish-Laden zu übernehmen. Sie will ihr Geschäft unter Umständen schließen.

Sicher ist: Mein Schuhladen funktioniert eigentlich nur in Nachbarschaft zu dem etablierten Fetish-Laden. Also überlege ich nun, den Laden zu übernehmen. Bleibt nur die Frage, ob mir dann noch genug Geld bleibt, den Schuhladen zu eröffnen.

Aber mal angenommen, ich mache beide Läden … Dann könnte ich Beatrice in einem der beiden anstellen. Ich könnte ihr aber auch einen Teil des Geldes geben, damit sie sich selbstständig machen kann. Dann führe ich einen der beiden Läden, sie führt den anderen Laden. Was für den Fall, dass die beiden Läden Gewinne abwerfen, auch steuerlich von Vorteil wäre.

Als Selbstständiger hat man etwa 24.000 Euro steuerfrei. Wenn ich mit beiden Läden 26.000 Euro Gewinne einfahre – wohlgemerkt:

wenn es überhaupt so weit kommt –, müsste ich immense Steuern zahlen. Wenn aber Beatrice einen der beiden Läden führt, wäre es umso besser. Diese Lösung ist doch nicht verwerflich.

Doch was ist, wenn wir uns trennen? Das sehe ich halb so schlimm. So was kann immer mal passieren. Wozu gibt es Verträge?

Entweder ihr schmeisst mich hier raus oder es gibt Ärger.

Neven, 36, Diplom-Physiker
Er lebt in Berlin. Neven ist langzeitarbeitslos.

Ich wollte schon immer Physik studieren. Obwohl ich als Schüler schlecht in Physik war. Gut war ich in Geschichte, in Religion und in Politik. Das waren Fächer, in denen nur gefaselt wurde. Ich war ein guter Schwätzer. Ich stellte mich vor die Klasse und redete – hervorragend. Der Lehrer lobte: »Super, Neven, das musst du weitermachen!«

Doch ich merkte schon sehr früh, eigentlich bestanden die Fächer nur aus heißer Luft. Selbstbespiegelung. Laberei. Man hörte sich selbst gerne zu. Man hatte es ja drauf. Also laberte man den Lehrer voll.

Dann kam ich in den Physikunterricht. Ich kapierte zwar nicht, um was es ging, aber mir wurde klar: In der Physik wurde nicht gefaselt. Physik war korrekt. Zwar gab es kaum Frauen in Physik, aber nun, da musste ich durch. Denn ich hatte Bock auf Physik. Schon in der elften Klasse wusste ich: Ich möchte Physik studieren.

Meine Lehrerin sagte zu mir: »Du nicht!«

Was meine Noten betraf, hatte sie absolut recht. Ich war ein beschissener Schüler, legte ein beschissenes Physik-Abi hin. Aber ich studierte trotzdem Physik. 1999 machte ich mein Diplom.

Wenig später erkundigte ich mich beim Arbeitsamt, welche Möglichkeiten mir nun offenstanden. Doch die Sachbearbeiter kapierten überhaupt nicht, wovon ich sprach, als ich ihnen meine Qualifikationen darlegte. Ich möchte weiß Gott die Sachbearbeiter nicht lächerlich machen, aber das sind nun mal Realschüler, die eine Ausbildung zum Verwaltungsfachangestellten absolviert haben. Als ich denen von Simulations- und objektorientierter Programmierung erzählte, glotzten die mich mit großen Augen an.

Immerhin, damals gab es Jobs ohne Ende, auch hier in Berlin. Das Arbeitsamt schickte mir einige Angebote. Erstaunlicherweise las ich da Zeugs, bei dem ich mich fragte: Haben die auf dem Arbeitsamt überhaupt mit mir geredet? Oder ist das ein Computerfehler? Ernsthaft: Die Sachbearbeiter hatten überhaupt nicht kapiert, was mein Profil war.

Aber egal. Damals, als ich die Uni verließ, schwoll die Dotcom-Blase gerade mächtig an. Die Firmen nahmen jeden, der einen Rechner an- und wieder ausschalten konnte, ohne dass er kaputtging, erst recht, wenn er über eine akademische Ausbildung verfügte. Damals hätte ich wahrscheinlich jeden Job kriegen können, egal welchen.

Doch eigentlich wollte ich lieber mein eigenes Ding machen und selbstständig sein, irgendwas als Physiker, irgendwas mit Luft- und Raumfahrt. Aber an der Uni hatte man ja nicht gelernt, wie man sich ordentlich selbstständig macht, erst recht nicht als Naturwissenschaftler oder als Ingenieur. Also stand ich vor tausend Fragen. Auf die es noch mehr Antworten gab.

Hätte ich mich selbstständig machen wollen, hätte ich ein Labor aufbauen müssen. Dafür hätte ich einen Kredit benötigt. Dabei wäre es um verdammt viel Geld gegangen. Geld, das ich die ersten ... sagen wir mal ... fünf Jahre nie und nimmer verdient hätte.

Also sagte ich mir: »Wenn ich die Selbstständigkeit anvisiere, dann allenfalls auf dem einfachen Weg. Zum Beispiel im Dienstleistungssektor. Wenn ich dann damit Geld verdiene, versuche ich, zurück in die Physik zu gehen.«

Meinen ersten Versuch, mich selbstständig zu machen, wagte ich 2001. Ich wollte eine Schul-Uni ins Leben rufen.

Damals kam ich von der Uni und wusste, nahezu alle Studenten, mit denen ich Physik zu studieren begonnen hatte, hatten die letzten Jahre das Handtuch geworfen. Ich war einer der wenigen, der das

Studium nicht abgebrochen hatte. Woran lag das? Ich glaubte, die Antwort zu kennen.

Meiner Meinung nach verlassen die Schüler das Gymnasium und kommen zur Uni, ohne zu wissen, was sie wirklich studieren sollen oder wollen. Also studieren sie einfach drauflos, vier, fünf oder sechs Semester, bis sie merken, es gefällt ihnen nicht. Dann brechen sie ab, nachdem sie etliche Jahre in den Sand gesetzt haben, und beginnen abermals orientierungslos bei null.

Mit der Schul-Uni wollte ich den Kids in der Oberstufe einen Vorgeschmack auf die Uni geben. Ich wollte sie an den Gymnasien besuchen und ihnen anbieten: Ihr wisst nicht, was ihr studieren wollt? Kein Problem, wir »studieren« jetzt vier Wochen Mathe. Oder vier Wochen Physik. Oder vier Wochen Kunst. In Vorlesungen, Tutorien, Übungen, die 1:1 denen der Uni nachempfunden waren, wollte ich ihnen zeigen, wie es an der Hochschule zugeht, und zwar im ersten, zweiten Semester. Also nicht die schönen Semester, sondern die beschissenen am Anfang.

Meine Vorbereitungen waren weit gediehen, ich hatte 20 Leute in einem Lehrerpool vereinigt. Ich erstellte eine Marktanalyse, pickte mir jene Gymnasien heraus, an denen es Elternvereine gab. Also jene Schulen, bei denen man wusste, die Eltern sind scharf darauf, dass für ihre Kinder was geht. Ich nahm Kontakt zu den Gymnasien auf. Ich führte ein Gespräch mit einem Direktor. Als ich mit ihm sprach, kramte er in einem Stapel Papier und fragte mich schließlich: »Welches Schreiben war noch mal von Ihnen?«

Die Erkenntnis war ernüchternd: Die Schulen werden bombardiert mit Angeboten von außen. Das wusste ich nicht. Ich war völlig überrascht. Ich dachte, ich hätte eine sensationell neue Idee. Doch tatsächlich wetteifern viele Unternehmen um die Schulabgänger. Das ist ein heiß umkämpfter Markt.

Ich kapierte: Ich hatte mit meiner Idee so keine Chance. Es reichte nicht, mit einem Anzug aufzulaufen und ein bisschen herumzufaseln. Ich brauchte ein ordentliches Werbebudget. Und damit war ich wieder beim alten Problem: Geld.

Was auch der Grund war, warum sich mein Lehrerpool langsam aufgelöst hatte. Ich hatte erklärt: »Ihr kriegt Geld, wenn wir Aufträge haben.«

Aber man kann ein Team nicht zusammenhalten, wenn man es nicht bezahlt. Das gelingt vielleicht mit zwei oder drei Leuten. Aber nicht mit 20. Das funktioniert nur, wenn man ihnen die Kohle auf den Tisch legt.

Mein Projekt scheiterte. Jetzt musste ich mir einen Job suchen. Ich brauchte Geld. Dringend. Ich arbeitete als Dozent, in einer Einrichtung für arbeitslose Jugendliche. Problemjugendliche. Langzeitarbeitslose Jugendliche. Das war der Hammer. Auf gut Deutsch: 80 Prozent schwerstauffällige Ghettokids ... grauenhaft! Nach sieben Monaten wollte ich nur noch weg: »Entweder ihr schmeißt mich hier raus oder es gibt Ärger.«

Sie haben mich gehen lassen.

Was tun? Ich kehrte zurück zu den Wurzeln. Physik. Ich wollte sogar meinen Doktor machen. Ich begann beim Deutschen Zentrum für Luft- und Raumfahrt in Berlin. Wissenschaft. Forschung. Also alles das, worauf ich von Anfang an Bock gehabt hatte.

Aber es lief nicht so, wie ich mir das vorstellte. Ich will gar nicht böse über die Kollegen reden. Aber es ging zu wie im öffentlichen Dienst. Viele saßen einfach ihre Zeit ab. Es war nicht immer hohe Wissenschaft angesagt. Es langweilte mich. Nach vier Monaten schmiss ich den Job und damit auch meine Promotion. Heute sage ich mir: »Hätte ich mal die Arschbacken zusammengekniffen, die drei Jahre durchgezogen, dann hätte ich meinen Doktor ... und es sähe schon ganz anders für mich aus.«

Stattdessen unternahm ich einen zweiten Versuch, mich selbstständig zu machen, diesmal zusammen mit einer Partnerin, meiner späteren Freundin. Wir wollten eine privat finanzierte, internationale, öffentliche Bibliothek eröffnen, die erste in Berlin, die erste Deutschlands. Dafür hatte ich ein Spitzenkonzept entwickelt, eine Mischung aus Bibliothek und Buchhandlung, in der wir Bücher unter der Buchpreisbindung hätten verkaufen dürfen – ganz legal.

Ich verhandelte mit dem Berliner Vorsitzenden des Börsenvereins. Wir waren auf allen wichtigen Messen, hatten Kontakte über Kontakte ... bis es erneut um Geld ging. Viel Geld. Ich fragte mich: Willst du das wirklich? 100.000 Euro rankarren? Wenn das nicht hinhaut, wenn das schiefgeht, dann kommst du nicht mehr aus der Scheiße raus! Das Ergebnis war: Wir begnügten uns erst mal mit einem Onlineshop, in dem wir polnische Bücher verkauften. Das Geschäft lief gerade mal auf null hinaus. Wieder hätten wir Geld reinstecken müssen. Mindestens 5.000 Euro. Besser sogar noch ein paar tausend mehr. Diesmal sagten wir uns gemeinsam: »Nein, darauf haben wir keinen Bock. Wir hören auf!«

Seitdem bin ich arbeitslos. Anfangs bekam ich Arbeitslosengeld I. Jetzt bin ich Hartz-IV-Empfänger. Hartz IV, das bedeutet: Ich bin am Ende. Da gibt es nichts dran herumzukritteln. Ich habe Scheiße gebaut. Irgendwas ist nicht gut gelaufen. Hartz IV für ein paar Monate, das ist ja in Ordnung. Aber ich bin jetzt schon seit längerer Zeit Hartz-IV-Empfänger. Ich bekomme 630 Euro im Monat. Das reicht allenfalls zum Überleben. Miete. Essen. Das Handy. Allzu große Sprünge kann ich mir damit nicht erlauben. Und eine eigene Existenz ganz bestimmt auch nicht aufbauen. Ganz klar, die Situation drückt aufs Gemüt. Ich kann nicht spontan Dinge unternehmen. Zum Beispiel ein Wochenende wegfahren. Ein paar Klamotten einkaufen gehen. Es nervt mich, dass ich niemals Geld habe.

Was habe ich sonst? Einige Erkenntnisse gewonnen. Man darf nicht ein bisschen links, ein bisschen rechts werkeln, man muss sich auf eine Sache konzentrieren und diese dann mit ganzer Kraft verfolgen. Und wenn man schließlich den Punkt erreicht, bei dem es darum geht: *Springe ich oder nicht?* Dann muss man die Zähne zusammen beißen und springen. Auch wenn man möglicherweise die nächsten zehn oder zwanzig Jahre nicht mehr aus dem Loch herauskommt. Es sei denn, man haut in ein Land ab, das kein Auslieferungsabkommen mit Deutschland hat ...

Vor einem Jahr suchte ich im Internet im Arbeitsamt-Portal, dem vielgescholtenen. Nicht zu unrecht, denn die Seite ist scheiße ... Wenn man nicht wie ich täglich stundenlang im Internet unterwegs ist, findet man sich in dem Portal überhaupt nicht zurecht. Und selbst bei mir dauerte es eine Weile, bis ich die Einstellungen so geklickt hatte, dass sie mir das anzeigten, was ich wollte. Unter anderem einen Berliner Verein für arbeitslose Akademiker, Inbitec e.V.

Ich rief dort an. Zu meiner Verwunderung erhielt ich eine Einladung, ohne dass ich überhaupt Unterlagen eingereicht hatte. Das kam mir sehr bizarr vor, denn normalerweise muss man ja erst mal einige Unterlagen einreichen. Ich fragte: »Soll ich was schicken?«

»Nö«, war die Antwort. »Die können Sie ja mitbringen.«

Also machte ich mich auf den Weg, selbstverständlich im Anzug. Ich landete in Buch, außerhalb von Berlin, unweit des Krankenhauses der ehemaligen Staatssicherheit und dem Hospital der DDR-Politbonzen.

Inbitec e.V. befand sich in einem Pharmazie-Gebäude der anliegenden Krankenhäuser und war u.a. von ehemaligen Mitgliedern der Akademie der Wissenschaften gegründet worden. Dieses quasi DDR-Pendant zum Max-Planck-Institut oder der Fraunhofer Gesellschaft wurde nach der Wende abgewickelt, aber einige der Mitglieder waren so schlau, diesen Verein zu gründen. Nicht nur das, sie nutzen auch entsprechende Kontakte. Seitdem schickt ihnen das Arbeitsamt arbeitslose Akademiker, die der Verein in den ersten Arbeitsmarkt zu integrieren versucht.

Das geschieht u.a. in Form von Praktika bei kleinen, mittelständischen Unternehmen, die nicht in der Lage sind, Mitarbeiter einzustellen. Im Rahmen des Praktikums – freilich unbezahlt – können jene Firmen die Akademiker zur Probe beschäftigen, sie anlernen und, wenn die Zusammenarbeit funktioniert, festanstellen. Soweit die Theorie. In der Regel ist es aber so: Kleine, mittelständische Unternehmen wollen Mitarbeiter nicht einmal kostenlos haben, weil sie schlicht und ergreifend nicht die Ressourcen haben, um die Leute zu beschäftigen oder anzulernen. Sie wollen am liebsten einen Mitarbeiter haben, der bereits fix und fertig angelernt ist – und am besten bringt er auch gleich einen Auftrag mit …

Und dann gibt es jene Unternehmen, die durchaus eine ordentliche Auftragslage haben, aber mit möglichst wenig Aufwand möglichst viel erreichen wollen. Wenn Inbitec ihnen also kostenlos Leute anbietet, und das im durchgehenden Wechsel, dann besteht für solche Unternehmer natürlich nicht die Notwendigkeit, jemanden einzustellen.

So ist es mir ergangen. Ich kam im Juli 2006 zu einer Firma, die Wasseranalytik machte. Eigentlich war das eine Ingenieursarbeit, aber die konnte ich als Physiker ebenso erledigen. Inzwischen bin ich ja flexibel.

Man gab mir einen Praktikumsvertrag für ein Jahr. Dafür musste ich volle Ingenieursarbeit leisten. Die kostet normalerweise 40.000 oder mehr im Jahr, mindestens ... Ich bekam kein Gehalt, nicht einmal eine Beschäftigungsgarantie für die Zeit danach.

Ich gebe zu, nach drei Monaten für lau war mir das zu blöd. Ich meine, ich habe ja nicht herumgesessen oder Kaffee gekocht. Ich habe richtige Ingenieursarbeit geleistet. Im Oktober beschloss ich daher: Wenn jetzt keine Ansage wegen Geld und einer Weiterbeschäftigung kommt, dann höre ich auf. Die Ansage kam nicht, also machte ich Schluss. Ein paar Tage später erfuhr ich, die Firma hatte sich nicht mal über mich beschwert, sondern bei Inbitec angerufen und sich nach dem nächsten Praktikanten erkundigt.

Machen wir uns doch nichts vor: Ich habe in der ganzen Zeit bei Inbitec nicht einmal erlebt, dass irgendjemandem dort je in einen Job vermittelt wurde. Das höchste der Gefühle war ein Vertrag für ein paar Monate, bei dem man eine Arbeit zu Ende bringen durfte, bevor man wieder auf der Straße saß. Und selbst das wurde von Inbitec schon als ein Erfolg gefeiert – das kann ich verstehen, schließlich müssen sie sich und ihre Zuschüsse, die sie bekommen, irgendwie rechtfertigen.

Doch was bringt mir der Verein, außer einem unbezahlten Praktikum nach dem anderen? Deshalb habe ich mein Engagement bei Inbitec e.V. zurückgefahren, auch wenn da im Augenblick noch eine ABM-Maßnahme mit mir läuft. Ich gebe zu, eine Zeit lang hatte ich ein schlechtes Gewissen. Immerhin zahlt das Amt für die ABM-Maßnahme. Aber nach der Erfahrung mit dem Praktikum, bei dem ich umsonst gearbeitet habe, brauchte ich kein schlechtes Gewissen mehr zu haben. Denn während des Praktikums hätte ich Geld verdient, das ich nicht verdient habe, weil es der Unternehmer nicht zahlen musste. Letztlich ist es der Staat, der eben diese Strukturen geschaffen hat.

Ich behaupte daher auch nicht, dass das Arbeitsamt mir etwas schuldig ist. Dort gehe ich ganz bestimmt nicht hin, um Arbeit zu bekommen. Ich würde niemals zum Arbeitsamt gehen, weil ich mir dort Arbeit erhoffe. Ich gehe dahin, um Geld zu bekommen.

Mehr kann und darf ich von denen nicht erwarten. Ich kann ihnen das nicht einmal vorwerfen. Obwohl ich mich jedes Mal aufregte, wenn sie mich vollquatschten mit irgendwelchem Gefasel von Rechten und Pflichten. Dann saß ich zwei Stunden da, bis ich endlich ins Zimmer durfte. Danach taten der Sachbearbeiter und ich so, als ginge es um was ganz Wichtiges, dabei wussten wir beide, dass nur Scheiße geredet wird. Das nervte mich.

Gleichwohl es seit Hartz IV besser geworden ist. Sie stellen mir keine Fragen mehr. Was sicherlich auch an Berlin liegt. Hier sind die Arbeitsagenturen hoffnungslos überlastet. Da komme ich rein, stemple ab und tschüss …

Das alles soll jetzt nicht nach Resignation klingen. Erst recht nicht gegenüber dem Arbeitsamt. Das Arbeitsamt ist das Arbeitsamt ist das Arbeitsamt. Letztlich bin ich auf mich selbst angewiesen. Ich wurschtle herum. Ich muss klarkommen. Ich muss den eigenen Arsch bewegen und mich nach Jobs umschauen, also richtigen Jobs, die mir Spaß machen, mit denen ich Geld verdienen kann. Sonst komme ich nicht voran. Ich möchte mir nichts schönreden. Es gibt ja die Arbeitslosen, die sagen: Ich könnte ja, wenn ich wollte … Aber ich bin mir sicher, wenn ich nicht an Berlin hängen würde, könnte ich durchaus einen Job als Physiker finden … in Süddeutschland zum Beispiel. Ich bin der festen Überzeugung, dass ich in diesem Land noch genügend Möglichkeiten habe, etwas an meiner Situation zu ändern. Ich bin ja auch noch relativ jung.

Ganz anders ist es mit den Akademikern, die auf die 50 zugehen. Ingenieure über 50, das muss ich ganz brutal so sagen, sind tot. Und als Wissenschaftler über 50 geht gar nichts mehr auf dem Arbeitsmarkt. Da kann man Bewerbungen schreiben bis es dunkel wird ... Erst recht hier in Berlin und in Ostdeutschland. Was Jobs für Physiker betrifft, da sieht es hier doch ziemlich finster aus.

Ich habe erst vor Kurzem mit meiner Freundin gesprochen. Wenn es jetzt innerhalb der nächsten Monate nicht klappt, dann werden wir wohl doch noch nach Süddeutschland ziehen. Vielleicht nur vorübergehend. Aber wir müssen hier nicht ewig in Berlin kleben bleiben. Wenn es nicht geht, dann geht es eben nicht.

Doch bis dahin kann noch viel passieren. Denn zum Glück lernte ich über Inbitec e.V. einen umtriebigen Ingenieur kennen, der in Berlin etwas ganz Einzigartiges und Neues für Deutschland aufbauen möchte: ein Kompetenzzentrum für den sogenannten mittleren Technologiebereich.

Für mich als Physiker ein hervorragendes Betätigungsfeld. So habe ich zum Beispiel etwas erfunden. Ich will es patentieren und einen Prototypen entwickeln. Dafür habe ich natürlich kein Geld. Der Ingenieur machte einen KMU-Patentantrag (KMU = Abkürzung für Kleine und Mittelständische Unternehmen) für mich, ich bekam ihn bewilligt – 16.000 Euro. Diese 16.000 Euro reichen zwar hinten und vorne nicht, aber es ist ein Anfang, der mir zeigte, da geht was. Also hängte ich mich da rein. Im Augenblick laufen die Koalitionsverhandlungen ... Der Ingenieur kennt jede Sekretärin von jedem wichtigen Mann in der Stadt, was beinahe noch wichtiger ist, als den Mann selbst zu kennen.

Mal schauen, was da passiert. Ich stehe zumindest voll dahinter. Und wenn ich irgendwann vor der Entscheidung stehen sollte: Wage ich es oder nicht? Ich glaube, diesmal werde ich es wagen.

WIE MÄNNER TICKEN

Über 150 Fakten, die aus jeder Frau eine Männerversteherin machen

DIE GROSSE SONDERAUSGABE DES BESTSELLERS!

Hauke Brost offenbart uns in diesem Buch die männliche Charakter- und Gefühlswelt – eine unverzichtbare Lektüre und nicht nur für Frauen ein absolutes Lesevergnügen.

»Alles, was Sie über den Mann als solchen (und Ihren eigenen im Speziellen) schon mal wissen wollten, steht angenehm bissig und politisch unkorrekt schwarz auf weiß.« *Petra*

»Hauke Brost verrät, was wirklich hinter den typischen Männermacken steckt.« *Freundin*

»Hauke Brost – der größte Männerversteher der Welt.« *BILD*

»Ein absolut großes Lesevergnügen und auch wenn es in erster Linie für Frauen geschrieben ist, sollten die Männer es durchaus auch mal in die Hand nehmen. Das Buch darf und sollte in keinem Haushalt fehlen und eignet sich auch prima zum Verschenken!« *musicheadquarter.de*

Hauke Brost
WIE MÄNNER TICKEN
Über 150 Fakten, die aus jeder Frau
eine Männerversteherin machen
284 Seiten, Taschenbuch
ISBN 978-3-89602-754-2
12,90 Euro

WIE FRAUEN TICKEN

Über 100 Fakten, die aus jedem Mann
einen Frauenversteher machen

DER BESTSELLER NACH »WIE MÄNNER TICKEN«!

»Vielschichtig, widersprüchlich, geheimnisvoll und komplex« – so stellt sich für viele Männer das Mysterium »Frau« dar. Nach dem Bestseller »Wie Männer ticken« hat sich Erfolgsautor Hauke Brost zusammen mit Co-Autorin Marie Theres Kroetz-Relin aufgemacht, die fremde Galaxie »Frau« äußerst amüsant zu erkunden.

»Kurz, praktisch und präzise ist hier zusammengefasst, wie sich Frauen wünschen, von den Männern behandelt zu werden. Das Buch erklärt, was sich hinter so manch einer Äußerung einer Frau versteckt und wie man den weiblichen Code entschlüsseln kann.« *Top-Magazin*

»Was Männer schon immer wissen wollten und nie begriffen haben. Jetzt wird das Rätsel ›Frau‹ gelöst!« *BILD*

»Es ist viel Wahres dran an diesem Buch, obwohl man als Leserin nicht glauben möchte, dass man genetisch bedingt so ein widersprüchliches Wesen sein soll.« *WAZ*

Hauke Brost & Marie Theres Kroetz-Relin
WIE FRAUEN TICKEN
Über 100 Fakten, die aus jedem Mann
einen Frauenversteher machen
240 Seiten, Taschenbuch
ISBN 978-3-89602-684-2
9,90 Euro

ICH WAR ERST 13

Zum ersten Mal berichtet eine junge Frau über
ihr Leben in der thailändischen Sexindustrie

DIE WAHRE GESCHICHTE VON LON

Dies ist die Geschichte von Lon. Die heute 24-jährige Thailänderin geriet als Teenagerin in die Welt der Bierbars und Gogo's von Pattaya und Bangkok, Orte, an denen Minderjährige ihren Körper verkaufen. Dieses Schicksal teilt sie so oder ähnlich mit vielen anderen thailändischen Mädchen und Frauen – in einem Land, in dem Mädchen oft keine Schulausbildung erhalten und in dem dennoch von ihnen verlangt wird, ihre Familien zu ernähren.

In einem Dorf unter ärmlichsten Bedingungen aufgewachsen, lief sie von zu Hause weg und verkaufte das Einzige, das sie hatte: ihren jungen Körper. Es war die einzige Möglichkeit, ihr Überleben zu sichern und gleichzeitig ihre Schwestern vor einem ähnlichen Schicksal zu bewahren – indem Lon ihnen eine Schulausbildung finanzierte.

Einer Abtreibung mit 15 folgte ein Selbstmordversuch und mit 19 wurden bei ihr Depressionen und Schizophrenie diagnostiziert. Die unermüdliche Entschlossenheit, ihren Schwestern ein anderes Leben zu ermöglichen, gab ihr die Kraft, durchzuhalten – egal wie hoch der Preis für ihr eigenes junges Leben war.

ICH WAR ERST 13 –
DIE WAHRE GESCHICHTE VON LON
Aufgeschrieben von Julia Manzanares und Derek Kent
Übersetzung Louis Anschel
288 Seiten, Taschenbuch
ISBN 978-3-89602-798-6
9,90 Euro

DU BIST MEIN KIND

Die »Cochemer Praxis« – Wege zu einem menschlicheren Familienrecht

WAS PASSIERT MIT DEN KINDERN NACH DER TRENNUNG?

Die Trennung der Eltern ist meist eine sehr schmerzhafte Erfahrung für die Kinder, besonders wenn Eltern das Sorgerecht benutzen, um den Ex-Partner zu erpressen. Kinder haben vor Gericht keine Lobby und sind vor allem in hochstrittigen Scheidungsfällen die Leidtragenden. Gerichte und Sachverständige stehen der Situation oft hilflos gegenüber. Dieses Vorgehen führt in vielen Fällen dazu, dass die Kinder durch die Scheidung den Kontakt zu einem Elternteil verlieren.

Die »Cochemer Praxis« setzt die Trennung von Partnerschaftsstreit und Kindeswohl um. Jürgen Rudolph, Familienrichter in Cochem-Zell, der zusammen mit Gerichten, Anwälten und Sachverständigen maßgeblich an der Entstehung des Verfahrens beteiligt war, zeigt unter anderem an Beispielen aus der Praxis, dass es möglich ist, auch in scheinbar aussichtslosen Situationen Lösungen zu finden, die dem Kindes- und letztendlich auch dem Elternwohl dienen.

Das Buch macht die »Cochemer Praxis« erstmalig einem breiten Publikum zugänglich und ist ein unverzichtbarer Beitrag zu einer Diskussion, die sich erst in ihren Anfängen befindet.

Jürgen Rudolph
DU BIST MEIN KIND
Die »Cochemer Praxis« – Wege zu einem menschlicheren Familienrecht
128 Seiten, Taschenbuch
ISBN 978-3-89602-784-9
9,90 Euro

Die Autoren

Marcel Feige, geboren 1971, lebt als Schriftsteller in Berlin. Seine Themenschwerpunkte sind das urbane Leben, Subkulturen & Lifestyle. Bücher von ihm sind unter anderem *Deep in Techno* (2000), *Tattoo-Theo. Der Tätowierte vom Kiez* (2001), *Das Lexikon der Prostitution* (2003), *Ein Tattoo ist für immer. Die Geschichte der Tätowierung in Deutschland* (2004) sowie aktuell die beiden Biographien *Lude! Ein Rotlicht-Leben* (2006) und *Sido. Ich will mein Lied zurück* (2006). Für das Buch *Nina Hagen. That's Why The Lady Is A Punk* erhielt er 2003 den renommierten »Corine – Internationaler Buchpreis«. *www.marcel-feige.de*

Britta Stobbe, 1971 in Göttingen geboren, arbeitet in der niedersächsischen Universitätsstadt als Redakteurin für eine Wochenzeitung. »Ich bin dann mal pleite« ist ihre erste Buchveröffentlichung.

Marcel Feige und Britta Stobbe
ICH BIN DANN MAL PLEITE
Neues aus der Gesellschaftsmitte

ISBN-978-3-89602-757-3

KATALOG
Wir senden Ihnen gern kostenlos unseren Katalog
Schwarzkopf & Schwarzkopf Verlag GmbH / Abt. Service
Kastanienallee 32, 10435 Berlin
Telefon: 030 – 44 33 63 00
Fax: 030 – 44 33 63 044

INTERNET / E-MAIL
www.schwarzkopf-schwarzkopf.de
info@schwarzkopf-schwarzkopf.de